走进世界 · 海外民族志大系

丛书策划：高丙中　高秀芹　丁　超

咨询与编委委员会

主　　任：郝　平

副 主 任：吴志攀　刘　伟

执行主任：谢立中　李　强

秘 书 长：萧　群

委　　员（按音序排列）：

陈庆德　丁　超　范　可　方李莉　方　文　傅增有
高丙中　高秀芹　郭于华　郝　平　何　彬　何　明
贺　霆　钱民辉　景　军　李　强　刘爱玉　刘　伟
罗红光　麻国庆　纳日碧力戈　　潘　蛟　彭小瑜
彭兆荣　秦兆雄　渠敬东　阮云星　色　音　尚会鹏
石奕龙　王建民　王建新　文　化　翁乃群　吴小安
吴志攀　萧　群　谢立中　徐黎丽　徐新建　阎云翔
杨圣敏　于　硕　张海洋　张江华　张黎明　赵旭东
周大鸣　周　星　周　云　朱晓阳　庄孔韶
Judith Farquhar　George Marcus

主　编：高丙中

鸣谢

本研究的开展和本书的出版得到山东大学"新古典主义视野下的世界文化研究"项目的资助，特此感谢。

共生之道

斐济村庄社会生活的民族志

和文臻 著

北京大学出版社

图书在版编目（CIP）数据

共生之道：斐济村庄社会生活的民族志/和文臻著. —北京：北京大学出版社，2021.10

（走进世界·海外民族志大系）

ISBN 978-7-301-32469-1

Ⅰ.①共… Ⅱ.①和… Ⅲ.①乡村–社会生活–研究–斐济 Ⅳ.①D766.18

中国版本图书馆CIP数据核字（2021）第178776号

书　　　名	共生之道：斐济村庄社会生活的民族志 GONGSHENG ZHI DAO：FEIJI CUNZHUANG SHEHUI SHENGHUO DE MINZUZHI	
著作责任者	和文臻　著	
责 任 编 辑	陈万龙	
标 准 书 号	ISBN 978-7-301-32469-1	
出 版 发 行	北京大学出版社	
地　　　址	北京市海淀区成府路205号　100871	
网　　　址	http://www.pup.cn 新浪微博：@北京大学出版社	
电 子 信 箱	pkuwsz@126.com	
电　　　话	邮购部 010-62752015　发行部 010-62750672 编辑部 010-62750883	
印 刷 者	天津光之彩印刷有限公司	
经 销 者	新华书店 660毫米×960毫米　16开本　19.25印张　230千字 2021年10月第1版　2021年10月第1次印刷	
定　　　价	58.00元	

未经许可，不得以任何方式复制或抄袭本书之部分或全部内容。
版权所有，侵权必究
举报电话：010-62752024 电子信箱：fd@pup.pku.edu.cn

"走进世界"丛书总序

以全球社会为研究对象　推动社会科学更加繁荣

当今世界的主题是和平与发展。如何促进世界和平和人类社会的和谐发展，是社会科学界要致力研究的重大理论和实践问题。随着我国改革开放步伐的不断加大，与其他国家的接触和交流日益增多，我国的社会科学研究也迈入了新的阶段，即加强对全球社会的经验研究，推动我国哲学社会科学优秀成果和优秀人才走向世界。

长期以来，我国社会科学的发展侧重于国内社会的实践研究，对国外的研究偏重于理论介绍，而经验研究相对缺乏，这样可能出现的后果是国内外的理论家由于缺乏可供讨论的共同的实践经验，因而对双方理论的理解难以深入，容易陷入彼此自说自话的状态。当今天我国的综合国力显著提升，国际影响力逐渐增强，同时，我们的研究者也能对自己的研究充满自信的时候，那么，走出国门进行外国社会的经验研究就具备了比较成熟的条件。

推动以全球社会为对象的经验研究，是中华民族在全球化的背景下为实现伟大复兴而赋予我国社会科学界的使命，是我们制定科学的国际战略和外交政策的前提条件，也是我们促进国际社会朝着有利于世界和平方向发展的可能契机，同时也是我们开展区域合作，共同营造和平稳定、平等互信、合作共赢国际环境的基石。

推动以全球社会为对象的经验研究，是我国在全球化的背景中日益迫切的知识需求。随着我国改革开放向纵深方向的发展，"中国发展离不开世界，世界繁荣稳定也离不开中国"。长期以来，由于我国社会科学对海外社会研究的匮乏，我国社会层面对于外部世界的认识还停留在集体想象和个人的经验之上，因此以参与观察为基础的关于国外真实而复杂的社会的知识，有利于进一步提高我国的社会科学研究水平，有利于促进我国社会科学事业的发展繁荣，也有利于推动我国改革开放局面的良好发展。从社会科学发展的角度来思考，这也是实现我国社会科学与国外社会科学平等对话的前提条件，有助于我国社会科学朝着更加全面先进的方向发展。

以全球社会为对象的经验研究是一项光荣而非常艰巨的工作，同时，它涉及全球社会的政治、经济、宗教以及文化心理等方面的内容，这也就对此项工作的开展提出了更多、更苛刻的要求，它不仅要求我们掌握当地语言、实现多学科联合作业，而且还必须具备从事实地调查研究的诸多客观条件。在很长的一段时间内，我国此项工作的开展的确存在着诸多困难。比如，从事海外田野作业的经费短缺；政府外事机关针对我国公民在外国的管理和服务功能尚不健全。令人欣慰的是，上述诸多制约条件在近几年内，特别是在党的十七大之后，发生了根本性的转变：一些学术课题的资助有力支持了部分学者到一些国家进行田野作业；党中央、政府鼓励优秀成果和优秀人才走向世界，为有志于此的学者提供了条件；同时，我国的发展水平也造就了民众比较自信、平和的对外心态，奠定了接受充满差异的真实的外部世界的心理基础。我们高兴地看到，我国一些学术机构和学者正在致力于建设面向全球社会的实地研究平台，开创了全球社会经验研究的新局面。正是他们的辛勤付出，为我们真实了解世界开启了一扇更为宽阔的视窗。

我们期待，随着更多的中国学者走进世界，一批又一批令人瞩目的研究成果将会诞生。我们相信，中国社会科学将会因此进入一个更加繁荣的新时期！

中华人民共和国教育部副部长　郝平

2010年6月15日端午节

"走进世界·海外民族志大系"总序

凝视世界的意志与学术行动

能叙事才好成事。是表述主体才可能是社会主体。

"到海外去!"

"到民间去",曾经是一个世纪前中国现代社会科学发生期所酝酿出来的口号。先有具备学术规范的社会调查,才有社会科学的出现。在少数人一段时间的尝试之后,一句凝结着共同体集体意识的"到民间去"成为1919年之后的知识界的运动,在中国促成书斋学问之外的社会调查之风蓬勃兴起。社会科学诸学科此前在中国主要是课堂传授的西方书本知识,"到民间去"的调查之风呼唤着以中国社会为对象的知识生产,这种知识生产逐渐造就了中国社会科学诸学科。

今日的中国社会科学界则萌发着另一种冲动,一种积聚了很久、压抑了很久的求知之志,这就是:"到海外去!"

今天,出国旅行在中国已经大众化了,"看世界"的欲望已如春潮涌动。中国的知识界要做的是以规范的学术方式"走进世界"之后"凝视世界"!

关于社会调查，关于经验研究，"到海外去"预示着中国社会科学发展的新机会。社会调查的眼界有多宽，社会科学的格局才可能有多大。几辈知识分子在"民间"、在本土开展调查研究，奠定了中国社会科学的当下格局。我们今天到海外去，到异国他乡去认识世界，则是为了中国社会科学明天的新格局。

到海外做民族志

中国人出国，在"镀金""淘金""挥金"之外，新增加了一个目标，这就是扎在一个地方把它作为一种社会、一种文化来观察，然后写出有学理支撑的报告，名之曰"海外民族志"。虽然到目前只有十多个人怀抱着这个目标走出国门，但是它的学术和社会意义却不同凡响。

海外民族志，是指一国的人类学学子到国外（境外）的具体社区进行长期的实地调查而撰写的研究报告。这种实地调查应该符合人类学田野作业的规范，需要以参与观察为主，需要采用当地人的语言进行交流，并且需要持续至少一年的周期。

在西方人类学的正统和常识中，民族志就是基于异国田野作业的研究报告，"海外"是民族志的题中应有之义，所以它们是没有"海外民族志"这个说法的。

人类学民族志的标杆是由马林诺斯基、拉德克利夫-布朗、玛格丽特·米得那批充满学术激情的青年才俊在1920年代出版的著作所树立起来的。他们各自从伦敦、从纽约背起行囊，乘船出海，到大洋中的小岛和"野蛮人"长期生活在一起，完成了《西太平洋的航海者》《安达曼岛人》及《萨摩亚人的成年》等经典的民族志著作。他们是第一批靠民族志成为人类学家并进而成为学术领袖的人物。他们的职业生涯成为人类学专业的人才培养的模式。做民族志，总要有充沛的激情让自己想得够远，走得够远。在拥有成千上万的人类学从业者的西方国家，即使后来在国内社会做民族志的人逐渐多起来，但是，到海外做民族志还是一直被尊为人类学人才培养的正途。

但是，对于中国的人类学共同体来说，民族志一直都是一种家乡研究，一种对于本乡本土、本族本国的调查报告，因此，"海外"从来都是中国人类学的民族志所缺少的一个要素，所未曾企及的一个视野，所没有发育起来的一种性质，当然也是今天绝对需要的一种格局。

一般都说中国人类学已经有百年的历史，我们现在才有组织地把田野作业推进到海外，这项迟来的事业让我们终于可以跨越百年的遗憾。北京大学、中山大学、中央民族大学、厦门大学、云南大学等具有人类学专业的国内高校正陆续把一个一个的学子送到海外开展规范的田野作业。

中国学人到海外做民族志的时代尽管迟来却已经大步走来！

作为表述主体的共同体

一个共同体，在关于世界的叙事中所占有的位置与它在这个世界中的位置是关联在一起的。民族志是共同体对共同体的表述地位、能力以及主体性明确程度的知识证明。

学术是用文字表达的抽象观念。文字是个人一段一段书写的，但是抽象观念却不是在个人意义上能够成立的。学术是共同体的衍生物、伴随品。——共同体造就学人，共同体产生知识兴趣、共鸣群体（读者），共同体传承学术成果。反过来，学术则催生新的共同体或促成共同体的新生。

具有集体意识的共同体必须是表达者，必须是能够言说自我、言说他人的表述者。民族志是关于共同体表述地位是否存在的证明，是共同体通过特定的表述得以构成或显现为主体的知识途径，是共同体的表述者身份的名片。

虽然民族志的主笔者是个人，虽然民族志的材料来自被访谈的个人，虽然一部一部的民族志都有各个不同的具体内容，但是在集合起来的总体效用上，民族志承载着共同体对共同体的结构性关系。西方与东方的关系、与非洲和拉美的关系，既是由西方所产生的器物所支撑的，由西方的武器所打出来的；也是由西方关于非西方世界的叙事所建构的。这种结构性关系是难以改变的，但不是不能改变的。改变，只能由器物生产的实力和叙事的表述能力所构成的合力来促成。

在前现代，作为表述者的共同体是各自说话，并且主要是自说自话，偶尔才说及他人，对他人的表述和自我表述都难以直接影响他人社会——即使慢慢偶然传播到他人社会了，影响效果也总是以缓慢而曲折的方式发生。

在现代，西方社会科学的兴起，尤其是民族志的兴起，造成了一种知识后果，这就是群体作为自我与作为他者都被置于同一个表述所组成的社会景观之中，置于西方作为世界中心的这个社会结构之中。从视角来分析这种社会结构的知识关系，西方之所以处于世界的中心是因为几乎所有的观察者、表述者都是从西方往外看的。也就是说，从民族志来分析，作者都是西方学者或者学习西方的学者，而文本内容所叙述的都是非西方社会的事情；在共同体层次，西方是凝视者，非西方是被观察对象。知识的社会后果早就凸显出来：关于他人社会的叙事不仅在不断满足西方大众的猎奇之心，而且在知识和社会观念上不断强化我群与他群的一种中心－边缘的结构关系——如果我群与他群的相互表述是不平等的，那么这种结构关系也是极端不平等的。民族志的作者在自己的社会中不过是一个普通学者，而在共同体的关系中却支撑着共同体的优越地位。西方作为民族志叙事的主体，同时也成为普遍主义思维模型的创立者，普世价值的申说者、裁判者，世界议题的设置者。

不过，后现代的世界给人类带来了新的机会。这一波来势汹汹的全球化，也是世界各个共同体、各个层次的共同体的力量和关系的再结构化机会。意识形态批判使西方中心主义得到深刻反省，新技术、新媒体与人口流动使关于他人的叙述不再能够作为一面之词而成立。更多的共同体能够在国际平台上成为关于世界的叙事者了，世界真正变得紧密了，于是，共同体的代表者对自我的表述与对他人的表述都会同时影响自我和他人在结构中的位置和关系。共同体在全球社会景观中的位置和关系是由代表者的表述和他们参与的表述的总和所塑造的。

中国学者是一个后来的参与群体。"后来"有遗憾，但是后来者必然有不一样的机会和优势。

民族志与中国社会科学

西方人类学家打造了民族志的镜子，用它来审视非西方社会；我们从西方拿来民族志方法的镜子，几十年来只拿它观照自己。现在需要强调指出的是，民族志方法其实是一把多面镜，它可以观照我们，其实更方便观照我们之外的世界。

共同体的社会科学是要靠关于社会的叙事来支撑的。支撑西方社会科学的是关于全球范围的社会叙事，而支撑中国社会科学的是限于中国的社会叙事。相比较而言，西方社会科学是以西方为中心看世界，而中国社会科学是以西方的学术眼光看中国。西方学者跑遍世界，当然也跑遍了中国各地，撰写了成千上万的民族志，建立了关于世界的叙事；中国学者也出国，当然主要是到西方国家，但是十分耐人寻味的是，他们把西方只当作一个大学，那里只是求学的知识殿堂，并不是他们做田野调查的地方。他们回国才做调查研究。

中国追求现代化一百多年，几辈学者介绍了几乎所有的现代化国家的思想和理论，但是从来没有为国人提供特定的现代社会在社区层次的实际运作的经验知识。现代社会具体是怎样的？现代生活对于个人如何是可能的？中国的社会科学没有认真提过这种问题，中国的人类学也没有当作使命来回答过这种问题，当然就一直没有相应对象的民族志出现。

毫无疑问，中国的社会科学也是以追求真理、认识人类社会的科学规律来自我期许的。但是，中国在近代以来主要是在政治、军事上纠缠在国际事务之中，在学术上因第一手经验研究的缺乏是处于国际之外的。我们也关心亚非拉人民，也声援发达国家的人民反对资本主义、帝国主义、霸权主义的正义事业，不过，这大都是在政治、道义上的努力。在知识产业上，中国的社会科学一直都是一种家庭作坊，是一种自产自销的格局：学者们在自己的社会中发掘经验材料，以国内的政府、同行、大众为诉求对象。一些学科也涉及国际社会，甚至以国际社会为论题，但基本上都是站在（或藏在）中国社会之中对外人信息间接引用与想象的混合物。没有进入世界的田野作业，没有关于国际社会的民族志作为支撑，何来以现实世界为调查研究对象的社会科学？

中国的社会科学，从关于中国、关注中国社会、关心中国发展的社会科学，到认识全球社会的科学，必须从最基本的海外民族志个案积累开始。中国学界的海外民族志将逐步建构中国对于世界的表述主体，中国将从民族志观察的对象转变为叙述世界的主体。在国际社会科学中，中国从单向地被关注，发展出对世界的关注，以此为基础，作为表征社会知识生产关系之核心的"看"就必须用"注视—对视"（也就是"相视"）的范畴来对待了。获得社会知识的单方面的审视总是被抱怨包含着轻视、敌视，但是"对视"以及作为其产物的相互表述的民族志将在国际社会之间造成"相视而笑"的效果，也就是费孝通先生所期盼的"美美与共，天下大同"的结果。

以中文为母语的人口与中国人口都在世界上占最大的比重。中国学人和中文加入到关于世界的实地调查研究中来，世界社会科学无疑将因之大为改变。更多的参与者、更多的视角看世界、看彼此，被呈现出来的世界将会大不相同。

展望中国社会科学新格局……

因为心中有春天，我们看见嫩芽会欢欣。

海外民族志训练是未来的人类学家出师的汇报演出。没有人指望其中有多少大师的代表作，但是它们无疑都是地区研究的一个区域的开拓性著作，更加确信的是，它们的作者是中国人类学乃至社会科学在国外社会大展经验研究的开路先锋，是为我们的共同体在知识世界开疆裂土的功臣。它们的作者从熟悉的家园到远方、到异国他乡去，拓展了中文世界的空间。它们从社会知识生产的源头而来，就像涓涓溪水从雪山而来，假以时日，配以地势，必将汇聚成知识的海洋。

我们年轻的人类学者已经走进世界,在泰国、蒙古、马来西亚、印度、澳大利亚、美国、德国、法国、俄罗斯、巴西等地,深入一个社区进行起码一年的参与式社会调查。他们会带动越来越多的学人参与,世界上也将会有越来越多的地方成为中国学界的关注点。他们陆陆续续地完成自己的民族志成果,用中文书写当前世界各种社会的文化图像。他们的民族志个案今后可以组合成为对于发达国家的社会研究,对于金砖四国的综合研究,对于佛教、伊斯兰教、印度教和基督教社会的比较研究,如此等等,不一而足。我们特别期盼对于非洲大陆、阿拉伯世界、太平洋众多岛国的研究,特别期盼对于周边国家日本、韩国、缅甸、越南的研究……

海外民族志在中国的广泛开展,将改变中国社会科学单一的学科体制。中国社会科学按照学科划分为政治学、法学、经济学、教育学、社会学、民族学、人类学、人口学、民俗学……分属不同学科的学人要开展合作,并没有学科体制的平台。民族志比较发达的那些知识共同体,如美国、日本,在学科分列的同时还有一个地区研究(area studies)的体制。在学科与地区研究并行的体制中,大学教授分属不同学科的院系,但是相同的地区研究兴趣又把不同院系的教授联结起来。这个方向的发展是以关于国外社会的民族志为基础的,但是却不是人类学家单独能够操作的。我们刚刚开头的海外民族志事业对于中国社会科学派生"地区研究"的机会却是靠整个学界才能够把握的。

海外民族志成为中国社会科学的基础知识领域之后,中国社会科学在学术上也会更上一层楼。海外民族志除了在共同体层次上、在整体上对于社会科学的重大意义之外,在技术层次、操作层次对于社会科学的影响也会是很实在的。从业者只在中国社会做调查与同时在海外社会做调查,代表着不同的眼界、不同的事实来源。更开阔的眼界对于议题的选择、对象的甄选、观念的形成都会更胜一筹。学术的精进总伴随着寻找更广泛的社会事实来源；由国际社会经验比较所支持的论说可能更加有力。

相对比较紧迫的是，海外民族志是疗治中国社会科学严重落后于时代的病症的一剂良药。在一个全球化的时代，很多中国学者却只在本国的社会中做实地调查。中国把大量资源投入到外语学习上，却没有几个人是计划学了语言去国外社会做调查研究的。中国的商品拥挤在全世界各地，可是它们常常置身在陌生的社会被人用怀疑的眼光打量、挑剔，中国学界没有能够及时为它们创造各个方面都能够熟悉的知识环境。中国大众旅游的洪流已经从国内漫延到国外，在世界上浮光掠影的观光所形塑的世界观是极其偏颇而危险的。所有这一切都在期待中国社会科学的世界眼光。

凝视世界的欲望需要走出去的意志来展现。人类学者是共同体的眼珠子——它们被用来看世界，看社会，看社会世界，看世界社会。有眼珠子就能够看，有心才能够凝视。人类学者也是知识群体的脚板子——它们要走很远的路，走很多的路，走陌生的路，也就是走没有路的路。有了这样的人类学者群体，一个共同体的社会科学才能走得够远，看得更远。

北京大学人类学专业海外民族志项目负责人　高丙中
2009 年 7 月 4 日

序一

乌托邦的召唤

这本书为我们描述了一种貌似乌托邦的社会生活和文化精神。乌托邦的原意是不存在的、却有可能努力建设的美好社会。和文臻通过对斐济户品村村民亲和力的细微描述和有深度的理论阐释,让乌托邦思想概念迸发出人类学的现实主义关怀和文化反思精神。

在有关斐济的人类学研究中,本人知晓的经典之作包括日本学者宫崎广和(Hirokazu Miyazaki)有关斐济人捍卫祖先土地的研究、美国学者安·贝克(Anne Becker)关于斐济女性厌食症的研究、英国学者大卫·哈里森(David Harrison)依据几千张明信片完成的斐济旅游业研究、澳大利亚学者罗伯特·诺顿(Robert Norton)论及斐济民族关系的研究,以及斐济本土学者艾比利·郝欧法(Epeli Hau'ofa)阐述南太平洋群岛居民互通有无的研究。倘若加上其他难以在此一一列举的人类学专著和论文,斐济不愧为人类学研究的一个多产地。

作为一个相对而言的"小国",斐济受到国际人类学界的高度重视,是一个值得揣摩的问题。斐济的面积和人口规模虽小,其文化是多样的,而且其历史演变的轨迹,是超越斐济本土的。至少从公元前600年

共生之道：斐济村庄社会生活的民族志

开始，人类就在斐济定居。在欧洲人与斐济人接触之前很久，斐济人和邻近群岛的居民之间就有贸易往来。随着17世纪欧洲人的到来和19世纪后期英国人开始实施的殖民统治，斐济文化的许多要素被压制。来到斐济的殖民者和传教士认为，这里的原住民过于野蛮，甚至还有食人的传统，需要以文明进程给予拯救。斐济的内乱和传教士的被杀，给了英国政府"接管"斐济的借口。1874年，夏乔士·罗便臣爵士（Sir Hercules Robinson）在一艘巡洋舰的护送下，来到斐济建立起殖民政权。一年之后，斐济人原本没有抵抗力的麻疹，开始流行肆虐，斐济人口锐减1/3。除了领土扩张意图，斐济的地理位置和自然资源，也是英国殖民主义政权十分看重的。斐济总督亚瑟·戈登爵士（Sir Arthur Gordon）从印度输入大量契约劳工，兴建甘蔗农场，另一方面建立起大酋长理事会，推行总督作为大酋长统领各地原住民酋长的统治手段。第一次世界大战期间，斐济受的影响不大；第二次世界大战时，斐济人组成步兵团协助同盟国作战。1965年，在世界各处民族解放运动浪潮压力下，英国政府在斐济推行立宪制，试图建立斐济原住民与印度裔斐济人联合政府。由于斐济原住民与印度裔斐济人之间的矛盾，标志着斐济独立的国会制度到1970年才成为现实，其参议会成员由各地酋长担任，其众议会成员由选民代表担任。在众议会，22个席位法定为斐济原住民所有，22个席位法定为印度裔斐济人所有，其余的席位法定为欧洲人、华人及其他民族的代表所有。独立后的斐济经历的几次政变都伴随着排挤印度裔斐济人的民族情绪，致使一大批印度裔斐济人外逃。这两个民族的隔膜，直至今日仍然是斐济政治的一个焦点。

斐济目前全国人口有九十多万。其中，斐济原住民占比近六成，印度裔斐济人占比近四成，八成以上的斐济国民居住在两个主要岛屿，其中一个是瓦努阿岛,另一个是维提岛。斐济首都苏瓦是维提岛的一个港口城市。和文臻在斐济的人类学调查点即是瓦努阿岛的户品村。

和文臻选择斐济从事人类学研究的决定,可以说是偶然的。她当时没有去过斐济,也不懂斐济语,对太平洋岛屿文化的人类学研究,也不甚了解。在一次谈话中,她得知我的一位同事张军先生刚刚从斐济回来,完成了一项短期调研工作。张军去斐济是因为我们与澳大利亚学者联合开展的一项人类学研究,涉及性产业的国际化。漫不经心之间,我对和文臻说:"去斐济做研究吧。清华大学也需要培养从事海外民族志研究的青年学者。"不料此话居然成真。摆在读者面前的这本书基本保留了和文臻提交的博士论文的原貌。她在清华大学获得博士学位后,我一直鼓励和文臻尽快出版自己的斐济研究,不要过多考虑博士论文中的不足,第一部作品就应该有初踏征程的模样,而不应该戴上一副学究的面具。现已成书的这部著作,其魅力在于其田野资料的丰富和鲜活,同时在于其对共享文化的深刻理解。

共享是本书题目提到的"共生"之底色。共享,在此书的意思是多重的,物质的共享与情感的共享占据其中的核心位置。以共享精神支撑的文化,讲求的是互惠原则。这是一个承载人类历史文化的原则,也是与一系列其他原则形成鲜明对照的一种思想。尤其在资本主义、本位主义、个人主义、利己主义当道的时代,共享好似成了一种不识时务的思维方式和道德准绳。在这层意义上,我认为和文臻的著作至少可以帮助我们更好地认识如下几个问题:第一,共享是人类物质生活的需要,其基础却是共情,而不是机械简单的物质需要。所谓共情,就是我者在他者的痛苦或快乐之中,可以感到自己的痛苦或快乐。和文臻的书中提到,接纳她的本地人常常说,她从遥远的国家只身一人来到斐济,伶仃之状，需以热情相助，要尽量减少她在异国的孤独感。第二，共享必然要求平等和尊重，没有平等和尊重，共享是不能持续的。和文臻告诉我们，在斐济的一部分中国修路工人，至少开始时，未能认识到为什么斐济工人不断地提出这样或那样的共享要求，觉得这些要求是懒惰的表现，而没有明白共享的要求是对平等和尊敬的期待。第三，彼此共享，作为一种文化精神，有可能被犬儒主义思潮蛀蚀，和文臻在书中不断提到关键知情人对玩世不恭生活方式的谴责。第四，共享需要分工合作，在生活和生产过程中互帮互助，在危难时刻守望相助。和文臻在书中许多地方让我们了解到，户品村的能人之能，并非钻营致富之能，而是维护互助网络和意识的能耐和能量。

总之，这是一部可以让人深思的人类学作品。它的终极意义在于乌托邦的召唤。

清华大学社会学系教授　景军

序二

斐济共生的文化之道

斐济,一直是让人类学家眷恋的田野故乡。斐济作为太平洋岛国,与另一个岛国"库克群岛"相邻。库克群岛得名于欧洲的航海先驱库克船长。1774年,库克发现了斐济群岛东南端的小岛瓦托阿。然而库克大概不会想到,他在第三次航行中死于夏威夷群岛的事件,成了马歇尔·萨林斯(Marshall Sahlins, 2003a)等人类学家的研究题材。而萨林斯关于库克船长的研究《"土著"如何思考》(2003b),则是回应奥贝塞克拉(Obeyesekere)对他所谓的西方中心主义的批评。这个东/西方中心主义的争论,也反映在与斐济有关的分子人类学研究之中,即对波利尼西亚人来源的关注,主流说法认为是高加索人种,也有东亚人种之说。在斐济,这些不同的看法伴随着包括对华人的种族歧视(Gates, 2017)。而在这些表面的人种、族群和地方文化的争论背后,真正值得关心的,乃是人类历史演变中不同文化如何冲突又互融的文化进程。这也是斐济人类学以及文臻这本书所追求的目标。

斐济作为太平洋波利尼西亚文化的一部分,有着古老的文化传统,但是自从欧洲航海者在17世纪发现这片岛屿之后,就陆续有欧洲、印度与中国等地的移民来到这里,19 世纪曾沦为英国的殖民地。在这一过程中,斐济本来的传统文化与外来的文化有着怎样的冲突、互融和并接呢?

萨林斯在《石器时代经济学》(2009)中举斐济的例子来说明,劳动分工、生产结构都是文化结构的反映。"无论各个岛屿上的斐济人怎样发挥生产之能事,他们所处文化结构的价值体系——海洋的最高地位、酋长的神性、姐妹的儿子对舅舅享有的物质权利、提供和消费人牲所得的物质利益——无疑最大程度地体现了斐济人物质经济生活的全貌。"潜台词是:文化是经济之母。在萨林斯(2009)看来,那些明明是由文化决定的经济活动却被说成是这些"经济人"的理性选择,这些文化的经济活动——"例如斐济组成生产活动的价值体系,从宇宙起源神话再到王权仪式,再到家户空间结构,无处不在"——却被认为是非经济的。萨林斯(2009)认为:"没有一种社会关系、社会体制或一整套社会制度本身就是'经济的'。"特别是对于初民社会,"经济"只是那个社会中尚未分化出来的现象。

> 在传统时代的斐济或者火地岛,并没有分化且自我规范的经济领域:不存在资本主义-市场体系(理想型)模式下纯粹的利益交换关系领域。但因为经济人类学在定义上就或多或少地假定利益交换关系的存在,所以它从一开始就犯了民族志分类上的错误。(萨林斯,2009)

萨林斯认为,必须回到当地人的文化之中,来理解他们对于外来文化,包括学者所定义的"经济"的理解。结果发现,他们根本没有我们理解的"经济"存在。然而,"人类学家总是固执地想在没有经济的社会中分析出'经济'来"。

文臻在本书中,也在不断尝试理解外来文化与当地文化的并接。她举例斐济社会的传统土地之共有产权,在殖民者或说外来人大批来到斐济之前,土地为同族的社会单位所共有,斐济原住民拥有土地所有权的单位是"伊-托卡托卡",这是由因通婚而结成亲戚关系的若干家庭所构成的小集合体,以相互通婚的方式结合构成亚氏族;氏族则是更大的社会单位。就传统而言,斐济人并没有土地个人私有的概念,或更为准确地说,他们没有现代意义上财产完全所有权的概念。但是在19世纪以后,斐济开始出现探险家和商人的足迹,这些欧洲人不断攫取更多的斐济土地据为私有。直到1874年,斐济最大的酋邦Bau签订了割让协议,斐济正式成为英国的殖民地。在殖民政府的推动下,建立起原住民土地信托管理局以及酋长会议等一系列对于中央政府而言相对独立的斐济族政府机构,是斐济村落得以保持原有的土地所有权制度以及村落政治制度的关键因素。不过,这种传统的土地共有一旦变味成"公地悲剧"之公有,结果将与土地私有一样,变成少数人的所有,带来灾难性的后果。这样的冲突和危机,已经在土地的巨大经济利益中慢慢显现。

文臻在书中认为,斐济社会一直保持着自己深层的文化,即共生伦理。它是斐济村落社会道德秩序的灵魂;同时,道德是斐济村民群己边界划分和自我认同的重要媒介,村民借对内外世界的划分、对陌生人和村民的情境性划分,以及对村庄内重要意义世界的划分,来定义自身和形塑群体认同:

本书借叙述斐济户品村村民就"共享""关照""尊重""顺从"

XXI

和"宽恕"等相关道德话语与道德实践……来呈现斐济村落在现代性对个体权利日趋看重的影响下,道德作为群体规范和个体选择存在的张力。另外,村民在新的层面和意义上对原有的传统秩序进行重新解读和阐释,延续了原有的道德秩序,而这一道德秩序的灵魂,正是相互依存、互助共荣的共生伦理。

文臻还在书中努力揭示了共生道德的深刻内涵——区分我们的,也许是外貌、地域和语言;但连接起我们的、我们试图接近与喜爱的,恰恰是对"好"和"善"的追求和渴望。同身为人类,甚至说同身为生活于这一地球上的物种,我们都喜欢和向往好的、道德的生活。有关道德规范的话语和想象可能来源自群体互动的发酵,但更多可能来自作为社会动物的我们在内省后内心对他人的恻隐和不忍之心。我们都不完美,只希望我们同心共道。

上述共生伦理,正是萨林斯上面所说的一种深层"文化结构"或"文化秩序",它维系了斐济文化在深层次上的稳定性。河合利光把斐济的这一文化秩序用当地人的观念表达为TOVO。他认为,TOVO大体上分为两部分:一个是头脑中思考的源泉、基础(tovoni vakasama);一个是由此而形成的形象和行为所体现出来的形式(nonai tovo)。后者是人格、社会、文化,也就是文化人类学广义上所讲的"文化"的概念,即广义的社会文化以及生命形式(TOVO)。河合利光(2009)认为:

> 对于现在的斐济人来说,他们的社会与文化虽然也面临着全球化浪潮的冲击,但是斐济人通过将自身改变为与地方的自然观互动、与外部要素共生的系统来形成了自己固有的世界……表面上看

来斐济经历了近代化的巨大变迁,但是不管是西方文化还是印度文化,只要是基础有共通性,就都能够成为斐济人的传统。换句话说就是,表面上看来与斐济文化不同的国外文化,只要它与斐济人头脑中的 TOVO 和生命体系的基础相适应,斐济人就会接受它。

这种深层的文化秩序或者说 TOVO,在文臻看来,正是通过"共享""关照""尊重""顺从"和"宽恕"等共生道德的"文化"来体现的。例如在"身体"方面,贝克尔、河合利光与和文臻都有类似的讨论。贝克尔曾讨论了斐济这个传说中"以胖为美"的国度中的具身化经验。在初到田野之时,和文臻关注于当地人在日常生活中经常谈及体形、体重变化、食物和胃口增减,这促使她想要研究斐济的食物交换和身体经验。在斐济社会中,食物交换普遍且频繁,人们通过正式和非正式的途径进行食物交换,重申并强化这一交换背后的关系纽带与社会关联。同时,食物交换是人们换取社会资本的重要途径,也强化了当地社区中的核心价值观念,即人与人之间的"关照"。她还观察到,在斐济社会中,宴饮的过程是高度结构化和社会化的,通过开放式的场景,以及结构性的劝食话语,人们以"多食"构建稳固的社会关系与人际纽带。可见,人与人之间的"关照"后面是对于社会纽带的道德加强。而这一道德的强化却是通过十分日常的事物交换和身体经验(安琪,2010)。

和文臻则以自己的经历论述了上述观点。在村里,村民见到她时常常会说:"嘿,蒙娜,你最近又变胖了。"她后来慢慢理解到其中的意义,村民们这么说未必是她的体形实际有很大变化,而是对其寄宿主人家的恭维。寄宿主人家对她照顾得很好,才能把她养胖,这反映出主人家尽到了招待客人的义务。在现代社会语境当中,身体作为相对独立的客体，体形与主体对自己的饮食和锻炼等控制相关，这与斐济的身体观不同。

在斐济，身体的胖瘦并未被完全看作个体自我控制的对象，而是对周遭的社会关系（在当下于我而言就是同住的主人家）的象征和表征。我胖了说明那户人家（尤其是女主人）把我照顾得很好，喂养得很好。但如果我变瘦了那就说明我没有被好好照顾，而这会让跟我一起住的家庭感觉十分羞愧。因而，身体的呈现及其姿势的展现合适与否都是当下所处社会关系的表达。

在这里，作为"文化"的"身体"成为表达和界定"文化秩序"的一种文化工具。正如河合利光（2009）所言，"探寻斐济的生命体系最重要的是要思考以 SEMA（生育子女的单位——夫妇）为出发点的生命之源——'VU'这一概念。在经营社会关系的过程中，面对面、拥抱、纠葛、对话、共食、进出村庄、集会中的聚散离合等个人的身体行为和日常经验，使得生命之源这一形象得以确认"。

20 世纪 90 年代中后期，随着电视媒介的引入，西方瘦身健美流行文化开始冲击斐济社会。在文臻看来，当地人尤其是年轻一代开始过度关注饮食和体重的控制，有关身体意象的理想类型发生显著嬗变。面对这样的文化改变，斐济人还能够保持他们深层次的"文化秩序"或者 TOVO 吗？这恐怕要留给时间来回答。不过，文臻却在斐济的田野中找到了那个深埋于自己身心中的 TOVO：

在田野调查艰难之时，我总是坚定地相信，自己在做都市女性时可以精致和优雅，在原生态甚至艰苦的环境中也可以乐观和积极，像野花一样倔强、自然，而又美丽地盛放。正如我一直相信的：不能打倒我们的，必使我们更坚强。

本书作为文臻的第一本文化志，凝结了她的学术勇气，也是她学术道路上的一个良好开端。衷心祝愿文臻能够在未来艰苦的学术道路上，努力坚持，初心不变，美丽绽放！

清华大学社会学系教授　张小军

致谢

写作是作者知识结构体系的解构、建构的过程,免不了分娩的阵痛和迷惘中的踟蹰。以下的文字是伴随着本书的阐释同步写就的,这些时常在我心头涌动的人物和名字,交织在写作的冲动与迟滞之间。你们的关照、帮助和支持是本书的助产士。

户品村的每一位村民,你们才是这部作品真正的写作者。你们与我无私地分享了你们有关生活的经验和勇气,假我之笔,让更多的人知晓这些宝贵的文化智慧。也是你们,把我以家人来看待,从日常的饮食起居到在他乡的安全,都悉心关照。感谢你们!

我要感谢我的业师景军教授,是您的启发让我与南太平洋上这个美丽的国家产生了关联,也是您对学术的热情和专注点燃了我前进的斗志,您兢兢业业的治学态度鼓励基础薄弱的我攻坚克难、不断前行。感谢张小军教授,您条分缕析的指点,为我打开了本书写作之门,您对世界的忧虑是我真正关注身边世界的起点。我的同窗和同门给了我太多情感支持和道德支持,谢谢你们!感谢 Anne Becker 和 Graeme Smith 教授,你们的跨洋连线鼓励我挖掘自己研究超出本土的意义。我们都是孤独的田野工作者和写作者,但同时也因共同的研究旨趣组成了有温度的学术共同体,让每一个人的奋斗都不再只有点的意义。

我想感谢我生命中的好朋友们,读到这里的你们,一定知道这本书同是献给你们的，谢谢你们完整了我的生命，照亮了我的世界，见证了我每一步的成长。

感谢高丙中老师的牵线搭桥，让本书得以收录于海外民族志大系丛书。感谢中央民族大学世界人类学民族学研究中心和清华大学公共健康研究中心对我田野调查的资助。本研究的开展和本书的出版得到山东大学"新古典主义视野下的世界文化研究"项目的资助，特此感谢！感谢这一路培养我、接纳我的每一所大学，你们宽容的怀抱让有诸多不完美的我有了呼吸的窗口和生存的缝隙。

最后，我想感谢我的家人，你们总是默默地站在我身后，却给我最坚定的支持，让我知道无论走到哪里，家里的那盏灯一直亮着。

目录

"走进世界"丛书总序	I
"走进世界·海外民族志大系"总序	V
序一 乌托邦的召唤	景军 / XV
序二 斐济共生的文化之道	张小军 / XIX
致谢	XXVII
序幕	*I*
导论	*5*
一、海外人类学研究的意义	5
二、斐济研究	9
三、道德理路	12
四、文化变迁	18
第一章 走进田野	*23*
一、南太平洋的十字路口	23
二、到斐济去	26

i

三、户品村概况　　30
　　四、当地关键概念　　36
　　五、切入当地生活的路径　　39

第二章　共享与关照：有关"在一起"的道德　　47

第一节　共有：共生之基础　　48
　　一、土地共有　　49
　　二、居住空间共有　　53

第二节　共享：共生之形式　　56
　　一、食物享用　　57
　　二、宴庆　　62
　　三、讨要　　65
　　四、同名：名字的共享与传续　　68

第三节　共担：共生之表达　　70
　　一、家庭内的分工互助　　70
　　二、村民间的互助　　72
　　三、言说　　75
　　四、陪伴：在一起　　78

第四节　共生：共同体及其共生伦理　　80

第五节　分而享之：与共享渐行渐远？　　89
　　一、界限：抗拒共享？　　90
　　二、金钱：无法共享？　　93

三、筹款：难以共享? ... 98
　　　四、偷盗：不道义的共享 ... 100
　第六节　小结 ... 102

第三章　尊重与顺从：有关"礼仪"的道德 ... 105
　第一节　仪表 ... 107
　　　一、身体 ... 107
　　　二、穿着 ... 110
　　　三、姿态 ... 113
　第二节　仪礼 ... 116
　　　一、礼节 ... 118
　　　二、寡言 ... 120
　　　三、感恩：与上帝同行 ... 123
　第三节　仪式 ... 125
　　　一、去教会 ... 125
　　　二、祷告 ... 127
　　　三、村落会议 ... 130
　　　四、喝卡瓦酒 ... 132
　第四节　顺从 ... 133
　　　一、信使：孩子的天职 ... 134
　　　二、听话：顺从的表现 ... 136
　　　三、体罚："权力"还是"权利"? ... 139

四、暴力：对不顺服的惩罚　　　　　　　　　　*143*

　第五节　禁忌　　　　　　　　　　　　　　　　　*146*

　　一、一般性禁忌　　　　　　　　　　　　　　　*146*

　　二、回避制度　　　　　　　　　　　　　　　　*150*

　　三、巫术　　　　　　　　　　　　　　　　　　*151*

　　四、维护与惩戒：神力　　　　　　　　　　　　*154*

　第六节　宽恕：与尊重并行不悖　　　　　　　　　*159*

　　一、言而无信　　　　　　　　　　　　　　　　*162*

　　二、可以打破的斋戒　　　　　　　　　　　　　*164*

　　三、笑："让一切变得容易"　　　　　　　　　　*166*

　第七节　小结　　　　　　　　　　　　　　　　　*168*

第四章　维护与延续：有关"我者"与"他者"的道德　*173*

　第一节　自己人：我们是谁？　　　　　　　　　　*174*

　　一、四海之内皆兄弟：相识的人　　　　　　　　*175*

　　二、乡里乡亲：村民　　　　　　　　　　　　　*176*

　　三、笑问客从何处来："尊贵的客人"　　　　　　*178*

　　四、同一屋檐下：家人　　　　　　　　　　　　*180*

　　五、"为我们感到羞愧"：酋长的悲伤　　　　　　*191*

　第二节　陌生人：他们是谁？　　　　　　　　　　*195*

　　一、新教派　　　　　　　　　　　　　　　　　*197*

　　二、学校老师　　　　　　　　　　　　　　　　*203*

三、和平组织志愿者	208
四、中国工人	211
五、警察	215
第三节　田野中的我：在内外之间游离	220
一、接纳：被整合为户品村的一员	221
二、"堂吉诃德"：恪守"传统"？	224
第四节　小结	226

第五章　走在共生之道　　229

第六章　出入田野　　235

一、田野点选择	235
二、研究对象认识的局限性	236
三、"我"是哪一伙的?	238
四、性别的关照	240
五、田野中的困难	241
六、精进和提高	244

附录　文中关键人物介绍	247
参考文献	251
后记	267

序幕

> 只有当他们像那些骑士一样,围坐在共同财富的圆桌周围时,他们才会幸福。无需去远方寻找善与幸福。善与幸福就在于此,在于克制下的和平,在于共同劳动与个别劳动相交替的恰当节奏,在于财富集中后的再分配,在于教育所倡导的彼此的尊重和互惠的慷慨。(莫斯,2002:210)

诗和远方。一片湛蓝的天空,一眼纯净的海水,伴随着偶尔的波澜,临海而居的村民打鱼,种植块茎类食物,把沙滩上椰子树产的椰子,加工成椰肉干售卖。绚烂的日光把树晒成了墨绿色,村民们穿着海岛风情的鲜艳花色图案的衬衫。祖祖辈辈居住在这里的人们友好热情,洋溢着微笑,这是让所有客人都会感受到"宾至如归"的地方。村民在潮起潮落间度过日常的"慢生活",一旦有婚礼、葬礼或是聚会,全村村民都会出动,把家里最好的藏货都拿出来共享给邀请来的客人。

南太平洋岛国斐济北岛上的户品村,就是这样一个没有电、没有网络的"远方",与现代文明在地理距离上最近的连接是一个几十公里外只有一条街的小镇。对从未踏足这片土地的人而言,这是充满了未知和新奇的热土。

宁静的生活也并非全无波澜,连通村落的土路,因为漂洋过海而来的中国修路工人的劳作尘土飞扬。在斐济村落罕见的柏油路铺建完成后，将会让村民的通勤时间大大缩减。中国工人和斐济当地工人一起在路上劳作，经年累月的日晒让双方的肤色也越来越相近。这些和当地人在语言上几乎无法沟通的中国人，却让村民感受到自己和外面世界的距离在缩短。

户品村的村民们如何料理一日三餐？他们在交谈中如此频繁地真诚大笑是因为生活当中没有磨难吗？他们如何看待自己的文化和生活方式？他们如何看待外来琳琅满目的商品和流行风潮？

这些看起来非常琐碎的疑问，对于一个游人来说，仿佛并没有那么重要。但在与他们的日常相处中，这些疑问却能带领研究者揭示村民有关信仰、认同和共识的理解。一般而言，一个社会里更多的是年长者维护传统，年轻人则更愿意打破传统迎接新的改变，户品村也大致遵循这样的逻辑。年轻人多爱与外来者嬉笑和打趣，但在正式场合，他们严格地遵循着传统。这里是桃花源吗？住在桃花源的人们也向往外面五彩缤纷、斑斓多彩的世界吗？随着公路的建成，年轻一辈将来还愿意留在户品村，遵循村落里繁琐的礼节吗？

传教士的脚步已踏遍斐济诸岛，基督教在一百多年前就开始了进入每一位斐济人心灵的传播之旅，逐渐成为他们的共同信仰，甚至如今已经在这里成为他们笃信的"新传统"。户品村中的"一个好人"，在一定意义上已可以等同于是一位信仰耶稣基督的人，但对于"好"的具体认知，还是植根于当地的文化脉络之中。他们对于"好的生活"的理解，来源于他们祖祖辈辈的传承与体验，并被当下的情境所形塑。

卫斯理教堂临海而建，庄严肃穆，旁边是五年轮岗一次的外派牧师住房。不远处的操场上常常会有青年男子玩橄榄球，球场边则伫立着两位酋长的房子。户品村的房屋大多沿海而建，随着人口的增多渐渐向内地延伸。村民基本都是亲戚，或者说都有着或亲缘或血缘的关系，他们从小就相识相知，恩怨情仇在时光的洗礼中历久弥新。在卡瓦酒聚会中，在茶余饭后的故事中，在迎接远方客人和婚丧嫁娶的仪式中，长者们向年轻一代叙述着从前发生的事情，在话语和评述中延展了历史，代代相传……

导论

一、海外人类学研究的意义

做海外民族志研究的学者似乎总是会被问到以下问题：首先，为什么要跑那么远？既然都是研究人的问题、文化的问题，为什么不在本国研究？海外研究的意义和必要性在哪里？其二，斐济社会之前已经有很多西方学者做过研究，本研究和既往研究有何不同？研究视角有何特殊性？针对此类民族主义的疑问与诘难的反思，贯穿于本项研究。

对异文化进行研究是西方人类学的学科定位。在西方人类学的经典著作中，以本文化作为研究重点的著作极少，因而对"他者"文化的研究成为界定西方人类学和西方社会学区别的根本性标志之一。在很长一段时间内，一些西方人类学家对第三世界人类学学者从事"我者"研究的价值表示极大的怀疑。例如，英国人类学家利奇（Leach，1982）曾十分尖刻地评论林耀华的福建家族研究、杨懋春的山东村落调查、许烺光对云南西镇人祖先崇拜的分析，以及费孝通撰写的《江村经济》一书。利奇认为这些研究出现的问题之一是研究者的视野被私人偏见所歪曲，而偏见产生的主要根源在于研究者研究了自身社会。先入之见容易使研究自身社会的研究者带有偏见，而这个问题对于"天真的陌生人"而言并不存在[1]。

但西方人类学对"他者"和"异文化"的关注与殖民主义也并非没有研究视野的问题。回顾学术史，欧洲人类学的初期发展得益于西方探险家、传教士以及殖民地行政官员。这些人的书信、日记、旅行记录、传记、报告以及书籍首先成为欧洲"摇椅人类学"兴起的基础。之后，英国人类学家从事实地调查的研究方法论，由马林诺夫斯基在第一次世界大战期间奠定。虽然以田野调查为基础的英国人类学奠基人并非海外殖民政权的帮凶，但伴随殖民主义扩张的知识生产（如地理测绘）、军事优势、传教活动和现代医学机构，为欧洲人类学研究提供了各种便利。假若没有殖民主义的扩张，难以想象英国人类学会变成什么模样。相比之下，美国人类学学科发展之初有大量本土经验支持，但这是因为众多已被征服并生活在划定区域的印第安部落提供了美国人类学家在本土研究异文化的便利，摩尔根（Morgen）和博厄斯（Boas）即以北美印第安人研究而著称。近年研究证明，法国早期人类学海外研究也同殖民主义扩张有着密切关系（Wooten，1993）。由此可见，异文化研究传统需要接受知识考古学的解剖。以研究异文化为学科的标志并不是西方人类学家思辨产生的理性选择，而是一个历史的造物。

在建国初期已成名的老一代中国人类学家中，从事过实质性外海民族志研究的人确实很少，成名作品则更少。李安宅（1937）、田汝康（1953）、许烺光（2000）、费孝通（2013）等人做出的海外人类学研究均为罕见之作。由于走出国门前往异邦需要一定物质条件，目前已经步

---

[1] 值得提出的是，利奇虽然对以上几本著作有所批评，但还是对《江村经济》做出了较高评价。

入中老年的中国人类学家要想在当年（20世纪八九十年代）走出国门从事研究，仅交通经费和繁杂的出国手续两方面，就足以让人望而生畏。

"时至今日，中国人出国，在'淘金''镀金''挥金'之外，又有了一个新的目标，就是到海外扎在一个地方将其作为一种社会和文化来进行观察，然后写出具有学理支撑的报告，名之曰'海外民族志'。"（高丙中，2009）在我看来，走出国门研究海外文化最重要的意义在于通过对他者的理解，促进对于自我的反思，进而达到费孝通先生所言的"文化自觉"。海外民族志的另一层意义在于逐步建构中国学界有关世界的表述主题，将自身从民族志观察的对象转变为叙述世界的主体。换言之，走出国门研究海外文化的意义如果简单地定义在国家利益的层面，那将是中国人类学的错误选择。再者，海外的选择同时意味着将议题和视野与全球性问题连接。随着国际化程度的不断提高，中国也已经成为一个广泛参与国际事务，推动世界进程的国家。与此同时，中国的海外视野在地域意义上仍然局限于西方国家，在具体的关注点层面仍然以国家竞争力、外交、军事或能源等"硬实力"问题为主。

以认知深度而言，当前中国对西方以外的国家了解甚少，特别是对发展中国家的文化和社会格局等方面。即便清华大学或北京大学，从事第三世界国家社会或文化研究的学者也寥寥无几[1]。而希望"和平崛起"的中国不但需要较好地处理国际关系或能源问题，也需要加强对世界文化多样性的认知。建构和平的基础之一在于对世界文化多样性的深刻理

---

[1] 这一情况在近十来年有了显著改善，随着国家意识的改变和学界的共识，各高校纷纷开设专门的区域研究中心，分派研究生到世界各地开展研究，如清华大学自年2011年开设的发展中国家项目，每年招取名博士生赴发展中国家或地区开展深入研究。

解，因为这将指引中国更好地参与国际事务，为全球化发展做出贡献，体现大国担当。

很多学者研究斐济是因为斐济是他们国家的殖民地，他们最早的研究有着指导统治的意图，因而研究斐济成为"理所当然"，欧洲人和原住民的这一研究者和研究对象的组合有其历史合理性。斐济跟中国相距"十万八千里"，中国学者到南太平洋地区对斐济进行研究，却有着不同的情愫。研究斐济的必要性和必然性究竟在哪里？

显而易见的原因之一是，随着中国经济的发展和壮大，很多中国公司正在走向海外市场，带着浓重中国文化的公司和个人正在迈向海外，和当地人有着越来越多的接触、合作和交流。增进我们对当地人的了解是必要的，这将积极推动中斐人民的沟通交流和贸易合作。

另外，中国文化与西方文化在历史和传统上都有很大差异。概括地说，中国这片土地孕育了迄今为止仍然深深影响中国现当代社会的儒释道传统，这种带有深厚历史积淀的中国文化在当代仍然影响着我们生活的方方面面，也使中国现代学术的相关研究有着其独特的生命力和表现力。人类在相互的关系中确立自身位置，作为一名来自与西方学者不同文化背景的中国学者，我自身的知识体系和文化觉知的视角与既往的西方学者相异，因而在同一片土地上进行田野调查，我所进行的知识生产成果会有更多的中国视角呈现，为深入进行斐济的跨文化研究提供中国路径。斐济的人类学研究除了其本地人和西方人的研究之外，有另外一个文化背景人群的加入，在讨论者身份多元化的同时，也能增加讨论本身的丰富性，同时缓解原有对立观点的冲突，以促进更为有效和多视角的学术生产。

二、斐济研究

斐济的人类学研究，按研究者身份来区分，可以粗略分为本土研究和非本土研究。究竟是当地人的研究较为权威，还是非本土人的研究更为客观，郝欧法（Hau'ofa，1975）和克罗科姆（Crocombe，1976）的观点相似，他们认为人类学研究不应压抑本土研究者的感情和主观性，以使得太平洋研究更加人性化。

"现代性"作为彰显个体独立性、极具革新性的全球性力量，正在席卷整个地球上每一个角落的前工业社会，无关国族和地域，几乎都无法幸免。但在本土化的层面，不同民族有着自身独特的应对方式。萨林斯对波利尼西亚的研究直接从当地的殖民遭遇出发，从外来文化或事件的发生来展现其与当地文化结构的并接。在《历史之岛》《石器时代经济学》及之后的研究中，萨林斯试图批判广为盛行的"新自由主义"，即将理性选择和最大化利己的经济主义前提当成普遍人性的假设所建立的解释框架，作为批驳的支撑案例，萨林斯屡屡提及斐济。

贝克（Becker，1995）阐述了斐济社会中的个体是在群体存续中找寻其意义，论及斐济人对于自己身体的看法深深地植根于他们所属的社会群体。这与西方社会把身体看作是完全受个体控制，并将身体作为彰显自我控制的工具这一观点形成了鲜明对比。

从宗教信仰研究来看，斐济人的本土宗教被人类学家划分为万物有灵论（Animism），即相信世界由灵魂和超自然力组成，是包含等级划分的有神论。神被叫作 kalou，或是 natitu，分为原生神（kalou-vu）和灵魂神（kalou-yalo）。原生神的主神叫 degei，他被认为是斐济族群的最早创始者，也是除了 Laus 群岛外的东部岛屿共同信仰的神。斐济人对神灵（gods），精灵（spirits）或是其他形式的超自然的力有着敬畏感，这被奥托（Otto, 1958）认为是所有宗教的根源。斐济人的本土宗教是现世性的、实用的，而不指向下一世（Barr, 1999）。斐济的本土宗教在19世纪基督教和印度教传入之后力量逐渐式微。最早到达斐济传播外来宗教的是1830年伦敦基督教传教士协会的大溪地人。此后，法国的天主教于1844年进入斐济，英国的圣公会于1874年进入斐济，耶稣复临安恩日会（Seventh Day Adventist）于1891年和神召会（The Assemblies of God）于1926年也来到斐济。1854年，斐济最大的酋长接受了基督教，成为卫理公会教徒。从此，卫理公会教堂布满了斐济。在1879—1920年，大约有6万的印度人作为雇佣劳工涌入斐济，他们中的大多数都是信仰印度教的，随着他们陆续在斐济的定居，也为斐济的宗教带来了不一样的颜色。河合利光（2009）强调斐济当地虽然受全球化的冲击，但依然延续着十分独特的文化和分类体系，认为斐济本土文化与中国儒家文化相近，与西方的二分体系相区分，批判西方的身心二分的观念。

以上研究多是以一种静态的视角来关注斐济历史上本土的宗教信仰及其渊源，但这对于目前已经充分陷入全球化潮流中，多民族、多宗教信仰并存的斐济社会失去了一定的解释力。因而，村庄里多元化力量对其道德秩序的形塑，本土文化与异文化接触时发生的文化传承、融合和变迁过程渐渐成为人类学研究的重要问题，也成为我关注的重点。

作为一个多族群国家，各文化的教育差异也引起了人类学研究者的兴趣。怀特（White）对于斐济社会的教育分隔和不同族群间的教育理念进行了阐述。他发现，斐济文化更具群体性和共同性，更注重共享（sharing），与印度文化中的个人主义导向、结果导向的价值取向存在差异。斐济语中的 viavia 用于形容与某人地位不相符的特别的野心，并把那种不共享自己的家庭作业，也不向他的同辈群体提供帮助的人叫作 qaqa。在这两个词汇中，"学习上的努力"并不被其同伴认可，而且挑战了人们试图保持平等地位的隐形规则，因而收到了负面的评价（White，2001）。怀特的研究更为注重斐济人和印度人这两个族群在学校教育中由于文化不同而带来的学习成绩上的差异，把斐济文化视作是横切面的、固定不变的。此外，怀特（2005）通过两次国内政变的细致描述，解读了斐济本土人和印度斐济人间相互建构，通过对两个族群间的冲突、对彼此形象及自身族群所处地位的描述，刻画了斐济目前的族群状况，其中论及印度人对斐济人的印象主要是懒、缺乏纪律。这也从另一个角度反映出不同文化对于道德和美德的评价差异。

宫崎广和（Miyazaki，2006）讨论了在斐济首都苏瓦旁边，一个名为 Suvavou 村庄的村民，如何在屡次争取土地失败后，依然在代际间保持希望。市场经济、发展话语和金钱在斐济人的日常生活中发挥着越来越重要的作用，斐济人则动用自己的文化来面对外来力量的冲击。

综上所述，国外学者有关斐济的民族志研究多是基于斐济独特的历史和政治文化，族群关系研究是其关注重点。目前大量研究是关于斐济人和当地印度人间的族群关系和身份认同。斐济原有的本土宗教信仰和基督教的传入对于当地人的影响也是人类学家较为感兴趣的话题。此外，斐济共有的土地制度以及土地对于斐济人而言的神圣意义也是人类学者关注的重点之一。从文献上可以看到斐济原有的土地共享制度对于斐济当地人共享价值观的影响和塑造是重要的。还有部分人类学研究围绕斐济传统的治病方式，隶属于医学人类学研究的范畴，如卡茨（Katz，

1999)对斐济传统的巫术和治疗做出了分析。在前人研究的基础之上，本书试图把关注点放在一个更具全貌性的日常生活上，关注人们有关价值的道德判断及其实践；用一个更为整体性的关怀，改善前人研究过于专门化和隔离化的现状；同时加入历史变迁的维度，以一种变化的、历史的眼光来看待斐济发生的代际之间的变化，并以当地人对于历史和变化的感知为重要的关注点来切入。

三、道德理路

对道德的研究由来已久。达尔文（1982：60）指出，你如何对待别人，别人也会怎样对待你，为他人谋利益是道德的基础。作为人类祖先，灵长类是群居的社会性动物；根据自然选择的原理，人类的社会本能——包括合作互助、友好互惠、同情怜悯——必然有一个自然进化过程。这也就意味着，道德伦理并非仅存于人类，高级哺乳动物同样拥有合作精神和悲悯情怀，同时具有嫉妒心、好胜心，乃至于回报的习惯或复仇的冲动。达尔文也倾向于把人看成体力较弱而合群的物种（如黑猩猩）的后裔，而不是体力较强但并不合群的物种（比如大猩猩）的后裔（达尔文，1982：76）。达尔文认为互助是自然法则和进化的要素的这一观点，得到了俄国地理学家和生物学家克鲁泡特金（2009：89）充分且强有力地证实——"毫无约束的个人主义是现代的产物，它绝不是原始人类的特点"。芬兰人类学家韦斯特马克（Westermarck, 1912：108-130）借用了哺乳动物中闪现出的同情心和利他的互助行为的实例说明人类道德的进化论基础。亚当·斯密（2011）论述了支配人类道德行为的各种动机：自爱、同情心、正义感、责任感、劳动习惯、追求自由的欲望和相互交换的倾向等。

把文化和社会作为研究对象的人类学家和社会学家就道德相关的讨论从未中断过。人类学家向来假设道德思维镶嵌在经济、政治、宗教以及其他社会生活领域之中。在这类讨论中，涂尔干学派的长久影响值得我们注意。涂尔干对于道德的关注有着深刻的历史渊源：当时法国社会正处于转型之中，社会结构正在发生深刻变化，原有社会道德秩序逐渐丧失影响力，而新的道德秩序没有迅速形成起来，从而引起了个体的异化以及群体的失范。针对法国社会当时的道德状态，涂尔干在《自杀论》一书中进行了有实证依据的讨论。在涂尔干（2000，356-358）看来，道德属于一种行为规范，其意义在于提供可以形成"社会休戚相关性"的条件。换一种说法讲，道德不会使个人获得解放，其主要作用就在于把个人变成社会整体的一部分。"道德规范的特性在于它阐明了社会团结的基本条件。"（涂尔干，2000：356）

经典人类学家未必专门把道德作为主题进行论述，但在民族志中屡屡涉及道德相关的讨论。安达曼岛人的传说表达了两个重要观念——一致性（或规范）的观念和现在依赖于过去的观念。拉德克里夫－布朗（Radcliffe-Brown）对于一致性的描述贴近于我文中对道德的界定：想让生活顺利进行，有些行为必须去做而有些行为一定不可以做，这就是一致性；而与一致性要求不相符的行为意味着危险，违背了宇宙的制约性规范。何种行为该做、何种行为不该做，早在过去到现在秩序开始形成的时候就彻底确定下来了。而社会的传统正是由哪些该做、哪些该避免的知识来构成的，而且每个人都被要求遵循传统。同时，道德规范和自然规律相互交织，对的行为才能实现社会的幸福，错的行为将会导致有害的结果。（拉德克里夫－布朗，2005：286，295）

道德究竟是一种不断被复制的社会要求（morality of reproduction）？还是个体的选择结果（morality of freedom）？在这一问题上，人类学有关道德的研究出现分歧（Robbins，2007）。在一些学者看来，道德是一种选择和反思的结果。选择和反思与社会要求在不断互动，然而互动不等于妥协，个体虽然是社会整体的一部分，但个体的主动性仍然是建构社会的动力。社会学家韦伯（1993）认为，在特定环境和场域成长的人们，将会学到一套道德的训诫，社会合作能力就是道德影响的产物，但个人具有比社会压力更大的道德创造力。另一些学者则坚持认为，人类学有关道德的研究不可能完全脱离涂尔干的道德说。例如，阎云翔（2010）提出，对"道德"的研究应该放在对"不道德"（immorality）的关注上，并将道德失范追溯到涂尔干有关社会失范的概念，从而研究公众感知的道德危机。阎云翔（2009：14）在对中国北方农村下岬村的研究中，强调研究道德过程中个体的重要性，表示他的研究想要着眼于个人体验以及个人的主体性，而不仅仅是社会结构和文化规范。他希望通过考察村民个体如何看待具有结构性、甚至一定意义上制度性的规范，进而探寻结构性的规范与能动性的个体之间的互动。罗宾斯（Robbins，1994）和茨根（Zigon，2009）强调不应在道德作为"社会规范性、稳定性以及毫无疑问的再现性"与强调道德作为"一种选择、改变和反思"这让人诱惑的两者之间做选择，而最好可以"在道德的人类学理论中让两者都有容身之处"。

人类学家常常因其过分的相对主义而被指责，好像任何的人类行为只要存在，都必须被接纳。事实上，任何严谨的人类学家都不主张放弃判断，而只是呼吁暂缓评判，先让人类充分知情，然后再做出必要的道德判断（戴维斯，2012：60）。

韦伯（2009：28）曾论述过，很多富兰克林时代的道德劝诫都转向了功利：诚实因其能带来信用而显得有用，守时、勤奋、节俭无不如此，因而才成为美德。韦伯这一论述强调道德的功利性目的，但在斐济，为什么要做一个道德的人却关乎"因为我们斐济人是这样的"，即传统的传承和认同——道德本身是好的（sa vinaka）；即道德的目的就是道德本身，或说是认同。

以上是国外对道德研究的一些论述，而在中国，对于道德的讨论离不开儒释道的传统。儒释道是中国人共有的精神财富和文化遗产。"孔子的道德系统绝不肯离开差序格局的中心"，姚新忠（2000：224）曾说过，"儒家为社会和政治生活提供道德准则，而道教和佛教则监督着儒家的伦理道德在日常生活中的实践，并在心理和精神方面为民众提供帮助。"在费孝通（1985：38）看来，中国背景下的伦理和道德只有在推出去的差序格局中才有意义，"道德要素附着在私人关系网络的每一个结点上，因而，所有的道德标准都无法超脱差序的人伦而存在，在传统道德中找不出另一个笼统性的道德观念来"。中国词汇中的"人伦"意味着人与人之间的关系，即伦理。社会道德只有在这些私人联系中发生意义，水波纹从中心往外推的象征明确地突出了道德责任差序性的独特的中国模式，中国文化中道德并非一个普适性的伦理系统（范丽珠，2010：104）。费孝通在此的独特贡献不仅是将"己"的象征置身于社会关系中，而是言明社会关系对个人有一定要求。

李荣荣（2012：20）提及，要辨识表述层面与实践层面、构想层面与运作层面、意识形态层面与日常经验层面的关联与距离，尽量避免简化社会生活的丰富性，这也是本研究关注道德话语和道德实践的区分提供了思考方向。如果说李荣荣通过美国社会貌似个人主义的表象，看到其作为整体、社会的事实,那本书试图讨论的是一个作为村民公认、以往学者也认同的有着集体主义或说共享价值观的斐济社区,是如何在社会交往过程中蕴含个体主义,或者说分而有之的价值观。

桂华(2014:24)对中国农村道德生活的研究采取了一个将道德世界视为社会事实的方法来进行研究,力图将日常生活的合理社会关系中的规范性作为捕捉道德的研究对象。这不失为一种讨巧的定义手法,有利于把道德这样一个宽泛而不易把握的对象具体化、具象化,从而易于锁定研究对象,开展分析。她对中国农民道德世界的讲述基于"家"的基础之上展开,通过中国传统儒家"大传统"和农民道德生活的"小传统"加以对照、比较,寻求其联系的方法,对农民生活的道德世界形成了一个较为清晰和立体的评述。

道德这一概念外延宽广且难以界定、把握和操作,虽然已有研究为我们提供了多角度的参考,但最后用何种视角从缤纷的社会生活中观察道德、指导研究,则需要深思熟虑。

凯博文(Kleinman,1999:358-361)选择使用"道德体验"概念指导其对道德的研究。他指出,道德体验是个体在特定本土世界内的实践经验,这个本土世界是个包含着特定文化、政治、经济意义的空间。在此,凯博文把抽象的道德社会化为具体的"本土世界",并将道德体验视为人与人之间可以感受到的交流、协商、争辩等交往方式。他特别强调,人类学家需要考察个体在面临道德困境和道德抉择时所经历的身体挑战、情感挑战,甚至生命挑战。

欧爱玲(2013:41)对于中国农村的研究抓住"良心""回报"这些本土概念对于村里的道德话语组织故事,进行分析。她反对凯博文将道德话语仅仅视作精英们的职责范围,而关注"普通人日常评价周围人的言语"——认为当地人自己的日常话语与坊间闲谈明白无误地表现出了他们在生活中的期望,而透过这些他们对于理想生活期望的审视,可以解读出他们对于向往道德生活的表达。我对斐济村庄道德的研究进路也借鉴和延续了这一基本思路。

维德洛克(Widlok, 2004)提供了一种将社会实践的道德维度囊括到人类学分析中的方法,目标是超越相对主义仅仅将不同的伦理体系并置却不做评论的取向。为了达到这个目标,策略就是将精力集中在美德和美德行为之上,而不是费尽力气描述道德系统或其内容。因此,本书在各个章节里的叙述有着道德体系的并置,但决不就此止步,因为道德体系并非静止僵化的教条,个体作为参与者是在实践中接近那个道德的自我。

就道德的人类学理论,茨根(Zigon, 2007: 148)如此论述道:

> 如果我说的是正确的,即动机以及伦理行为的结果是要再次回到那个非反思性的每天在这个世界上活着(being-in-the-world)的道德倾向,那么伦理就不仅是一种达成的方式,也是一种与道德倾向进行对话关系的方式。从这个意义上,尽管伦理(ethics)处于道德倾向(moral dispositions)的外围,进而它也成为这些微妙的变化和改动的主因,这就构成了道格拉斯·罗杰斯(Douglas Rogers, 2004)所说的在个体经验和这些道德的表达之间的相似性和差异性的阴暗部分。因而,在研究这些道德崩溃时刻的伦理表现时,我们不仅要注意到个体和社会群体如何回应崩溃,同时更重要的是,我们最后可以看到道德倾向自身被形塑和重塑的方式。正因为如此,尽管依然有一些犹豫,但我更喜欢把这篇文章中所涉及的

理论叫作道德的人类学理论。

我的田野点户品村——这个处于文化变迁过程中，被称为"城市"的村子——目前所处的状态很符合茨根所描述的"道德崩溃"（moral breakdown）阶段，本书将关注在"道德崩溃"时刻的户品村如何维持其作为整体的道德秩序；而对于道德这一抽象概念的把握，将主要以道德话语作为切入点进行考察，这也化解了前述研究中牵涉到的如何定义道德的问题。

四、文化变迁

言及文化变迁，首先要明确"现代性"这一席卷了大量前现代地区的革命性力量。"现代性"这一社会生活或组织模式，大约于17世纪出现在欧洲，并在后来的岁月里，程度不同地在世界范围内产生着影响（吉登斯，2000：1）。"现代性"意指在后封建欧洲建立，20世纪日益成为具有世界历史性影响的行为制度和模式，略等同于"工业化世界"，但绝不仅仅在其制度维度上（吉登斯，1998：16）。

与现代性影响形成对比的是，受人类学研究关注传统的影响，一直以来村庄被看作是锁在了一个无时间、传统的当下，因而卡里尔（Carrier，1992：3）强调美拉尼西亚人类学能提供的并非一个没有西方社会力量接触的社会，相反，是一个有着殖民和后殖民微妙影响的社会。

如萨林斯（Sahlins，2005：39）所言，本土人并非一开始就意识到自己的文化，他们最初仅仅生活于其中，而正是文化接触让全世界的本土人都开始意识到、也开始戒备那个他们称为"文化"的东西。从此,"文化"一词才遍布世界,人们开始发现自己的"文化"。如今"文化"有着仪式性和表达性的价值,需要去捍卫、甚至需要重新创造。与外部的接触过程,同时也是族群自我认同的形成过程。

一直以来,"结构"和"变迁"这两个概念被不必要地截然二分。实际上,讨论"个人"在分析研究中所发挥的作用,要了解的不是"结构"(structure),而是"结构过程"(structuring)。个人通过他们有目的的行动,织造了关系和(意义)结构的网络,这网络又进一步帮助或限制他们做出某些行动,这是一个永无止境的过程(萧凤霞,2004)。

斐济村民对于道德的认同,与传统紧密地结合在一起,而究竟传统是什么又跟文化建构分不开。很多貌似悠久的"传统"实际是为回应社会、经济和政治变迁而被建构出来的晚近的发明创造(霍布斯鲍姆,2008:1)。对一个地区道德的研究,无法离开对一个地区历史的审视。而本研究正是试图呈现斐济村民如何对他们坚持和信守的"传统"进行表述和实践。

文化变迁、在文化接触中的自我界定、文化认同和道德意识是我在田野当中非常重视的部分。户品村村民如今都是基督徒,但他们并非一直如此。从"蒙昧"的食人之人,逐渐成为有教会引领的基督徒,其中有着一个历史变化的过程,而本研究也有对历史过程这一维度的关注。

基督教研究是斐济研究中的重要组成部分。汤林森(Tomlinson,2009)借描述斐济信众最多的基督教教派卫斯理教派,描述了斐济社会受几种外来力量的交互影响,弥漫着失落、衰亡和话语失序的情况。

借布道、喝卡瓦酒、土地和祈祷几个本土较为关键事件的把握和展现，呈现了当地人经历着的失落感。汤林森认为，在斐济传统的土地制度、社会组织制度和生活方式受到外来文化的挑战时，卫斯理教会在引发和延续他们衰败感和失落感中发挥了很大作用。黄剑波（2010）通过《成为罪人》和《成为无罪》两项研究的比较，重申了基督教人类学研究的重要性，指出人类学研究基督教不仅是一种必要，更是一种可能，并指出对基督教更深层次的理论关怀在于对当地社会文化变迁的关注。

庄孔韶（2000）的《银翅》一书描述基督教传播时，针对"本土化"（indigenization），提出了"联系化"（contextualization），意指在中国乡村社会，基督教在逐渐扎根地方的过程中，与地方的儒家文化的并接和关联，塑造出了新的文化伦理。

文化变迁研究除了常与基督教的进入相关联之外，与货币进入相关的研究也比较常见。帕里和布洛赫很早就对金钱和交换做出研究(Parry，1989)。罗宾斯（Robbins，1999）指出，在美拉尼西亚，政府支持的货币常被当地人热情地欢迎，并且在很多时候并没有取代传统的交换物品。因而他的研究更为注重在对金钱的接受下当地人的能动性，他反对毫不含糊反抗的目的论，或假定货币化和市场化会把当地变为同质性的结果。

文明、文字或教育等存在并不等同于文化，文化的背后是动态的权力关系（赵旭东，2013）。非西方文化在保持其本土文化的核心价值之外，融合资本主义社会的现代性文明，往往能展现出新的文化类型形态和多彩斑斓的文化现实（陈妍娇，2011）。斐济社会如今已被卷进复杂的借贷制度和货币经济之中，但这并不意味着本土人放弃了自身的传统文化,或说其本土文化已消失殆尽,地方社会的生活系统(生命、生活体系)有其生命力,并非能被全球化的政治经济所完全制约。如今的斐济人的社会和文化虽然面临全球化浪潮的冲击,但本地人通过改变自身,使其固有的世界成为与地方自然观互动、与外部要素共生的系统(河合利光,2009)。

本书试图讨论的不是人类学家或外人眼中认为的斐济人的"道德",而是斐济村民自己对于生活,尤其是理想生活中的"好人"的向往和期待。这种期待并非空穴来风,也非胡思乱想,而是建立在他们自己的历史传统以及应对外来消费文化和现代性冲击时对于自我认同的重新形塑和流动性定位,同时也包含着对自我以及自身所在群体界限的重新划定。作为村民,一辈子大多时间待在村子里,周围都是自己的亲戚,与外面的花花世界有一些距离,但这并不意味着他们与世隔绝,恰恰相反,他们往往可以敏感地对外来影响做出回应。

我们过往忽视文化秩序,忽视文化体系或是文化结构,是因为有过多的"社会"实体思维,而忽略了形成社会秩序背后的逻辑和意义体系,忽略了背后的文化秩序和编码,因而我们需要去解码(张小军,2015a)。道德秩序背后也有这样一套文化秩序与编码,而解码的过程中需要加入对于文化变迁这一维度的考量。

奥特纳认为历史是人们生于其中的创造,实践的观点提倡历史学和人类学研究有分寸的连接模式,而非盲目迷恋历史(奥特纳,2008),试图理解有强烈系统性限制的创造,无论是对过去还是现在,也无论是新的创造还是旧东西的再生产。强调历史事实后面的一套规则,即强调"事物来自哪里,又如何变化",而非停留在事物本身(张小军,2007:262)。

文化变迁总是在感知层面无形无相地发生，往往被文化实践者不自觉地忽略。本研究强调斐济乡村社会道德的形塑过程，但并非通过人类学家或其他外来者的视角，而是关注斐济村民自身如何感知和解读这种变迁，以及如何在与他者互动中走出他们的"共生之道"。

第一章 走进田野

一、南太平洋的十字路口

斐济由 300 多个岛屿组成，两个最大的岛——维绨岛（Viti Levu）和瓦努阿岛（Vanua Levu）为人口聚集地。斐济的国土面积为 18,272 平方公里，总人口为 837,271[1]。2005 年人均 GDP 为 3655 美元，2010 年人均 GDP 是 3545.7 美元（同年中国的人均 GDP 是 4682 美元）。2010—2015 年，人口增长率为 0.8%，其中城市增长率为 1.6%，2011 年城市人口所占全部人口比重为 52.2%，14 岁以下人口占全部人口比例为 28.9%，男女性别比例为 104.2[2]。男女出生预期寿命分别为 67 岁和 72 岁，5 岁以下的死亡率是 16‰[3]。1881 年之际，斐济仅有 12 万人。2014 年，斐济人口达 90 万。

斐济地处南半球，年平均气温 22—30 摄氏度，与在北半球的中国在季节上正好相反。11 月至次年 3 月是北半球的冬天，却正值斐济的夏天。那是一年中天气最热的时候，同时也是雨季和飓风季节，飓风来袭时会摧毁一些村庄。

---

[1] 来自斐济统计局官网 2007 年的数据。
[2] 来自联合国官网数据。
[3] 来自世界卫生组织 2009 年的数据。

从人口族群组成来看，斐济原住民占总人口的 57.3%（主要是美拉尼西亚人，也有部分波利尼西亚人），印度人[1] 占 37.6%，罗图马人占 1.2%，其他包括欧洲人、太平洋岛国和中国人共占 3.9%[2]。斐济的官方语言是英语、斐济语[3] 和印度斯坦语。

从宗教信仰上来看，基督教于 1830 年开始慢慢在斐济发展起来，并在社会和政治生活中发挥着重要的作用。斐济本土人绝大多数是基督徒，其中大部分属于卫斯理教会。至 2007 年止，基督徒（539,553 人）占斐济总人口（837,271 人）比重为 64.4%。斐济的印度教徒 233,393 人，锡克教徒 2,577 人，穆斯林教徒 52,520 人，信仰其他宗教的有 2,172 人，无宗教信仰的有 7,073 人。基督徒中，卫斯理宗信徒 289,923 人，天主教信徒 76,433 人，神召会信徒 47,778 人，基督复临安息日会信徒 32,308 人，圣公会信徒 6,313 人[4]。

1643 年，荷兰探险家阿贝尔·塔斯曼（Abel Tasman）来到斐济，成为首先踏足此地的欧洲人。1874 年，斐济沦为英国的殖民地，随后大批印度人作为英国"殖民制糖公司"合同工到此种植甘蔗。就政治制度而言，1970 年斐济独立，建立起民主国家。浩瀚的南太平洋上如珍珠洒落般布满了小岛，这些小岛分为三个岛群，分别为美拉尼西亚、波利

---

[1] 在本书中，印度人指在斐济已经获得公民身份的印度裔斐济人，他们大多是 19 世纪从印度作为契约工引进的劳工的后代。

[2] 来自美国情报局统计数据。

[3] 斐济语语言学专家格拉蒂（Geraghty）认定，在斐济在 100 多个有人居住的岛屿上有 300 多种斐济语方言。1835 年，卫斯理传教士进入斐济，他们试图翻译圣经，由于当时斐济的政治权力的集中在 Bau，Bau 的方言列做了官方语言，如今包括斐济语版的圣经、电视电台都是以 Bau 所在地的方言 Bauan 作为常用语言。

[4] 来自斐济统计局 2013 年的数据。

尼西亚和密克罗尼西亚。斐济位于南太平洋的中心位置，被称为"十字路口"。斐济从地理位置上来说大部分属于美拉尼西亚，但事实上处在美拉尼西亚和波利尼西亚的交融和过渡地带。斐济中西部属于美拉尼西亚，东部群岛与波利尼西亚紧密连接，在居民的语言和肤色上都和西部有所不同，在文化上与波利尼西亚人有更多相似之处（汪诗明、王艳芬，2005：113）。塞维斯（Service，1975）按决策形式和集权程度，将社会简单划归为游群、部落、酋邦和国家这四种主要类型，在我看来，斐济东部村庄在层级制上甚过平权的西边村落；西部的村落更接近部落，而东部的村庄更接近于酋邦。而本研究的田野点地处斐济东部，其村庄政治制度更接近于有着层级划分的酋邦。

斐济是大洋洲14个独立国家之一。在这14个国家中，10个与中国建立了外交关系。中国与斐济在1975年正式建交。中国与这些国家建立并保持外交关系的手段之一是保持两个国家领导人之间的不断接触，同时提供外援和建立外贸关系。尤其在2000年之后，中国针对太平洋岛屿国家提出了一揽子外援计划。与此同时，中方外援项目以及斐济政府"展望北方"（即"倾向中国"）的外交政策，使得大量中国公民以对外援助工作者的身份出现在斐济。本研究在计划阶段的关注点之一是中国工人在援建项目过程中与斐济居民发生的互动。更为具体地讲，我最早希望研究中国人与斐济人在价值观念上有何差异并在面对面相互交往中的体现，而对价值观的考察必定涉及道德伦理问题，这一问题的提出也必然要求我对斐济人的道德伦理思维及其相关行为做出系统研究，这也是本研究最终落脚点落在道德的现实基础。

二、到斐济去

2011年9月，我踏入清华校门。进校后第一次见我的导师景军教授，他就聊到我博士论文选题问题。当时另外一位老师刚从斐济做调研回来，正兴高采烈地对景老师讲述着斐济见闻。他深深为中国与斐济的文化差异而感叹，甚至惊愕，却又满怀对那片远在南半球的土地的赞许。

那位老师提到，在斐济的中国人总是觉得斐济人特别懒惰，而斐济人却不理解中国人为何如此勤劳，甚至星期天还要开店赚钱。在斐济人看来，中国人在星期天开店，是家庭观念淡薄的体现。他们认为，周日是家人欢聚的时间，不该成为工作时间。为此，有些斐济人甚至联合起来抵制中国商人在周日营业。那位老师还提到，斐济人早先同中国人有买卖关系时，会跪在地上通过交易获得普通物品。这让人联想起人类学书本中提到的"船货崇拜"[1]。我不禁疑惑，人类学经典研究所描述的这一文化现象果真仍然处在"进行时"吗？

景军老师好似也被这次斐济见闻"宣讲"打动，随即问我是否愿意考虑到斐济从事人类学田野调查。当时我连斐济处在世界哪个方位还不是特别清楚，但好奇和对未知世界的想象已经让我为之着迷。景老师希望我去斐济做人类学调查研究的愿望多少受到北京大学高丙中老师的"刺激"。当我来到清华大学时，高丙中老师已经带领他的学生展开了海外文化研究并推出一系列相当优秀的人类学作品。景老师认为，清华大学的人类学天地虽小，但不能彻底输给在国内堪称"人类学大国"的北

---

[1] 船货崇拜是20世纪30年代中期以后西南太平洋美拉尼西亚人中流行的崇拜形式，他们相信，当祖先的亡灵携带大量西方航船所运载的物品到来之时，基督教所欲言的千禧年也将到来。详细可见陈国强.简明文化人类学词典.杭州：浙江人民出版社，1990:451。

京大学,所以也需要在海外民族志领域有所作为。

在偶然和幸运的催化下,我迈出了前往斐济的第一步。2013年新年刚过,我在网上查到了斐济驻中国大使馆的地址,从学校转乘地铁和公交找到了大使馆。向前台姑娘自亮身份后,我向她打听有关斐济的信息,对方态度客气地回应,但没有提供太多有价值的信息。而在提到斐济大使的时候,她在作为陌生人的我面前也毫不掩饰对于大使的好评。我一问到大使的日程安排,她马上推说,大使很忙,而且现在不在使馆。虽然我意犹未尽,但也只好就此作罢,打道回府。

这个时候,转机出现了。我看到一个魁梧的身影从里屋走了出来,跟我微笑着说了一句"Hello",然后就往外走出去了,我当时还深陷白跑一趟的挫败感之中,只僵硬地回了句问候,打算离开。没想到这位先生也在等电梯,他问我来干什么。我说自己是清华大学的博士生想要去斐济做研究,没想到他说他可以帮助我,原来他就是大使!在随后的正式会面中,大使为我安排了到斐济后接应我的人,甚至建议并帮我联系该住在谁家,安排之周到可谓事无巨细。

后来在田野准备工作和在实际田野过程中,我遇到了很多困难,也曾经动摇过,想过换个难度不太大的田野点,但内心对于异域未知世界的想象和向往支撑着自己一路前行,最终到斐济并完成了田野调查。我最终选择斐济村庄作为田野点,有着对人类学这一学科裹挟的"反现代性"和"传统"的认同以及试图践行的勇气。关于这一点,我认同王铭铭(2003:19)曾说过的,真正有助于我们更清晰的界定现代性的学问,是研究现代"对立面"的人类学。

在斐济从事社会文化调查需要正式的研究许可,研究许可的获得历时相对漫长,而其获得又和居留签证签发紧密相关。在我第一次到斐济进行预调查的时候，签证的事情让我跑了好几次移民局，正式调查时也如此。过斐济海关的时候如果告知官员此行是为了在斐济做调查，他就只会在护照上戳15天的签证有效期的印章，这意味着必须在15天内获得研究签证，但这在斐济现行的官僚体制下近乎不可能。因为要申请移民局签发的这一研究许可，必须向斐济教育部提出研究申请，获得斐济教育部批准之后（此过程至少需要两个星期，往往还需更长时间），才能集齐其他材料向移民局提出申请，申请过后也需要等较长时间（不确定）才能拿到研究许可和签证。此外，研究许可有效期还只有半年！意味着半年过后又要把这个过程再从头到尾走一遍。然而，最令人悲伤的是：在我第一次向移民局提交申请时移民局官员告诉我，研究许可的有效期为18个月，虽然只在护照上写了半年有效期，我半年之后只需要申请延长，且无需再次缴纳费用和提交材料，就可以继续从事研究；但后来在我研究许可半年到期之后，去北岛移民局提出申请免费延长研究签证时又出现纠纷，最终我另缴纳了一笔费用，才办理了研究许可和签证延期。研究许可获得程序的复杂和延时，夹杂着我城乡两头跑的不便，成为田野中颇让我头疼的事情。

　　研究中还有一个具体困难就是语言障碍。当地文献的语言为英文和斐济文。英语是本地官方语言之一，从幼儿园开始就会教授英语，英语也被规定为学校里的工作语言，老师也鼓励孩子们讲英语，村民大多都能讲不错的英语。尽管如此，斐济村民之间还是主要讲斐济语，因而斐济语的学习是必需的。在田野过程中我很难找到一个固定帮我翻译的村民，因为孩子们一旦玩耍起来就到处跑，至于成年人，虽然他们都会说英语，但一旦聊得火热根本无暇解释，我只能在一旁干着急。鉴于田野时间有限，关键报道人英语水平都不错，在日常生活中我和他们学习并使用斐济语，但在展开深入访谈或在学校时使用英语作为我的田野工作语言。

不论有多少困难，田野已经开始，我对斐济的研究也就这样正式启动了。

2013年1月22日，我第一次来到斐济，落地时是当地清晨七八点钟。一出飞机，一股热浪袭来，我赶紧把上飞机时裹在身上的羽绒服揉进箱底。在当地人的热情指引下，我坐上从南迪到苏瓦的大巴，时差让我一路困得一塌糊涂、东倒西歪，忙不过来欣赏美景。我旁边坐了舅甥俩，男孩十二三岁的样子。路上小男孩晕车了，吐得到处都是，这位斐济大叔淡定地从包里掏出一块手绢给他，擦了擦他身上弄脏的地方。记得儿时的自己也常常晕车，但妈妈并没有那么宽容，常常责骂我，并不是像这位斐济大叔一样淡定地接受与应对，到了田野后期我才慢慢理解这种宽容。

本研究田野调查分为两个阶段。第一阶段为预调查。在2013年1月到3月的两个月时间里，我在首都苏瓦走访了五所中小学，进课堂、与各学校校长进行访谈，对斐济的学校情况有了基本把握；接着到村庄踩点，最后在斐济第二大岛瓦努阿岛的户品村待了将近十天。户品村是一个中等规模的村落，地理上和城镇有一些距离，附近有一个中国公司。在户品村十天左右的时间里我住在一位从村里学校退休的女教师家里。我遵循当地的亲属称谓称她为"nana"，在斐济语里是妈妈的意思，她待我如亲生女儿，后期她也成了我调查中的关键报道人，文中将对她以"萨罗米"[1]来指代。

---

[1] 文中所有的人名和地名均为化名，在村子里我是被纳入到亲属制度当中来的，萨罗米是我最早接触到的户品村人，也是我的关键报道人。

预调查之后，我于 2013 年 8 月重返斐济开始了为期 11 个月的正式调查[1]，除去在首都苏瓦办理研究签证所花的两个月时间，我在长期调查点户品村总共待了九个月时间，绝大部分时间我都待在户品村，其间我也会到相邻的村子如书品村[2]和户申村[3]参加活动，一般每次去邻村会在那里待一两个礼拜，希望借短期的地点移动来转换视角来更为全面地理解户品村。

三、户品村概况

斐济在历史上各部落之间征战很多，一直处在四分五裂的状况中，在被殖民之后才慢慢被形塑为民主国家。斐济历史上有三大部落联盟（confederacies），分别为 Tavata、Kobuna 和 Burebasaga。本研究田野点所在省 Cakaudrove 隶属于 Tavata 联盟。Tavata 联盟除了包括斐济第二大岛瓦努啊岛的部分省份之外，还包括斐济东部和汤加较近的一群被统称为 Lau 的群岛，受波利尼西亚文化影响较为深厚。

在斐济，除了两个城市——苏瓦和劳托卡（Lautoka），以及为数不多的几个镇[4]、少量私人土地和住宅区（settlement，即一家或几家有亲

---

[1] 我在 2017 年 7 月到 9 月又曾重返户品村，进行过为期 50 天左右的田野调查。

[2] 书品村与我的长期田野点户品村相邻，村子规模较小，只有一个亚氏族，比户品村更为传统。

[3] 户申村是跟书品村相隔不远，离镇更近。户申村是区大酋长所在地，从行政区域划分来看户品村隶属于户申村，区大酋长对户品村、户申村均有管辖权。户申村和书品村相似，也是一个更为安静和传统的斐济村庄，村里只有两大基督教教派，分别为卫斯理教派和天主教派。

[4] 斐济比较大的几个镇是南迪（Nadi）、拉巴萨（Labasa）、新加多卡（Sigatoka）等。

戚关系的人家在一片私人拥有的土地上建的住宅群）之外，斐济本土人绝大多数居住在村庄（koro），斐济的村庄和城市有着明显的二元结构分化。斐济的城市与其他国家的城市相比并无太大差别，而要看到"真正的"斐济，或说"斐济的传统"还是要回到村里。不论从语言的保存、还是从斐济传统生活方式的延续来看，大量村落对保持斐济的文化认同（identity），以及当地人口中所称的"共同体生活"（community life）有着不可磨灭的作用。在许多社会，根本不存在政治学所谓的"政府"，政治活动只是通过非政治的文化制度来表现（董建辉，2010），斐济村落正是如此。与城市相比，村庄保持着较为完整的传统组织结构和生活方式，每个村都有如酋长（tui）、传信人（mata ni vanua）、直言进谏的人（sauturaga）、村长（turaga ni koro）等。村子在斐济语里被称作 koro，有时也会称为 yavusa，一个村的酋长被称作 turaga ni yavusa（直译为中文就是村子的先生），直接称呼时不同地方有些许差别，有的称作 ratu，有的称 tui。一般来说村里酋长只有在经过正式就职仪式（installation，斐济语叫 yaqona vaka turaga）之后才能真正获得合法性。酋长议会（Council of Chiefs）成立于1876年，用于代表酋长阶级的利益。1929年印度人获得了投票权，斐济民众1963年获得投票权，而之前一直由酋长来代表。

正如列斐伏尔（Lefebvre，1991）对社会空间的描述，田野点户品村是一个有边界、有组织的行政与地理单位，也是一个由多层次社会关系层叠累积而构成的"社会空间"，当然，由于认同和交流在多层次间不间断地展开，同时这也是一个文化空间。本研究田野点户品村离最近的镇50公里左右，公共汽车车程单程需一个半小时。户品村有78户人家（以居住为标准，也有不同住，但吃饭在一起的情况），412人，4个亚氏族。在古代，每个亚氏族担负不同的职能，比如有的亚氏族负责捕鱼，有的亚氏族负责修村里的房子，有的亚氏族负责接待（Tomlinson，2009：34）。从这个意义上来说，他们群体内部较为清楚的社会分工符合涂尔干谈及的有别于机械团结的有机团结，在群体内发挥着重要的整合作用。

亚氏族是斐济村庄的基本组织形态，类似于中国乡村的宗族，比亚氏族小一级的是家族或叫大家庭（itokatoka），比家族更小的就是每家每户（matavuvale）。亚氏族是政治权力的组织单位和活动中心，由亚氏族首领组成的议事会共同商议决定着内外事务。村里分配干活、有礼物需要分配或参加活动时一般以亚氏族为单位进行分配和组织，然后各个亚氏族再在其内部按家庭来进行组织分配。户品村的四个亚氏族分别为大房子亚氏族、寻他亚氏族、黑色亚氏族和守护亚氏族。大房子亚氏族是酋长所在的亚氏族，其中有三个大家庭；寻他亚氏族底下只有一个大家庭。守护亚氏族是村里的门面亚氏族（mata ni vanua），这意味着如果有外人要到户品村，需要先去他们家请求，获批准后才能进村。守护亚氏族只有四户人家，守护亚氏族人数较少所以活动时一般归并到酋长所在的大房子亚氏族。因而，村民可以简单分为三大块。除此之外，每个成员按照其年龄被纳入一定的年龄级（age-class）组织也在村落中发挥作用。村庄组织在部落纵向组织原则之外还有着泛部落因素，如上面提及的年龄级制度，它使得在某些场合出现争议时，在场年龄较大的年龄级代表可以出面调停。在场的人虽属于部落的不同部分，纵向归属并不一致，但人们对于长者的尊重和听从却是一致的。这类似现代社会军队的军衔制度。泛部落因素正是如此表现其功能，从而维持部落的整合（庄孔韶，2020：217）。

游群和部落都属于松散的政治制度，而所谓酋邦则是集权形态的政治制度。酋邦在社会整合程度上高于部落，它是权力集中在某个酋长手中的等级社会，具有将许多个社区政治单位统一在一起的正式结构，酋长居于最高层，其他社会成员的地位往往取决于其与酋长关系的远近程度。酋邦在劳动分工上有了较多的专门化，出现了社会阶级或至少萌芽状态的社会阶级，其经济体系建立在再分配的基础之上。在酋邦中，酋长是个有实权的人物，他手下有一个官僚机构，有若干地位不等的官员。官员们构成一个控制链，把各级管理系统串联起来，各部落或亚氏族便与酋长这个重心紧密结合在一起了。酋长的权力几乎在一切事物中起作用，如他掌握着土地的分配权、社会产品的再分配权，以及他可以在其成员中征兵役和劳役等。酋邦是不平等社会，其不平等性表现在酋长之职的永久性，他的权力、地位、财产相辅相成，酋长将土地、畜牧、生产生活用具据为己有，可以把积累的大量财富传给其继承人，这些财富又成为继承人权力的基础（庄孔韶，2020：218）。

户品村全民为基督徒，过半数都是卫斯理教徒。除此之外，村里还有五旬节教派（Pentecostal）、CMF（Christian Mission Fellowship，也叫 Every Home）、神召会、耶和华见证人（Jehovah's Witnesses）、天主教、基督复临安息日会和摩门教 LDS（Later-Day Saints），共八个教派。

村民的生活轻松、闲散，今朝有酒今朝醉，生活态度近乎得过且过般"混日子"。部分原因在于国家担当起了一些个人和家庭需积蓄才能承担的花销，如斐济医疗完全免费，小学教育从 2014 年起也开始免费。其次，村民如果需要用钱，向自己的亲戚要理所当然，或在村里直接办一个筹款会（soli）。如果远行需要路费，就到椰子林撬椰子干卖，一早上撬两袋就可以卖20斐济币左右。村里除了老人和已婚成家的人之外，还有一批年轻人，他们十几岁到二十岁出头，一般中学没读完就辍学了。这些年轻男子有的种大麻，偶尔也去地里干活，晚上喝卡瓦酒。村里时有偷窃的情况发生，家里养的小猪或者是地里种的胡椒根（yaqona）都曾经被人偷走过。那些村里辍学了的年轻女孩偶尔帮家里人做饭洗衣服，更多的时候就到处闲逛、聊天、八卦（kakase）。斐济人的聊天内容大多是村里其他人的八卦，八卦是斐济村落文化中的明显特征，八卦像是共同体的黏合剂，让每一个身处其中的人都不可逃脱。

城乡二元结构存在于斐济当地人的分类体系中。类似于李荣荣提及悠然城市民对小城镇和大城市的划分倾向，村庄被当地人认为是静谧、平和、有规矩、有文化传承之地；而城市则意味着金钱、算计、讨价还价，甚至是罪恶的渊薮（李荣荣，2012：55）。城市虽然有着自身的文化底色，但难免整齐划一，在村庄会存留更多关于前工业时代的历史和记忆。本研究对田野点的选择，同样充满了源于自身文化体验对城市和乡村的想象。最初本研究试图走经典路线，意图找到一个和城镇相隔一定距离、相对孤立的小村庄，其中暗含对于村庄相对静态，或至少处在某个时点的动态平衡中的假定。在斐济，传统村落被认为延续着共有、共同体的生活方式，"村子"一词本来蕴含着共生性的意义。然而，在接触到本研究长期田野点户品村后，获知户品村相比周遭村落，又并非完全"传统"，一个处在争议和"混乱"之中村庄的道德秩序究竟如何维系其整合性就成了本研究的关注重点。

被周围的村落、甚至本村村民戏称为"城市"，也让户品村村民的自身认同有些复杂——一方面他们认为自己比起那些更为"传统"的村庄来说更为现代，因为市场化和全球化使得城市显得更具吸引力；但时而村民也为本村被戏称为"城市"而略感失落和羞愧，因为这意味着他们已经被踢出了"传统"的范围。户品村被戏称为"城市"，并不是指它有着城市的便利和繁华，而是说户品村比较"乱"——在城市经常发生的负面事情同样发生在户品村，如吸食大麻和盗窃。与此相关，户品村的领导权归属也较为混乱。斐济乡村目前处在酋邦这一政治体制之下，同时还受到来自国家和政府的管理和影响。户品村目前有两个酋长在位，分别为以诺酋长和雅各酋长。以诺酋长全家基本上每一个人都有身体缺陷，大儿子非常聪明但眼睛看不见，几个女儿也有其他生理缺陷，以诺酋长自己也总是生病，不好的事情接二连三地发生在他们家人的身上。有说法是，所有这些都是因为他们违背村里禁忌造成的，这在后文中会有更为详细的论述。自古一山容不得二虎，以诺酋长有重病但仍然想要占着位置，雅各酋长年轻时都不在村子，如今年纪大了又想要回到村子执政，两人在领导权上的明争暗斗一定程度上也加剧了户品村目前的混乱局面。

不论在现代社会，还是在初民社会，对于人、事以及行动如何通过有意义的方式整合在一块并得以延续的关注，是人类学独有的乐趣（西敏司，2010：209）。茨根（Zigon，2007：131-150）认为对道德的研究应该着重于研究道德崩溃，因为只有在道德崩溃那一刻，真正的秩序才会显现。本研究田野点户品村非常适合此种研究路径。因为户品村在方圆几公里以其别名"城市"而远近闻名，在城乡两元二分的话语分析体系下，这其实是人们强调户品村作为一个村子秩序感的缺失的证据；而贯穿我田野的一个主要疑问是：既然大家都说这个村子不像它应有的样子，人们怨言颇多、失望也多，但不论人们对于现状有多少尖刻和严肃的批评，人们对整个村子是"好村子"的想法多么稀薄，村民依然来参加村落会议和集体活动，作为整个村庄的认同依然存在，整个村子依然延续其作为一个有整合性整体的存在，这何以可能？而对于这一最开始由现实激发思考提出的问题，还是要借助于当地村民对于道德和日常生活本身的理解之理解才能最终给出一个较为满意的答案。

四、当地关键概念

鉴于道德较难把握，加之格尔茨反复强调当地人观点的重要性，本书对于户品村道德维度的划分主要以当地人口里讲述的"道德"，我与当地人日常相处中所观察和感受到的他们所赞许的行为，以及村民教育下一代时的明显偏好等，来加以论述和分析。如果说人类学的优势在于充分使用地方性知识，那么道德作为人类的普同性追求与约束，在我的田野点斐济，有很多具有地方性特色的语言和知识来描述和代表。下文就斐济地方文化中与村民日常道德紧密相关的几个概念进行初步的解释，以便在后文论述谈及时语义更为清晰。

言及斐济的传统，必须从 vanua 这一关键概念讲起。在斐济做田野时，当地的小孩和大人们最喜欢问我的问题之一就是：你来自哪里（i vei nomu vanua）？在斐济，每个人基本都隶属于某个村庄、属于某个亚氏族，这是他们的归属所在。即使孩子很小的时候跟随父母来到远离村庄的城镇生活，父亲所在的村子还是会被孩子认为是"我们的村庄"（neitou koro），他们与其原生村庄有着深层的心理认同。vanua 的本意是土地，也可以指代这片土地上生活着的村民，还有"传统"的意涵。而"itovo vaka vanua"就是指按照习俗来做事。当人们说到 vanua 的时候，不仅仅指的是村庄这种物质的形式，而且也表示这片土地，是精神意义上归属于一个地方。vanua 包括土地、大海、土壤、植物、岩石，以及生活在那里的鸟、鱼、神灵，以及属于那里的人们。vanua 就是这样一个包括这一切的关系型的概念，是连接过去、当下以及未来的地方（Ryle，2010）。一些人类学者把 vanua（村子）、lotu（教会、宗教）和 matanitu（国家的行政机构）并置（Niukula，1994），认为它们是斐济社会的三个重要支撑点（Tippett，1955）。与 vanua 较为相近的概念是 koro（村子），但在指涉整个村子尤其包括村民时很少用 koro。总之，vanua 在斐济人本土观念中有着重要意义。

Veiqaravi（na vanua）意为照顾，在词典里的翻译为"official reception"（Capell，2004：162），即正式的接受，或说接待。书品村酋长聊天时反复提及要照顾这片土地，照顾这片土地上居住着的村民。这与"关照"（care）密切相关，因为这同样表示关心。他人如果有事情，自己不能不闻不问，而要表示对对方的在意。另外，在这片土地上，来者皆为客，因而，斐济人普遍比较好客。

Itovo 意为习俗（custom）、礼貌（manner）和习惯（habit）（Capell，2004：239），相当于中文里的规矩。Itovo vaka vanua 意为按照村里的礼数来，可解释为"道德"。Itovo vinaka 意为好的道德和传统，即美德（virtue）。

Vuli 意为教育，也可以表示培训、学习等。Koro ni vuli 就是学校里的小学。

Vakarokoroko 意为敬畏、尊重（Capell，2004：252），这是在村里最为经常听到的对于一个好的行为或者说好的人的评价。"如今在村子里，尊重已经不复存在。"撒母耳如此说道。所谓的尊重，是对村落社会传统秩序的尊重，即对长幼有序、男女有别这些富含层级差异秩序的尊重。除此之外，尊重还意味着对于斐济村庄回避制度的尊重，如侄子侄女不能吃叔叔吃的东西。

Wasea 意为共享，这也是关涉斐济传统道德的关键概念。共享是共有的、集体的生活方式下正常的物权归属关系。简单来说，只要你有，你就得拿出来共享，或者说别人跟你要，你就得给，否则就是不道德。这与斐济村里的习俗"要"（kerekere）紧密相关。如果你需要某样东西，可以向邻居和亲戚要，且无需归还，这在下文中还会展开详细分析。

Veivuke 意为互相帮助，"vei"这一词根就是"相互"的意思，这个词根和 wasea（共享）放在一起就是 veiwasea，表示共享的相互性。当地人对于"互相帮助"的看重意味着当你有难处时，或仅仅只是看到你在做某件事情，他们都会很自然地参与进来，给予做事者一些力所能及的帮助。

Vata 意为一起，放在具体动词后表示一起做某件事情。一起做事情在斐济村民日常生活中也十分重要。

此外，评判他人的言语在我所在的斐济村庄十分普遍，dau 一词后面加动词用于表示一个人习惯于做某事。比如，dau vosa 表示爱说话、话多；dau cakacaka 是正面的评判，意为习惯于干活，即勤劳；dau lasu 指此人爱说谎；dau solia 意指此人喜欢给予，乐善好施；dau Lotu 指此人经常去教堂聚会，也可以表明其信仰上帝，用圣经里的话语要求自己，是一个道德高尚的人；dau veivuke，指此人愿意帮助别人，是正面评判；dau lako，指此人惯于闲游浪荡，不甘待在家里，一般而言，这并不是一个正面评价。这些对于个人惯习的评判有着一定程度的道德评判意味。Tamata vinaka 意为好人，这是在葬礼时常常能听到的对逝者的评价；tamata vucesa 用于形容一个人懒惰；tamata vuku 和 yalewa vuku

意为聪明的女孩。还有最常能听到的是 mamaqe，用于形容一个人吝啬。一般来说，tamata vinaka 和 gone vinaka（好孩子）的评述是对一个人的认可。当然，美德的标准也在变化过程中，如今勤奋（hardworking）渐渐被斐济村民认为是一种值得一提的美德，特别在女性对于未来丈夫的选择上，她们在说到自己心目中的理想丈夫时开始强调努力工作这一点。

以上是在斐济村落日常生活中常见的一些关键性词汇的简单介绍。鉴于本研究试图通过村民日常生活中的道德话语对于村落道德秩序进行解析和呈现，以上关键词在下文中还会有更为深入的讨论。

五、切入当地生活的路径

1. 社区研究法

在马林诺夫斯基和拉德克里夫－布朗开拓的"实验室"式研究方法的影响下，吴文藻（1990）在20世纪30年代提出社区研究法，王铭铭（1996）在"小地方、大社会"这一提法中丰富了吴文藻先生提出的社区研究法的内涵，强调社区研究要在本土文化解释和外在于社区的政治经济关系之间来寻找连接点。

本研究田野所在地户品村作为一个共同体而存在。"共同体"与"社会"的区分，滕尼斯（1999：45）在1887年已清楚界定。在很长一段时间内二分法成为历史上著名社会学家的共识。对于社区和社会的二分从19世纪后半叶就已经开始。1861年，梅因（2009：11）进行了身份社会和契约社会的二分。涂尔干也对圣俗进行二分，并对机械团结和有机团结这两种类型的社会进行区分。在确认自己的田野调查点将在乡村而非城市之初，本研究的对照性社会背景已经确立，基于共同体和社会二分法的想象将贯穿在本书的逻辑分析框架之中。同时，本研究不仅限于对村庄历史和现状二元对立的描述，而是通过行动主体对过去的回顾、对当下村里现状的评价，以及对未来的展望，来展现行动者对当下日常生活的思考与行动，并关注他们在行动和言谈之间的冲突和张力。

拉德克里夫－布朗（2005：3）说过："社会与地理环境的关系，体现的是外部适应。而在社会整体之内受控制的个人之间的关系，体现的则是内部适应。用'社会整合'这一术语来涵盖不适应的所有现象，比较合适。因此，文化科学或者社会科学的基本问题之一，就是社会整合的特征问题。"本研究是一个整体性研究，虽然如今人类学各研究以分支性学科研究见长，但一方面出于研究主题的宽泛性，另一方面则是日常生活的含混性，经济、政治和宗教以一种杂糅的方式呈现在文中，串联的点并非领域的区分，而是当地人的价值立场和看法。如果赵旭东（2013）提及的"在一起"事实上是一个论及社会整合的重要概念，那么，户品村村民如何整合在一起就是本书试图回答的问题。

宏大的结构性分析、宏观的叙事方式曾是社会学家风行一时的叙述手法；如今对于微观日常生活的关注是社会研究的新趋势。康敏（2009）在对马来西亚村庄的民族志书写中强调"日常生活"的重要性。关注村民对日常生活的解读，这是本书的一个基本视角，也是其研究方法和研究假设。正如本尼迪克特（1990：8）所言，任何原始部落或任何最先进的文明中，人类的行为都是从日常生活中学来的。不论其行为或意见如何奇怪，一个人的感觉和思维方式总是与他的经验有联系，人正是在日常细节中学习的。

2. 整体论

参与观察的意义在于通过"在场"去感知和把握作为整体的社会。通常，我们将整体观理解为对研究对象的政治、经济、法律、生态、语言等各个方面的整体把握。不过，这里所强调的整体观更多关注对社会生活的表述层面与实践层面、构想层面与运作层面、意识形态层面与日常经验层面之间的关系的厘清与整合（李荣荣，2012：18）。

去斐济前，身边的同学和朋友听说我田野点之后都很羡慕，并安慰感觉压力颇大的我：大家都没有去过，你随便说什么，大家都感兴趣。但我深知，事实绝非如此。正如格尔茨（1999：3）所言，如果人类学家不满足于当兜售怪异之物、惊人之物、在习俗成见看来属于"本地所无"的例外之物等个殊奇货的小贩（peddlers of singularities），他们就必须尽力把这个个殊之物拉近到足以了解的距离之内，并且用一种能使它们相互启迪的方式把它们联系起来。的确，我希望并也不断地要求自己在研究中不能简单把"异文化"当作稀奇之物、惊人之物搜刮拼贴成自己的论文，而是试图呈现斐济乡村的道德如何作为维系当地秩序的重要力量发挥作用，并通过村民的话语和实践代代延续。

做人类学研究，首先需要领悟的，是作为整体社会事实的当地社会的观念体系（王铭铭，2008：7）。在本研究中，除了把社区作为整体进行研究，还要把研究对象"道德"作为整体进行研究。把道德作为研究对象，必须意识到道德的呈现可能是意识形态层面的东西，也就是说可能出现人们在言语表述和实际行为的差异，甚至是矛盾。这就需要我们用整体的视角和关怀来看，对于在不同处境下人们的表述有所了解和记录，以及比较。

概念工具解释不应取代具体经验，民族志研究要做的工作之一正是解释与呈现概念与经验之间的距离。每一个群体、每一个系统都是有一定的秩序支撑才能够存在的，户品村也不例外。在人们的讲述当中这个村子的秩序感，或者说道德感正在削弱，但是社会既然没有解体，就必然是有东西把他们联系起来的。如果说组织不再可能，那么自组织是如何在社区层面上实现的呢？因而，本书主要通过对于村落整体的考察，关注道德对于地方社会的整合与凝聚作用。

3. 非正式访谈法

前文已经提及，对于道德话语的关注将是我田野工作中的重心。正如欧爱玲（2013：206）所言，叙述与检验一种文化的道德话语，很容易使人误解为要对那种话语所暗示的"道德"进行评判。人类学本质上并非致力于对文化进行道德判断，而是要阐明文化多样性的含义。因而，本研究对道德的关注从户品村村民在日常生活中反复谈到他们想要的生活作为切入点，以此来展开访谈。此处，当地人知识（local knowledge）发挥着至关重要的作用。同时，我将借用格尔茨（2014：27）所说的阐释性解释的研究手法。阐释性的解释不仅是一种升格了的训诂学而已，它确实是一种解释的形式，它训练我们的注意力，使之聚焦于制度、行动、意象、表达、事件、习俗等社会科学兴趣所及的一切常见现象，对于拥有这些制度、行动、习俗等东西的人们所具有的意义。正如格尔茨总结的，阐释性解释是有系统地解开（他者）俯仰于其间的概念世界。在其后的论述中本书将阐明，对于斐济村民来说，重要的概念世界之一就是道德，而这在他们关于道德的表述和解读中可以获知。

景军（2013，64）在其博士论文《神堂记忆》中提到：

第一章 走进田野

在村中住了很长一段时间后,我感到我的被访人觉得,一个外人,特别是一个城市来的学者喜欢听他们讲述毛时代的村庄生活,这很奇怪。此外,很多人认为外人不可能理解当地事件的复杂性。并且,他们显然害怕他们给我的信息会被滥用,以致破坏他们和别人的关系。为了摆脱这种困境,我放弃了直接访谈的方法,而是更加注意被访人叙述中的潜台词。我所谓的潜台词,指的是散乱但有说明力的评判,间接的证据,无意带出的观点,以及私下的闲话。

在斐济村庄,很多知识是隐晦的。在我自己调查当中,村民会好奇作为一个年轻女子为何会对斐济的这些规矩那么感兴趣。有时他们也会担心给我讲的事情会影响他们之间的社会关系。而且在斐济村庄,每一栋房子都四通八达,每一次访谈进行时旁边都有很多不速之客,因而讲话人会有顾忌,不能畅所欲言,因而非正式访谈,以及对于他们在言谈当中的潜台词和语气的揣测是我田野调查中十分重要的一部分。

另外,斐济村民并非仅用言语来进行交流,他们善于运用神态的变化、眉毛的挑动等诸种丰富的面部表情,甚至是嘴里发出的嘘声来表达自己的意愿和想法,而对于此类非语言的交流,必须用感知和观察的方式进行判断。

我的田野调查一开始以访谈为主,也用录音笔,但后来以非正式访谈和参与观察为主。我调查操作的切入点是对于语言的学习,虽然到田野调查结束因为各方面的限制我还是未能将斐济语学透,但语言学习是贯穿我田野调查始终的主心骨。学校里使用的斐济语相对容易,因而在户品村小学的田野期间,我以学习语言为主要任务,同时配合参与观察。相比之下,教会里的语言学习则相对困难。另外,待在家、开村民大会也可以延续语言的学习。除此之外，在日常生活中主要通过非正式访谈和闲聊来了解。因为一方面，村民爱开玩笑，有时真假难辨；另外，他们喜欢很多人聚在一起，很难找到隐私空间来展开访谈。因而，观察、闲聊、从其他人口中知道当事人的事情，是我调研时的主要方法和策略。

4. 文化比较

人类学主要是研究现代性下的异类（王铭铭，2008）。跨越那么远的距离，行走如此远的路，其中的确有着文化比较的含义。同时，文化比较也是文化反思的形式之一。对道德进行分析需要注意的一点是，要避免把当地人的道德、人类学学科言及的道德和个体人类学者的道德分开来，从而提供一个对于我们所研究的对象的道德世界更为清晰的图像（Zigon，2007）。因而，本书试图探寻的，是当地人的道德，即他们认同和推崇的道德，并非我作为外来人和研究者对于地方社会欣赏之下的道德。虽然这不可能截然分开，甚至说从某种意义上，我正是借着对方文化来反思本文化，但我希望这种反思是建立在对斐济村庄村民本身对于道德和秩序的理解之上。

来自北半球的我与斐济人之间，文化差异大概如客观存在的地理距离一般巨大，但正如贝拉（1991：8）所言，"我们讲述的故事并非仅仅是访问对象的故事，同时也是我们自己的故事"。作为中国人到斐济社会研究道德，就不可避免地带有基于我原生文化背景所阐发的文化比较的意涵。

在户品村，我研究的重点之一是斐济人究竟是如何看待自己的文化的。在调查访谈中，斐济村民常常自豪地说："我们斐济人就是这样的。"

这引发了我的思考：在过去近百年的历史中，斐济人经历了英国人的殖民统治、基督教的进入、大量印度契约劳工的涌入等外来文化的冲击以及经济生产方式的变化，却为何仍然自信地保持着自己的语言、风俗、道德和政治秩序，尤其是斐济本土人所看重的美德呢？

当然，在全球化的催化下，纯粹的"本土世界"已经很少存在。我研究的户品村虽然可以被描述成自成一体的"本土世界"，但来到这个村寨后我立即发现附近有一家中国建筑公司正在修建公路，也有户品村村民受雇于这一中国公司，甚至连这个区的大酋长也在这个建筑营地工作。长时间生活在一种文化里可能会让一个人对一切都习以为常，但当两种文化对视的时候，差异甚至冲突会在交流当中显现出来，这也成为我把中国建筑营地旁边的户品村作为我田野点的重要原因之一。

当我们想深入研究某一文化民族精神的时候，只用科学的正攻法，有些方面会无法接近。为了使自己的理解能够到达文化的世界观深处，还需要有对这种文化同呼吸共命运的感情，提高洞察能力。当然这种方式可能伴随极大的危险，避免主观推测是一项艰巨的任务。文化模式论的方法论在一个不具备这方面素质的观察者手中会变成一件非常不得力的工具，使人看问题肤浅。当我们面临数不清的抉择时，一定要有敏锐的直觉，善于寻找突破口，有穷追不舍的精神。文化模式论正是本尼迪克特出色地依靠直觉，在文化人类学中独树一帜的创造（绫部恒雄，1988：47）。

在文化比较的同时，我的书写也是一个文化翻译的过程，是对于斐济户品村村民对于道德和美德的思考和实践的解读与翻译。

第二章　共享与关照：有关"在一起"的道德

2013年12月的一天，萨罗米带我到邻村做客。那家的几个小孩刚捉鱼回来，收获颇丰，有十几条鱼。家里奶奶连忙把鱼都煎了。孩子们望着刚煎好金黄酥脆的鱼已经按捺不住，尤其是个头最大的那个孩子更是对着那盘鱼跃跃欲试。这时奶奶告诉那个大孩子说："有东西要共享，要关照其他孩子（share and care）。"斐济村民在家里交谈一般说斐济语，但说这句话时用的却是英语，说明这与学校教育密切相关——"共享与关照"是学校老师对学生最常用的教导语之一。不论在学校还是村里，共享与关照都是孩子教育中最被看重的品质。

在田野中，如果问斐济人什么样的人是有道德的、好的，他们最常提起的特质便是愿意共享。只要斐济人讲起他们的"传统"（itovo vakaviti），共享就会被自豪地提起。最初，当户品村村民知道我远道而来是为了探寻斐济人的传统时，常常会兴奋地表示我来对了地方，并声称斐济人最大的传统就是要"在一起做事情"（do things together）、要共享。共享一方面包括物质性的东西要一起同享，另一方面就是做什么事情一定要一起，不会把谁单独撇开。对食物的共享、对时间的共度，都是他们生活中的重要组成部分，也是作为斐济人最重要的自我身份认同之一。

第一节　共有：共生之基础

产权是社会基本权力关系的表征（张小军，2004）。休谟（Hume，2012：62）认为，一个人的财产所反映的关系并不是自然的，而是建立在公正这一道德之上，从物权的享有可以看到社会整体和个体差异之间的整合与冲突，如李荣荣（2012）探讨的个体主义在美国社会生活中的表现。涂尔干（2001）将对道德的关注分化为生命权、财产权和契约权的探讨，道德规范包括保护人的生命和财产两部分。

莫斯（2002）对于礼物的研究也展示了美拉尼西亚社会财产观念中礼物作为当地生活的基本表征，而包容性（inclusiveness）是当地社会财产拥有的重要特征。卡里尔批判莫斯的人类学研究解读中的东方主义[1]和西方主义的色彩。美拉尼西亚社会以财产观念的包容性为特征，这与现代西方是不同的，后者的财产被认为是排他的，只在一个人的控制之下，而且只为那个人当下拥有（Carrier，1998：101）。

斐济社会在历史上的共有基于血缘和地缘，如今在村庄里的共有依然存在，主要基于历史上土地在亚氏族群体范畴的共有。如今以土地和居住空间为主导的共有依然是传统乡村社会最为重要的特征之一，现今斐济社会的共享可能很大程度上受到曾经共有制的影响。我将通过共同体认同、土地共有、居住空间共有等几个方面对斐济村庄的共有展开讨论。

---

[1] 东方主义由萨义德提出，详见萨义德的《东方学》，主旨在于述说西方对于东方的描述有着把东方对象化和极端化的趋势。

第二章 共享与关照：有关"在一起"的道德

一、土地共有

对于财产的观念，尤其是对备受争议的斐济土地所有权的争论，是我考察斐济当地社会道德的重要切入点之一。对于斐济既有的土地产权的研究路径与周歆红（2016）在既有研究做出的三个分类中的"社会关系路径"相契合，即将产权视作与其社会关系和人观密切相关的概念。博伊德尔（Boydell，2001）阐释了斐济土地制度与斐济人哲学观念之间的关系，他认为在斐济，共同体主义（communalism）的观念与斐济83%的土地归斐济本地人所有相关。太平洋区域的发展中国家、共同体主义和资本主义范式上的冲突源于太平洋岛民把土地作为一种资产的人生哲学。斐济原住民的社会构成单位为亚氏族，当地的土地使用和分配制度也依赖于此。另外，斐济人跟土地保有一种强烈的精神联系，这是类似家人般的联系——土地对他们而言有着神圣性和灵性。土地包含着一个人的过去和一个人可能的未来，土地是人的概念的延伸。对于大多数斐济人来说，离开他们的土地意味着离开他们的生命。澳大利亚原住民以及斐济本土人对于土地有着一种合作的意识。博伊德尔（Boydell，2001）对于土地在斐济人心中的嵌入性（embeddedness），特别是斐济本土人在乡村结构中被看作当代的"永续农业"（permaculture）进行了详细论述。对于斐济本土人而言，相较于竞争，合作是更为基本的生活态度，而这在斐济的印度人眼里则是缺乏商业头脑的表现，斐济人安静与谦虚的品质也通常被他们解读为怯懦与消极。

斐济村民对于"共享"的认同，跟他们现行的基于共有的土地制度和居住形式密不可分。共享首先是物的共有，按照张小军（2014）对于物权的分类，共有和个人所有是共融的所有权方式；公有和私有较为相近，都是极易产生贫富差距和社会不平等的所有权形式，而由共有和个人所有相结合的所有制形式则可能产生较为公平的生产方式。

斐济人对于共享的理解与土地共有联系在一起。斐济的土地制度是一个历史问题，也是现实性的政治问题。作为一个多族群国家，斐济的土地共有不仅是本土历史的延续，也是殖民统治强化的结果。

为了在斐济实现间接统治，英国自1880年起就开始研究斐济的土地制度和所有权，正式展开调查的是英国传教士、人类学者费松（Fison）。费松（Fison, 1881）认为，斐济正处于野蛮时期，可以根据亚氏族集团所有制将土地所有权固定下来，并成功地将此发展成一套理论。受此理论影响，第一代总督戈登命令殖民政府的原住民土地委员会将"全部斐济土地为共同所有，绝对禁止私人交易"作为殖民地铁律。这种思想受到斐济大酋长和殖民官僚集团的极大支持并被最终制度化，形成了传统。拉图·苏库纳（Ratu Sukuna）是将斐济的传统主义发展到新殖民政治的代表性政治家。他创立的原住民土地信托厅（Native Land Trust Board），强化了斐济的传统主义政治。设置原住民土地信托厅的目的，是用原住民土地进行租赁和开发。除了这样的国家机构控制的土地以外，其余所有的共同所有地都不可以租赁。殖民政府以此剥夺了原住民的土地控制权，保障了土地信托厅的土地租赁收入。在分配土地开发租赁的收入中，国家占25%，大酋长占5%，氏族酋长占10%，亚氏族首长占15%，亚氏族其他成员占45%，由此出现了经济利益按以酋长为中心的正统等级结构分配的传统。

斐济社会的土地所有权制度并非一直如此，它与殖民政府以及政权领导者有直接关系（Carrier, 1992：96）。斐济社会的原有习俗，对每个家族或农村的各个成员彼此之间所必须履行的义务都做了规定，其中一

第二章　共享与关照：有关"在一起"的道德

个重要的特点就是土地为同族的社会单位所共有。在殖民者或说外来人大批来到斐济之前，斐济原住民拥有土地所有权的单位是"伊-托卡托卡"（itokatoka），这是由因通婚而结成亲戚关系的若干家庭所构成的小集合体（库尔特，1976：32）；这样的小集合体，以相互通婚的方式结合构成亚氏族；氏族则是更大的社会单位，由亚氏族联合组成。值得一提的是，就传统而言，斐济人并没有土地个人私有的概念，或更为准确地说，他们没有现代意义上财产完全所有权的概念。

19世纪以后，斐济大大小小的酋邦开始出现探险家和商人的足迹，这些欧洲人不断攫取更多的斐济土地据为己有。直到1874年斐济最大的酋邦Bau签订了割让协议，斐济正式成为英国的殖民地，戈登成为斐济首届殖民地政府的行政官。当戈登来到斐济的时候，斐济当地人正面临因为传染病而人口数迅速衰减的危情[1]。戈登坚持认为维持斐济当地的人口的要害在于对其传统的维系，他主张斐济的土地使用权要保持原有的传统。因此，在殖民政府的推动下建立起来的原住民土地信托管理局以及酋长会议等一系列对于中央政府而言相对独立的斐济族政府机构，是斐济村落得以保持原有的土地所有权制度以及村落政治制度的关键因素。在殖民统治时期，斐济村落的权力模式是层级制的，土地归亚氏族所有，但层级制中的上层如酋长和亚氏族首领因其地位拥有土地的管理权和支配权。

一旦传统与共同体的认同相关联，土地权被录入法庭记录，并置于已发明的习惯模式之标准中，那么一个新的不变的传统就已被创造了

---

[1]　此处指1875年在斐济爆发的麻疹，仅仅在麻疹爆发期的前六个月就带走了36,000名斐济人的生命，超过当时1/4的人口（Hays，2005）。

（霍布斯鲍姆，2008：286）。

在斐济，拥有土地的人即被称为"所有者"（itaukei），他们是斐济真正的主人；而"外来人"（vulagi）只是从其他地方迁来、没有土地的人。对外来人来说，成为"所有者"只能通过婚姻、仪礼或同盟关系。部分学者认为，斐济给英国割地是因为酋长Cakaubau用传统的方式拥立英国女王，以便给外来人留下酋长权威的传统印象以便保存自身的土地。殖民化以前，斐济部族之间战争不断，集团变动频繁，谁也不会是永远的"所有者"或永远的"外来人"，殖民化却使"所有者"和"外来人"身份永久固定下来。英国女王和殖民地总督受到斐济"所有者"的承认被拥立为大酋长，与此同时，印度裔斐济人则成为永远没有土地的"外来人"（周会超，2013）。

如今，斐济原住民所拥有的土地，占斐济全部土地的87%（另有统计数据为83%），由1940年设立的斐济原住民土地信托局（iTaukei Land Trust Board，TLTV）进行管理，该机构的前身是原住民土地信托局。这部分土地不可买卖、不可转让或分配，只能归斐济原住民以亚氏族为单位共同所有。

这样的土地所有权配置对于斐济原住民明显有利，但对于在20世纪50年代人口数量曾一度超过斐济原住民的印度裔斐济人来说，却是一种不公平待遇。斐济在1970年独立后的几十年里政局一直不稳定，发生了四次政变，究其根本，主要原因还是印度裔斐济人与斐济原住民之间关于土地所有权和政治权力的争夺。2014年通过民主选举当选的总理Bainimarama虽然是一位斐济原住民，但他一直推崇建立民主政府，平衡斐济本土人和印度裔斐济人的利益。反对将斐济原住民的权利和利益置于第一位，但这依然无法动摇斐济土地绝大多数由斐济村民共同所有的现状。

斐济村庄土地所有权的制度设计完全符合张小军对一个最好的制度设计的看法——共有的个人所有，或说基于个人所有的共同拥有。这也是马克思在展望更好平等和没有剥削的社会时提出的理想的所有权形式，即在协作和对土地及靠劳动本身生产的生产资料的共同占有的基础上，重新建立个人所有制（马克思，2010：832）。斐济土地管理局明文规定土地归亚氏族所有，并保留了官方记录，土地使用的方式是每家每户自家耕作，因此土地为大家（亚氏族）共有；此外，土地的使用权和收益归属耕作者，因土地引起的纷争鲜有发生。

二、居住空间共有

据对门的老太太撒母耳说，在他小的时候，大概20世纪四五十年代，交通工具主要是船，从镇上到村里的货物运输要依靠海运，因而近海而居更有优势，村民的房子也大多傍海而建。海边是村民生产、生活，尤其是获得生活资料的主要场所，如打鱼、在椰子林收集椰果等都在海边进行。时过境迁，随着人口数量的增长、公路的修建，村里房子的建造逐渐从海边扩展到靠近公路而远离海岸的地方。这一方面是因为村子人口逐渐增多；另一方面，村民也开始渴望远离村子喧嚣所独有的宁静、自由和私人空间。因而很多村民都在计划着在公路旁的树林那边建房，然后搬过去住。整个居住格局都在发生变化。刚到户品村时，我住在萨罗米家里，她的房子在村子外缘公路旁，后来萨罗米想回首都去照顾女儿和孙女，同时也让我更好地了解到村里的生活，就帮我安排住进村里以撒家。借此契机，我的长期田野点才得以转到村内，远离公路和森林，深入户品村的生活。

斐济村民传统居住的房子叫 bure，房子由竹子编织成架子，再将一种叫作 dridriwai 的植物覆盖而成。这种房子冬暖夏凉，唯一缺点是使用期限不长，通常为三五年，且容易漏雨。如今这种传统式房子在斐济村庄已基本不可见，只有博物馆、景区或酒店偶尔还有陈列，用以展示斐济过去的居住历史。如今户品村的房子均为木材搭建，屋顶的材质类似石棉瓦（当地叫作 kapa），这种房子的居住舒适性不如传统式房子，但使用寿命长，牢固，能够很好地抵御飓风。

一般来说，村里房子的修建要请会建房子的能人来主持，然后由家中男人完成，也会请亲戚来帮忙。但如今很多会建房子的老人相继过世，掌握建屋本领的能人越来越少。村里新建的一批房子大约有十几栋，20世纪90年代飓风过后由政府拨款修建。斐济村民修建房子的次

户品村里的房子（作者摄）

序，一般是先修一个主屋用于居住，建完主屋后在旁边建一座小房子作为厨房，随后再慢慢建造厕所[1]、浴室。如果有的人家尚未修建厕所和浴室，就向邻居借用。我借住的撒母耳家，浴室、厨房和主屋连接在一起，这样使用起来更为方便。

斐济人的房子一般三面墙各有一个门，四通八达，一进门是客厅，客厅的木地板用草席[2]铺着，客厅里基本没有什么家具。从居住空间来看，客厅是村民最常用的活动空间——白天是客厅，吃饭的时候铺上一层布围着一坐即可就餐，晚上拿几个枕头铺上垫子又成了床。房间另外一面是隔开的卧室，卧室一般没有门，只是用一块花布做的帘子隔开。大部分人家卧室里都有床，但卧室更重要的功能是储存物品，晚上睡觉更多时候还是在客厅。进门要脱鞋，但很多村民本来就不穿鞋，到处赤脚乱跑，进门时就在门口的垫子（所谓垫子，有时不过是一个麻布袋子）上一蹭了事。从户品村的建筑不难看出，斐济人普遍习惯于一种共享的生活方式，留给个人的隐私空间较少。

一般来说，斐济村落每一个家庭基本都有两个以上的小孩，一户人家有五六个小孩是常态。小孩东跑西窜、四处穿梭，看到发生的事情就马上在父母耳朵旁小声告诉父母，扮演着通风报信的角色。斐济的房子到处都是门窗，可以轻易看到外面走过的人和发生的事情，进而随时掌握村里动向和其他村民的信息，这也成为斐济村民"八卦"行为孕育的优质土壤。不论到哪里，村民相见时问对方的第一个问题就是去哪里，如果是往家走那问题就是从哪里回来的，要在村里保守秘密比较困难，

---

[1] 这也许就是斐济人把厕所叫作 vale lailai，即小房子的原因。

[2] 叫作 ibe，是当地种植的一种叫作 voivoi 的草编织成的。

特别是在白天。但夜晚不同，每当夜幕降临，村里虽然因为没有电而四处漆黑，但并不安静，人们结伴而行。村里男女的约会也一般要等夜深人静之后，男子才偷偷溜进对方家里，或两人相约在丛林和海边。

以撒家有五个孩子，而家里只有一间房子，然后在一面墙隔出一部分空间作为卧室，卧室里虽然放着床，但更多只用于储物，晚上一家人都在客厅睡。于是以撒让我在他们家吃饭，而住在邻居老爷爷家。老爷爷专门腾出一个房间，我把全部家当都搬到房间里，虽说这间屋子暂时归我居住，但孩子们因为好奇都喜欢挤到我的屋子里来，而且其他的女孩想要找我也是直接进来，不会敲门。我的房间只有两扇木头窗子，白天就用木棍把窗子支起来，这样阳光才能洒进来。让很多人类学者在田野中苦恼的隐私问题也出现在我的身上。

户品村目前有祖孙几代住在一起的大家庭（扩展型家庭），还有兄弟姐妹住在一起的家庭（组合型家庭），同时也渐渐出现了很多核心家庭。有的人家在一起吃饭，但并不住在一起。阎云翔（2009）在对下岬村居住空间的变化所反映的人们对于公私的区分做了分析，这样的变化也在斐济发生着。原本居住空间的共同享用再自然不过，虽然目前也还是如此，但村民已经隐隐感觉到居住空间的局促，尤其是年轻一代，建新房子渐渐挤进他们对未来的规划中来。

第二节 共享：共生之形式

共享和互惠作为初民社会的财物分配方式是人类学研究的经典议题之一。本书将 share 一词翻译为"共享"而非"分享"，主要基于如下考虑:"分享"中有"分"的成分,而共享强调"共同、一起"的理念;比如可以说"共享天伦之乐",但不能说"分享"天伦之乐,这是因为天伦之乐是群体性而非个体化的情感存在;再比如说,"分享盛宴"和"共享盛宴",前者强调"每人都有份",后者强调"大家一起",共享相比起分享来说,更充满"在一起"的意义。另外,分享意指某样物品完全属于你,然后所有者主动拿出来给别人、或和别人一起享用,但如果物品的所有权无法界定为某个具体的人,那么暂时享用的人没有拒绝的权利和立场。因而,我认为"分享"更适用于东西有着严格物权时的情况——物品所有者拿出了自己的东西给他人,那是分享。而"共享"的背景是物品原本即为某一群体共同所有,而后大家一起共同享用,但物权所有并不确定。

一、食物享用

"进来喝杯茶"(dua bilo na ti)这样的吆喝声是作为客人的我在村子里走动时最常听到的招呼语。"进来一起吃午饭"(vakasigalevu)、"进来一起吃晚饭"(vakayakavi),如果是饭点,则会被邀请一起吃午饭、晚饭。这被当地人、游客,或是在旅游手册里称作斐济人的待客之道(Fijian hospitality)。然而,这种习俗并非仅限于对待外来人。斐济的房子三个方向都有门,当一家人围成圈坐在一起吃饭时,不论老幼,见到路过的人都会招呼他们进来吃饭。这与其说是一种礼貌礼仪,不如说是一种略带强制性的社会规范,即食物理应与很多人一起共享。

村民在农场主要种植如芋头、木薯一类的主食。除此之外,村民日常食物还来自种植果蔬、打鱼和采集野菜,椰子、木瓜、面包果等果类也会被作为主食的补充。研究在现代日常生活里普通食物变化中的特征，将它的生产与消费、使用与功能以综合的角度加以审视，并关注它所蕴含之意义多样化的创生与衍生，也许能够作为激励一门学科的手段，这门学科当前正濒临着丧失自身目标的危险境地（西敏司，2010：209）。比如说户品村不产糖，但糖却是户品村日常生活中必不可少的组成部分。Gunu ti 字面意思是喝茶，但正如在中国说吃饭绝不仅是吃米饭一样，喝茶也不仅仅是喝那杯茶而已，而可用于指代早餐，或是英式下午茶。

斐济的家庭结构一般是大家庭，吃饭的时候人很多，且男人一般不做饭，如果家里没有女性，他们就和亲戚或是邻居一起吃。迦勒自从老伴过世之后，受邻居以撒和亚伯拉罕两口子邀请，一直跟以撒一家一起吃饭。迦勒平日里会付钱给亚伯拉罕修剪草坪，他去城里也会给亚伯拉罕家里买面粉、糖等必需品。这也从另一个侧面看出，互惠交换和买卖钱物交换并不完全冲突，而是在日常生活中自然地混合在一起，被当地人接受。

共享食物，或者任何被认为是基础需求的东西，在一个社会成员认为相互之间是平等关系的社会中，会变成日常道德的基础（格雷柏，2012：96）。对于饮食的理解可以很好地促进对于斐济人的理解，相关的论述可参见多伦的研究（Toren，1990），她对餐桌礼仪以及吃饭所能呈现出来的层级关系有过精准论述。

斐济人做饭都用炖锅，一做就是一锅，一锅主食通常不是芋头就是木薯，现在也有人家买米做饭。配着主食吃的菜通常只有一种。其实"菜"这个词在此使用并不完全准确，因为斐济人吃的"菜"包括芋头叶子和一种叫作 bere 的绿色植物外，还常吃螃蟹或鱼，这些菜都用椰子汁来合着煮。户品村靠海，椰子很多，所以很多食物都会加椰子汁，什么都可以和着椰子汁来煮，这种烹制方法在斐济语里叫作 vakalolo。斐济天气热，不存在热饭问题，很多时候饭做好了就放在那里凉着，吃饭也不用同时吃，想吃的先吃，不饿的后吃。吃饭的时候还要不停招呼别人，会有很多人来，类似于中国的流水席。因而吃剩饭并不算是什么过分的事情，这与中国人大多不吃别人剩饭的习惯大相径庭，在共有的观念下，村民并没有别人"剩下"的概念。

斐济人的饮食方式从现代科学饮食观念来看并不健康，很多生活习惯也与中国传统观念中的"养生"相违背。斐济人酷爱甜食、油炸品，口味偏咸。据村民讲述，他们以前一天只吃一顿，一早出去干活，中午就在丛林中找些水果充饥，晚上回来吃一顿就算完事。但是现在，吃是生活中十分重要的部分。晚饭吃得晚，一般天黑了才吃，吃完马上喝茶，茶里一定要放糖，有奶的时候再加奶，同时还要配上面包或是饼干，并涂抹奶油。

"快去准备桌子（tevu na loga）！"以撒使唤着她的二女儿实玛利，自从大女儿去邻岛读寄宿中学后，二女儿实玛利担负起了家里的大部分家务活。每天下午3点多钟从学校回来就先烧火，将主食（如芋头）削了皮煮好，然后再去海边属于自己亚氏族的树林里捡几个掉落的椰子回来，用房门外那根比较锋利的铁棒把最外面的皮划掉，剩下里面光溜溜的椰子。实玛利提起砍刀，往坚硬的椰子上使劲砍几下，椰子就咧开了口，再用砍刀从缝隙处一扳，手头的椰子就成了两个半碗——棕色的椰皮，雪白的椰肉明晃晃的。接着实玛利会坐到门前芒果树下磨椰肉的专用木板上。这块木板的前头是一块锯齿形刀片，实玛利坐稳了那块木板，握住那个半球形的椰子，借助刀片的锋利把一整块贴在椰子皮上的雪白椰肉刮细。最后一道工序是在细碎的椰子肉上浇少许水，放在手心，双手使劲搓挤（lomba na niu），白白的椰子汁即可备用。

食物享用时的浪费是我在斐济最大的文化震撼之一。吃不完的食物随手倒掉，切芋头和木薯的皮时，要把连着皮的那部分果肉削掉很多。有一次，我和萨罗米在厨房准备做饭，我建议可以把用于点火的椰子干枝点燃火后吹灭保存着。以便下次使用，免去再捡。但萨罗米说，不用，直接烧了就行。她说："因为我们有好多，如果我们需要去买的话，我就会按你说的去做。"按照萨罗米的解释，斐济人之所以有比较"浪费"的生活习惯，是因为这些原料都不需要用钱去买，是天赐的，取之不尽，用之不竭。但如果物品需要到市场购买，他们也会变得精打细算起来。

户品村村民每天一见面会先问吃了没有，如果对方回答吃了，就会追问吃了什么（kana cava）？说完这一顿吃的，还会问下一顿打算吃什么。在过去，食物好坏的区别仅在于家里是否能吃上鱼，吃得上鱼的人家会被羡慕，因为鱼虾来自海洋和河流，需要付出更为艰难的劳动，如果这家人天天都能吃鱼，甚至早餐都吃鱼，会被村民羡慕，食物成了区分社会地位的指标（西敏司，2015）。如今，有的村民在村外打工有了钱，能从镇上买鸡肉和香肠作为配菜，也会被村民视作"有钱人"。由于金钱和市场的介入，各家各户的饮食内容开始发生分化，所谓初民社会的均等主义和平衡也渐被打破，人们越来越关注与邻居在饮食上的差别。有一次我去找哈拿聊天，发现她躲在房子角落里喝茶吃饼干，原来是因为她害怕被其他村民看到，指责她不做饭、太懒惰。即便丰富的食物能为村民带来地位的提升和羡慕的眼光，但由于道德的约束，个体"炫富"却不是村民的首选，因为在个体实践的过程中，村民并不能完全独立于共有的世界，而独自享受美食。

赛特当时（2014年）40岁左右，他太太约五年前因病去世。赛特太太的妹妹后来嫁给了印度人，他们在南迪[1]生活。赛特的儿子喜欢打橄榄球，赛特把他放在南迪的一所比较有名的寄宿学校读书，平时偶尔也会回到他姨家。所以他在南迪的日子就和他们住在一起，当我问起他对于印度人的看法，他是这么说的：

> 印度人多是一些滑头，坏的多，好的少。对于他们来说，金钱是第一位的。而且，他们不愿意帮忙。他们还看不起斐济人，也不尊重斐济人，从不跟斐济人一起吃东西。（摘自田野笔记）

从赛特的评述也可以看出斐济人对于个人品质的普遍看法——尊重和互相帮助，尤其是在一起共享食物，是必不可少的重要行为，而这种品质在印度人身上是缺失的。而另一方面，印度裔斐济人对于共享有着有别于斐济人的看法，他们认为，很多东西是他们努力得来的，共享不应该作为一种必需的日常行为。在与一位印度裔的中学老师聊天时，他这么评价了斐济人的"共享"：

> 在斐济文化中这是非常重要的，如果你有但不给，这很不能被接受，但我认为，很多东西是通过个体的努力获得的，因此一个人得到了东西未必需要去共享。（摘自田野笔记）

---

[1] 南迪（Nadi）是斐济的一个镇，设有国际机场，国际航班大多降落在此，附近有很多度假景点。

印度裔斐济人虽然也存在共享行为，但这只是一种程度有限的共享。对于斐济人而言，能坐在一起吃饭、共享食物是对两个人关系的肯定，同时也意味着对对方的认可。在斐济，"共享"几乎是"在一起"的另一种说法。

二、宴庆

斐济村民的日常生活少不了各式各样的宴庆（soqo）：结婚、丧葬、送别、筹款等。宴庆流程一般包括筹备、筹款、举行仪式、共餐和喝卡瓦酒几个环节。筹备环节通常是经由宴庆的主办方（婚礼一般由新郎所在的亚氏族[1]主办、送别礼则由整村人主办）聚会讨论成立宴庆委员会，继而委任各个委员负责不同的方面。筹款由需要筹款的家庭来主办，筹款活动有时面向全村人，有时面向某个亚氏族，当然其他人也可以参与，筹款活动一般伴随着卡瓦酒的享用。宴庆仪式结束后参与者统一聚餐，最后再一起喝卡瓦酒。

上述宴庆的内容其实就是莫斯在《礼物》中描述和界定的夸富宴（potlatch）。莫斯在注释中是这样描述的："'potlatch'是在出生贺礼、婚礼、成人礼、葬礼、建房乃至文身、造墓等场合都会发生的聚会宴庆，其间有以氏族、家族为集体为单位的互动、交换和财物展示等，涉及社会生活的经济、法律、宗教、艺术等诸多方面。"将 potlatch 翻译为"夸富宴"或"散财宴"可能有些偏颇，其实 potlatch 的本意是"宴庆"

---

[1] 如果新郎是村里的卫斯理教会牧师，则整村人会一起为他办婚礼，2013 年底户品村卫斯理教会牧师的婚礼就是由全村人共同参与举办的。

第二章 共享与关照:有关"在一起"的道德

斐济村民为宴庆做准备,绿色编织篮内是斐济人的主食之一——芋头(作者摄)

(fete)。莫斯(2002:14)认为把该词解释为"财富之分配"容易造成误解,使人以为这只是一种经济现象。同样,"散财""夸富"等修饰词也都难免造成词义理解的偏狭。尽管如此,这些宴庆还是带有很浓重的"散财"和"夸富"的意味。在宴庆中,拥有更多财富的人有义务将财富与群体内部的人共享。

在礼物的享用或者说在财富的挥霍过程中,人们获得了荣誉,正如莫斯所言,对于这些文明来说,荣誉的观念和巫术的概念一样久远。波利尼西亚的马纳,本身不仅象征着各种存在的巫术力,同时也象征着荣誉,甚至可以翻译为"权威"和"财富"。人们会因为馈赠、食物供奉、优遇、仪式以及礼物而感到满足(莫斯,2002:68-69)。

但是如今,宴庆悄然变化,原本是斐济村民日常生活中必不可少的一部分的聚会(soqo),在家庭主妇看来已成为一种累赘。以撒常说,她不想再去主持这些聚会,因为感觉太累了。这些繁杂的礼节让主妇们身心疲惫，想要逃离。这在某种程度上代表了家庭主妇对于传统和程序的不认同和厌倦。

2014年4月，老太太马大过世，来她葬礼的献祭（sevusevu）由不同的村庄以及户品村其他氏族群体为单位来进行。寻他亚氏族早晨最先到来，下午大房子亚氏族来了，随后其他村子的人也陆续而来。然而不论是本村亚氏族的人前来送礼，还是其他村子村民来送礼，收礼方都没有对礼物进行登记。

2014年7月，我的田野即将结束，村民们为我准备送别宴，我也准备在送别宴上进行答谢，赠送一些财物给村民。拿俄米是村里年迈且有地位的人，也是我在田野期间的关键报道人，我跟拿俄米商量在送别宴上给村民答谢的财物。我原先考虑给户品村赠送一个鲸鱼牙齿（tabua），因为这在斐济是很有价值的东西，而且会以比较正规的方式来呈现，但拿俄米说，如果送鲸鱼牙齿就只能全村人共同所有，却不能分配到每家每户享用，所以最好还是买一些比较实用、便于分割的东西。因此，我最终买了汽油、肥皂、花布和文件夹（给卫斯理教会唱诗班）等可以共享的物品。在如何分配礼物上，拿俄米和我也经过了一番讨论。通常情况下，物品按照亚氏族来分配，但拿俄米说，要不写一个单子，仅在那些帮助过我的人的范畴内分配我给整个村子的礼物，我当时觉得这样有些不妥，因为这种方式类似于村民很鄙夷的"报偿"（payback），并不被推崇。既然是对整个村子的感谢，我最后决定还是采取给整个村子的方式较为妥当。

由此细节可以看出，不论是送礼还是收礼，礼物是否可以分配至每家每户已经演变为重要的考量因素。如鲸鱼牙齿这种象征着将村民们聚合在一起的物品已经不再被看重，如今更重要的是东西可以被分配、被

第二章 共享与关照：有关"在一起"的道德

共享，而且最好能分配到每一个家庭，为每一个人所享用。在某种意义上，这也是整个村落对于"共享"中原本更为看重的"共"在实践中的具体化和"分割"，也是原有荣誉的渐弱和世俗化。

三、讨要

为什么"共享"在斐济被认为是近乎与生俱来的品质呢？如果说诸如"你的就是我的"这样的叙述，在当代中国文化里是一种唯美的修辞或营造亲密关系的铺垫，那么对于斐济人而言，"你的就是我的"是流淌于他们血液之中的默认认知。尤其对于生活在村子里的斐济人，大家都是亲戚，你的就是我的，即便这次有活动某人没有出力，大家也不会很介意，下次补上即可，大家普遍有这样的理解。对于一个自身能力不足的人，人们不会过于在意他没有出钱出力，但是"有而不给"的人，则会受到相应的抱怨和斥责："这个人小气，什么都不愿意给。"吝啬（mamaqe）在斐济文化中是一种很难赦免的罪名。

Kerekere在斐济人的日常生活中非常普遍，这个词可以翻译为"要"或"讨"，是一种客气的请求方式，"给我点你家的酱油"（kerekere na soysauce）是我在村子里经常听到的言语。请求的姿态很重要，首先，需要帮助的人去跟拥有的人"求"，接着另一方"给"，请求者接受后说"万分感谢"（vinaka vakalevu），这样一来一去的互动类似于一个小仪式。

值得注意的是，这种共享的理念，或说斐济人"讨要"的习俗实际上并非生而有之。人类社会现存的生活方式，并不能简单归结为一系列被定义和归类的历史传承，亦有可能是一种"被发明的传统"。具体而言，在斐济，"新传统"部分归结于具有家长式作风的政府的努力，另一部分则受到外来印度裔种植业和金钱经济入侵的影响。这种共有的形式在和斐济传统文化相区分的、有时威胁和妨碍到他们自身文化的异文化对比中被认可和放大了（Carrier, 1992：73）。

很早以前，斐济人认为讨要并不会让人觉得羞愧（madua），但对于传教士来说，最大的困难之一是如何压制当地人的道德传统，并反复灌输欧洲人一直以来珍视的商业传统（Wallace, 1921：124）。也就是说，本来斐济人的这种讨要、共享、共有是自然的，但当商业思维进入，"要"渐渐成为一件让人觉得不好意思的事情，因为在交换的逻辑之下，"要"的行为代表着欲求不劳而获的懒惰。关于斐济人爱"要东西"的习俗，萨罗米讲过一个故事：

> 有个欧洲人在自己地里种了一些果树。到开始结果实的时候，住在附近的斐济人来跟这个欧洲人要，这个欧洲人答应了，给他了一些。斐济人满意地走了。第二年果子成熟时斐济人又来了，欧洲人又给了他。第三年斐济人还是如约而至，这个欧洲人就跟这些斐济人说，你也可以种一棵这样的果树，这样你就不用每年都来找我要了，斐济人答应他说好的。但是到了下一年果子成熟的时候，斐济人又来找这个欧洲人了。（摘自田野笔记）

故事讲完之后，萨罗米和我都大笑，这的确能反映斐济人不论遇到什么自己喜欢的东西，都喜欢去向别人"要"的生活方式。萨罗米认为这是由于村里人的懒惰造成的，因为他们都不想自己去劳动，而只想张

第二章 共享与关照:有关"在一起"的道德

嘴跟拥有的人去要。

萨罗米对于这种讨要的习惯充满批评,她告诉我说:

> 跟别人去要是不好的斐济传统,因为以前东西很便宜,或者根本不用钱买,但现在,每家都有自己的小家庭要养,而且买的东西可能只够自己家里用,所以这样其实很不好。而且之前,有村民让孩子来跟干妈要东西,我如果有也会给他们,但也会就跟来要东西的小孩说,等你们有了就还回来,或者有时直接跟他们的父母说,结果人家就不会再来要了。有的人也因此说我像印度人。(摘自田野笔记)

村民们将萨罗米描述为印度人是觉得她很小气、很计较,自己明明有一些财物却在别人跟她请求的时候不愿意拿出来共享,或者拿出来了却要求归还。这种共享是不应该祈求归还或回报的,否则就被认为是印度人的做法。向钱看齐、斤斤计较,这并非一个好的斐济人应该做的。斐济人认为只要你有,就应该给予,他们在得到自己想要的东西后,通常会感恩上帝,而不是感谢对方。

邻村书品村里的和平组织志愿者是一位来自美国的年轻女孩克里斯汀,村民告诉我,她人很好(ea gone vinaka),我问为什么,村民说:"她是一个好人,因为你问她要一个东西,她就会给你。"也就是说,克里斯汀被认为是好人的重要原因是当别人有求于她的时候,她会回应别人的请求,把东西共享给向她要的人,这充分表明了共享的义务在斐济农村社会的重要性。

许晶(Xu,2014)论述了共享作为一种美德,如何在幼儿园老师对孩子的教育中自上而下得以灌输和推广。与许晶描述的那种刻意、略带功利性或近乎仪式化的分享不同，斐济村庄里的共享并非主动把自己的东西拿出来给别人，或者说共享的主流形态并非如此；在村民的心目中，共享意味着当别人有需求时的一种姿态——别人有求于你，而你又刚好拥有——通过物的流动实现社会关系的再生产。从某种意义上，这是张小军（2014：189）所称述的共有的再分配制度，以文化经济学的视角来观察，作为计划经济雏形的共有的再分配制度，是一种节约能量的自发秩序，也是初民社会弥足珍贵的制度创造，其本质是一个社会群体的文化动力学问题。

四、同名：名字的共享与传续

在户品村，可以共享的不仅仅是食物，还包括人名。斐济语里的 yaca 意为同名，也是相互间的一种亲属称谓。当自己的名字传给了下一代某个新生儿，二者就建立了互为同名的关系，相互之间即可互称 yaca，同名的可能是自己的侄子侄女、孙子孙女，也可能是毫无血缘关系但相识而交好的朋友。在斐济，同名是给新生儿取名的传统之一，在给新生儿取名时往往会跟某个亲戚同名，如果是女孩可能延续女孩的姨、外婆、妈妈等女性长辈中某个人的名字，而男孩可能的名字则在爸爸、舅舅、叔叔和爷爷等男性长辈中产生。这样，名字一代代流传，同名的新生儿与某个特定长辈之间建立了一种特别关联，他们通常会比较亲密，且长辈有义务为这个同名小辈付出财物和劳动，并在小辈成长过程中给予力所能及的帮助。同名建立了基于血缘但不局限于血缘的新的关联，使名字的共享在血脉世代传承中获得新生。斐济人进而认为，

第二章　共享与关照：有关"在一起"的道德

这个同名的小辈会继承长辈的性格特征、美德和做事方式（muria nona yaca），保持对于逝去长辈的记忆。

萨罗米跟我讲述了她如何让小婴儿以她的名字命名的故事：

> 我和诺亚从小一起被杰克的爷爷奶奶养大，对于诺亚而言我就像是大姐姐，他上小学四年级的时候我就已经开始教书挣钱了（当时我只是 Form4[1] 毕业），工作后我就寄钱给诺亚让他完成学业。后来我听说了他生了一个女儿，我就派我的小女儿去他家里，告诉他们我希望他的女儿以我的名字命名。人家都说，如果想要孩子以自己的名字命名，需要拿一个鲸鱼牙齿或者胡椒根去人家家里请求，但是我只是派了我女儿过去，什么东西都没有给，因为我以前帮助他很多。（摘自田野笔记）

有的孩子因为使用祖先的名字，无意中和其他人重名，通常也会和重名人建构某种独特的亲属关系，随之而来还会生成很多其他的附带关系，但总的来说，原来的亲缘关系被加强了。拥有斐济村民所认可美德的人名是长辈为新生儿取名时的偏好，他们希望这些美德能够跟随名字，在新的生命中流转和继承，让整个社会共享的道德延续。

---

[1] 斐济的教育次序为小学 Class1 到 Class8，初中 Form3 到 Form7（Class7、Class8 与 Form1、Form2 两个年级是重合的），然后是大学教育，也有少数学生结束 Form6 直接进入大学或职业学校。斐济小孩一般 6 岁上学，因而萨罗米在 Form4 时大约 15 岁。

第三节 共担：共生之表达

斐济村民的共有和共享虽然更多涉及财物方面，但村民之间在日常生活中亦存在共担，即相互关照的关系，共同参与集体活动、互助、言说是村民相互关照的各种形式，以下将逐一展开论述。

一、家庭内的分工互助

涂尔干（2000：86）指出，社会分工并不完全是现代的现象，在比较传统的社会形态中，社会分工已初步形成，虽然这种分工通常只限于男女性别之间。社会分工的高度专业化是现代工业化生产的特有产物。在所有社会生活领域（政府、法律、科学和艺术）中，专门化变得越来越明显。"夫妻的整合性"来源于在性别分工中固有的共享，共享可能是原始人类社会在千百年里经济分配的基本形式，这是基于人类的生物行为，在对狩猎的适应中繁荣，继而在社群之间的团结中成为了强有力的力量。婚姻、伦乱禁忌和亲属制度等都调节了共享模式。婚姻在初民社会中事实上就是一种共享契约——一种非对称、非对等的对无法比较的存在的交换（Price, 1975）。

在斐济的村庄生活中，家里的男人一般去地里除草并带主食回家，撬椰子肉出售作为经济来源，偶尔在夜里去海里捕鱼，除此之外男人相对自由；女人则要承担家里的大多数家务，比如做饭、洗衣服、带孩子和打扫卫生，有的女人还要下海打鱼。斐济农村家庭一般是扩展家庭，也即大家庭，做饭通常只做一个菜，从取材到出锅上桌耗费时间不算太多，但洗衣服往往需要花费较多的时间。相比之下，男女所要承担的工

第二章 共享与关照：有关"在一起"的道德

作量有较大差异。即便对于孩童而言，他们承担的家务活也和性别密切相关。男孩下午放学回家之后跟着爸爸去地里干活，而女孩则负责准备食物，跟妈妈或女性长辈一起编织，或者去山里采集当天的食材，这样的分工在斐济极为普遍。

亚伯拉罕和以撒这对夫妻育有两女一儿，外加以撒在嫁给亚伯拉罕前生的两个女儿，一家总共五个孩子。亚伯拉罕很关爱妻子，经常帮助以撒洗衣做饭。每次亚伯拉罕帮助以撒洗衣服，以撒都非常高兴，因为村里愿意帮助妇女洗衣服的男人还是少数。以撒私下里常跟我说："亚伯拉罕很好，因为他总是帮助我。"另外，做饭一般由家中成年妇女（主要是家里的妈妈）负责，也有的父母会支使长女或是小学高年级的女儿做饭；但男人通常是不插手的，如果家里的男人做了饭，村里其他人在茶余饭后就会议论。有一天，我们家的饭是亚伯拉罕做的，晚饭后我一出门就有村民追问我今晚吃了什么，接下来第二个问题就是晚上家里谁做的饭。我回答说是亚伯拉罕，他们马上迸发出一阵蓄谋已久的大笑，然后取笑说"妈妈亚伯拉罕"（tatamarama）。

旁人嘲笑亚伯拉罕为"妈妈亚伯拉罕"，意思是他虽然是男性，但却做了很多女人才做的事情，调侃和嘲笑中暗含村民对于男女性别角色的期待和认同。对于大多数村民而言，男人做饭就跟男人生孩子一样不可理喻和不能接受——男女必须有别。这种固化的男女分工至少在亚伯拉罕和以撒的关系中出现了些许松动，其中交织着个人喜好和社会变迁两种因素的影响。当家庭事务与村子以外的"城市"产生越来越多的关联时，家庭成员必须经常进城买东西或办事。亚伯拉罕之所以经常在家做饭，是因为他更喜欢待在村里，而让以撒进城办理事务，女人日常生活流动性的增加，在一定程度上促成了男女性别角色分工的演变,尽管作为女性一方,以撒宁愿将丈夫的这种行为温情地解释为"他总是帮助我"。

二、村民间的互助

萨罗米跟我聊天时经常强调她给过某人东西,进而解释说,那是为了帮助他们。在我看来,她的解释是因为她希望我看到或学到蕴含其中的美德——乐于助人。

2014年新年刚过的一个傍晚,我和村里的一个妇女在村里闲逛聊天,正好寻他氏族的长者约兰在面包树下纳凉,约兰跟我打招呼,说有点重要的事情跟我说,于是我和他坐在面包树下聊了一会儿。约兰当时50岁左右,年轻时一直在外面酒店打工,年纪大了才回到村里。作为长者,他虽然不是氏族首领,但还是非常热衷村里的各项事务,积极为村庄谋求福利。他关切地问起我有关签证办理的情况,继而强调说,我问你这些是因为我要关照村里的每一个人。接着他又聊起村里的孩子们,他打了一个有趣的比方,说有的孩子到了下午就像是脱了缰的野马,因为父母都不管,所以孩子才到处乱跑。我问他,父母为什么不管?他做了一个击掌的动作,表示他们都在喝卡瓦酒。我们没聊多久,村里的年轻男子就过来把他叫走了,后来才知道他也被叫去喝卡瓦酒了。

约兰认为关心照顾每一个人是他作为长者应尽的职责,而孩子们到处乱跑的原因是父母都去喝卡瓦酒。这种对孩子们的关照和解释更多地表现出斐济人不善于考虑一些长远的、尚未发生的事情,而更习惯对当下的事情表示关注和投入。与其说斐济村民更加注重相互间的关照,不如说他们更为在乎在全村人彼此间社会关系的框架之内关心个体的境况。在西方社会，如美国，恰如许烺光（2002）笔下描述的俱乐部社会，人们按照个人意愿自由选择组成有意义的、非给定的群体。而中国人在乎和关照的对象则依照亲疏关系有别，即费孝通所说的差序格局——以"己"为核心辐射出去、层层的外推的关系圈。

如果说共享是对于物的集体共有，那么互助就是对于责任的共同承担。拿俄米以前是小学老师，我问拿俄米教书时遇到最好的学生是谁。她说："伊丽莎白是我教过的最好的学生，她爸爸身体不好，她妈妈来自一个富有的家庭。她很漂亮，身材很好，人也聪明，不会到处乱逛。她爱身边所有的人，尤其是那些来自贫穷家庭的人们。她说话的时候表现出了尊重，称呼我作'女士'。如果她有一根长铅笔，她会把它折成两半分给别人一半。她在乎别人，乐于共享。"最后，拿俄米总结性地说了一句："斐济人，是相互关心、相互爱护的。"

拿俄米这段对于她最为欣赏和最为自豪的学生的评价表明，人与人之间的关心、对彼此的在乎是斐济人重要的自我认同之一。"帮助"的斐济语是 veivuke，这个词由两部分组成，"vuke"本义是"帮助"，而"vei"这个前缀的意思是"互相的、你我间的"，词语构成即凸显了"相互性"的重要。

  2014 年 3 月的一个早上，早饭后我准备洗衣服，房前的水管坏了，只有浴室的水龙头可以用，但想到家里其他人可能也要用，而且浴室里摆了很多泡了衣服的桶，再加上拿俄米一直让我去她家的水槽洗东西，我就拿着桶去了拿俄米家。过去后才发现她一直说的水槽其实是厨房里用于洗碗的水槽，而且比较小，不是太方便。我看到拿俄米的邻居哈拿家房子后面也有一个水槽，于是我就又去问哈拿是否可以借用水槽洗衣服,哈拿热情地答应了。等我回去把衣服端来,看见哈拿把泡在水池里的螃蟹都拿了出来,并用洗衣粉把水槽洗干净,哈拿一边干活一边说:"那天在镇上你帮助了我,今天该我来帮你了。"我这才想起前几天我在镇上买东西时看到哈拿站在面包房门口,我就买了一些面包送给她,没想到哈拿还一直记在心上。

　　我把洗好的衣服晾在外面的晾衣线上,希望能借着好天气把衣服在当天晾干,但把衣服全都晾起来之后发现少了几只袜子,而且怎么都找不见,哈拿告诉我,袜子可能顺着水槽漏水的孔流到下水管道去了,我想那也没有办法,只好下次注意一些。傍晚,我正在家里帮以撒煎薄饼,哈拿在家门口叫我,手里拿着两只袜子,我问她怎么找到的,她带我走到她家房子后面,整条地下管道都暴露在地面上,她给我看了手上一道很长的伤口,我才知道她为了帮我找袜子掘出了地下管道。我很心疼,对她表示了感谢,但哈拿却一直在说:"你帮助了我,所以我要帮助你。"后来我们聊到晚饭,她问我们晚上吃什么,我告诉她我在家里做薄煎饼。我问她是不是还没来得及给家人做饭,而是一直在忙着帮我找袜子,她说是的。我问她晚上要吃什么,她说喝茶吃饼干。于是我把袜子晾好后买了一包饼干给她,她很不好意思,一直说不要,还说那次在镇上我帮助她就已经很好了。说这些话时,哈拿眼睛一直红红的,脸上全然没有认为别人做什么都是应该的那种高傲,而是充满羞涩的谦卑,我的眼睛也红了。(摘自田野笔记)

　　在交流的过程中,哈拿反复强调着一句话:"你帮助我,所以我帮助你。"朴素言语的背后具有一种强烈的指向性和报答性，这种相互之间的帮助可以更多地理解和归结为互惠。

需要指出的是，前文论述的"顺从"并非孤立的价值取向，而是编织在整个文化体系之中。人与人之间应有的顺从的关系中包含有互惠的因素，处于层级秩序中地位较高的人，虽然具备差遣小孩做一些事情的权力，但当孩子需要零食或者其他帮助的时候，他们如果没有特殊理由则不应拒绝。从某种意义上来说，这同样构成了地方文化秩序中的互惠。

综上所述，互相关心和帮助是构成斐济村庄人际关系的重要传统，而互相关心和互相帮助更多是以互惠的形式进行。而"爱"（loloma）作为一种超越等级和不计回报的情感和价值取向，在村民们的传统生活中并不多见。如今，受基督教影响，"爱"作为一种日常用语，在斐济人的日常生活愈发得以表达和呈现，并逐渐渗入到斐济村民的精神世界。虽然"爱"一词在斐济人日常话语中多见于宗教祈祷场合，如用以表达对于耶稣基督的爱，以及感谢主、感谢耶稣基督对众人的爱，但"爱"也进入斐济人表达世俗情感的词汇库，斐济语的"爱"已经引申出"问候、祝愿"的意思，例如想表达"请代我向某人问好"，即可说"loloma vei……"。

三、言说

在法国电影《蝴蝶》的插曲中，八岁的小女孩丽莎问同行一起去找蝴蝶的邻居老爷爷："为什么世界上有魔鬼也有上帝？"那位老爷爷回答她说："是为了让好奇的人有话可说。"

椰子树在眼前迎着风摇摆着叶子，飘逸而空灵，我和家里人躺在靠门的草席上纳凉聊天，聊过一会儿，实玛利转过背去睡觉了，我因为自己的语言学习和研究进度颇感压力，望着外面的面包树叶子发呆。身旁的萨罗米用手做枕头，睡得正香。饱食一顿后躺在草席上聊天休息是斐济村民休息的方式之一。（摘自田野笔记）

刚到斐济不久，我就听当地中国人说起斐济人爱八卦和管闲事，他们觉得发生在别人身上的事都与自己相关，一定要问清楚。后来到了户品村，村民也告诉我，在村子里，如果女人怀孕了，一定要让大家都知道，否则会给村子里的人带来厄运——如果孕妇不公开，那她看别人一眼就会让那个人生病。除了一起干活，斐济人在闲暇时间里会聚在一起聊天，有时在面包树或芒果树下坐着聊，有时吃完饭直接躺在家里的地板上闲聊，有时在喝卡瓦酒的时候聊。坐在一起聊天在斐济语里是talanoa，其中"tala"这个词根是"派出"（send）的意思，而"noa"在斐济语里是"昨天"的意思，字面来说讲故事聊天就是要"把昨天派出去"。克拉克洪认为，心照不宣的赞同和不赞同以闲言碎语的方式被展现。闲言碎语最流行的地方恰恰是文化价值观最厚重的地方，对有关价值的可讨论性（discussability），是他们最为关键的财产之一，尽管这些讨论可能是隐晦的和被掩盖的，不会把这种讨论称为一种有关价值的思考（Kluckhohn，1951：404）。村民们在讲故事的过程中延展着他们自己的生活，而我也在通过听他们讲故事增长了自己对于斐济的地方性知识。

斐济人和昆人（芎瓦西人）在"爱嚼舌根"这点上比较接近，这既是他们维持太平的武器，也是他们制造矛盾的利器（Marshall，1961）。

第二章 共享与关照：有关"在一起"的道德

斐济人爱问别人的事情以及公开讨论他人的事情，对于地方社会发挥着一种类似舆论的功用。涂尔干（2011：278）认为，舆论在根本上是一种社会事物，是权威的来源；甚至可以设想，舆论是所有权威的来源。并且，涂尔干（2011：284）将这种来自舆论的道德力量和神圣事物所赋有的道德力量的源头都归结为社会，而神力（mana）兼有舆论和神圣事物两种意涵。对于斐济村民而言，别人如何议论很重要，这会让他们权衡最终是否做某件事情。在故事的讲述过程中生活被重新建构，同时也被消解；而道德也正是在其中被建构——"别人的眼中会怎么看自己"——这为斐济人提供和定位了自己做事情的坐标、意义及其准则，并最终决定了他们是否付诸行动。

这种以相互关心的方式在人们之间进行的信息传递就是讲故事，但如今，人们对于斐济社会，尤其是在斐济乡村的这种休闲和生活方式也有批评和分辨，把讲故事当中人们认为较为负面的那部分归为八卦。代表当地社区精英阶层的酋长夫人以斯帖对这种带有八卦性质的言说亦颇有微词。

> 早上跟酋长夫人以斯帖聊了一会儿关于八卦的事情。当时有一个老奶奶跟以斯帖一家住在一起。有一天，这个老奶奶没回来跟我们一起吃早饭，以斯帖说："她喜欢在村子里逛，然后收集垃圾。"我原以为以斯帖说的是有形垃圾，后来才知道她说的"垃圾"指的是生活中那些关于别人的闲事。以斯帖说这个老奶奶总是从别人那里打听一些坏消息，然后到处去说。我问她怎么区分坏消息和好消息，她说是那些说别人的不好的就是坏消息，也就是八卦。八卦和讲故事的不同在于：八卦说的是别人不好的事情，比如别人家里没

> 有糖、没有吃的，或是把别人的事情转身告诉他人，传播那些别人认为是秘密或者不愿意告诉别人的事情。以斯帖说，如果别人家没有糖，或者没有吃的，应该给别人拿一些过去，如果不拿，就应该闭嘴，而不是到处去说。（摘自田野笔记）

从以斯帖的叙述可以看出，她对"讲故事/聊天"和"八卦"做了明确的区分。八卦就是去说关于别人坏的事情，而非出于为别人提供帮助。这两者的根本区别就在于人们做出讨论时的情感倾向，八卦被形塑为相互关心、相互帮助的美德的对立面，是不道德的。

村民们不断讨论本村里那些让人不安和不满意的状况，但并不代表整个村庄处于一种濒临解体的状态，相反，人们在聚会上的讨论，如同美国民众对政府的指责和批评，类似情人间的打情骂俏，其实是一种亲密的体现。这可以说是功能主义意义上巧取平衡的方式，既消解了群体关系中的紧张，又增强了其作为集体的凝聚力。

四、陪伴：在一起

盘腿坐着享用完食物之后直接躺下，让身体平躺在铺有草席的地板上，面朝蓝天，在美食带来的饭饱神虚和陶醉感交织之余同家人亲戚聊天，在故事的讲述过程中更新彼此的生命体验，这是斐济日常生活中最为常见的一幕。天黑以后村里老奶奶也常常一起躺在地板草席上聊天，无数个夜晚我躺在她们身旁听她们讲故事直到睡着。

斐济人不论做什么事情都喜欢陪伴、在一起。陪伴的意义未必指身旁的人帮着做了什么具体的事情，有时只是在旁边观看。"在一起"在形式上表现在时时刻刻。在田野中,村民对我展现的共享不仅限于食物,同时还有时间上的共享。

斐济人对客人的到来总是表示一种热切欢迎,近乎礼仪。作为群体的斐济人极富开放性,愿意邀请客人参与到他们的活动中来。一开始进入田野点,我还是客人,村民对我表示尊重的方式是不论我去哪里都不让我一个人,至少派一个小孩跟着我,这是因为"在一起"是斐济文化的缺省设置。他们认为让我落单不是对一个客人应有的态度,而对我这位客人尊重的方式就是陪伴。

"在一起"在斐济语里是 vata,这个概念与赵旭东提出的"在一起"(togetherness)的概念不谋而合——"在一起",既是对于思维方式上的整体性的强调,也是对于研究对象文化视角全面性的提示。当我们谈及文化之时,要注意一种整体性的纽带关系的特征,这是任何文化都会有的,特别是大的文化,我称它为文化的底色(赵旭东,2013)。同样,"在一起"也是斐济乡村社会的底色之一,人与人之间的联系是紧密的,做任何事情人们都喜欢相伴而行,女人去海里捕鱼想要一起,男人下地干活也组成一小队,今天先一起在你的地里干活,明天再一起去他的地里。人向来就是聚在一起群居的动物。但是,实际上现代社会里今天所有的分离技术都在让它相互分离开来,已经没有什么不分开的人和物了(赵旭东,2013)。

在田野中,我独自一个人最完整的休息时间是洗碗时间,因为我发现他们也把洗碗看作一个苦差事,一般交给大女儿(大女儿不在就由二女儿实玛利负责)去做,但实玛利一般都不到外面水管处洗碗,而是用盆子装满水在屋子里坐下,边听长辈们讲故事边洗碗,这个过程可以持续很久。

在田野过程中，很多时候我都苦于找不到与访谈对象单独交谈的时间，因为在斐济农村里，个人基本没有私人空间，总是一大群人聚在一起，聊天的时候有很多见证人，很难说带有个人情感性的东西，因而更多的时候需要借助言语之外的观察。同时，正因为有很多见证人，所以很多的言语和表达更像是一种表演，而非是个体本意的呈现。

格雷伯（2012：367）曾这样论述：不勤劳的穷人至少没有伤害任何人，他们将不工作的时间花在了朋友和家人身上，享受这种时光并关心他们所爱的人，他们为这个世界所提供的也许比我们所承认的更多。在斐济，尤其是在乡村，陪伴感是重要的，这种陪伴感属于初民社会的智慧；正是在这样的陪伴中，"在一起"作为对时空的共享，在某种程度上消解了空间、阶层和财富等先天的差异分隔，实现了人与人之间的交融，进入了阈限的状态。在这里，人们又重新回到原初共有、共享和共融的状态。

第四节 共生：共同体及其共生伦理

共生（symbiosis）最早是一个生物学的概念，意指不同生物之间形成的紧密互利的关系。哲学和社会学慢慢将其引入研究领域，泛指事物之间形成的和谐统一、相互促进而互利共生的关系（张永缜，2009），哲学上的共生性理念的确立促进从"主体性"到"互主体间性"的转向（吴飞驰，2000）。共生还有一个翻译是conviviality，源自拉丁语，强调"生存的各种形式的杂然生机"（李萍，2002）。

费孝通（1981：115）在论及人与人之间社会关系的性质时也曾

第二章 共享与关照：有关"在一起"的道德

提出：

> 社会关系，狭义的说来，只发生在那种相互能推己及人的人间。拉德克里夫－布朗曾说，狼和羊之间并不是一种社会关系。他的意思是说，社会关系只存在于互相承认和自己有相同人格的社员间。羊在狼的眼中只是一种食料，是满足自己食欲的与料；狼在羊的眼中是一种催命鬼，讲不上条件的。他们之间没有相互人格上的承认，所以不能发生社会关系。吉丁斯（Giddings）认为社会的基础是同类意识。所谓同类意识，也就是指有相同人格的承认。同类是推己及人的结果。帕克更明白地说明在人类中可以有两种人与人的关系：一种是把人看成自己的工具，一种是把人看成也同样具有意识和人格的对手。前者关系他称作 symbiosis（共生），后者关系他称作 consensus（契洽）。Symbiosis 是生物界普遍存在的共生现象。甲乙两种动物互相因为对方的生存而得到利益，因而在一个区域中共同生存。例如，蚂蚁和蚜虫的关系。蚂蚁并没有承认蚜虫的人格，更不必管蚜虫的喜怒哀乐。它保护蚜虫，衔着蚜虫去找适宜的地方，为的是他自己的利益，蚜虫是它的傀儡，反过来看蚜虫对于蚂蚁也是这样。它给蚂蚁一些分泌的甜汁吃，就可以得到一批卫兵，和一批轿夫。互相利用，共存共生。在人类里我们看见了另一种关系。他们愿意牺牲一些自己的利益来成全别人的意志。成全别人和利用别人，正是一个对照。同心同德，大家为了一个公共的企图而分工努力，就是帕克所谓的 consensus。在这种契洽关系中，才发生道德，不单是利害了，在这里才有忠恕之道，才有社会，才有团体。

很明显，费老沿用了帕克（Park，1938；1939）对共生和契洽（帕克在文中也用 social 一词）的区分，对不同生物体（包括人在内）的组织形式和运作机制的根本性不同进行区分，强调共生关系中的各生命体的散落、无意识、相互间无沟通和以竞争为主导的关系，与"社会的"的这一基于沟通、共识和风俗发展起来的一个更为亲密的联合组织形成对照（Park,1939:21）。同时，费老对"契洽"的内涵进行了延伸，指出其中蕴含的道德性维度（"忠恕"），将帕克分类体系中的"共生"限于相互间仅有利害关系。本书使用的共生一词的内涵，与帕克和费老描述的"共生"一词不同，与帕克言及的"契洽"一词内涵更为贴近，社区中的村民个体对共同体有很强的认同感，并对个体行为的解读赋予了较强的道德意涵。从这个意义上来说，斐济村庄的共生也体现在芒福德（2016；95）对乡村和城市发展道路根本不同的表述中：

> 人类的文化发展在超过了新石器时代所到达的水平阶段之后，有两条发展道路都是开放着的——走村庄之路，或者走城堡之路：或者，用生物学的术语来说，一条是共生之路，另一条是掠夺之路。这并非绝对的选择，但它们的确通向全然不同的发展方向。前一种是自愿合作，相互适应的道路，包含了广泛的交流和理解：其后果将是一种有组织的联系，具有更复杂的性质，较之于村庄社区及其周临地带居于更高的水平；后一种则是一种掠夺性的控制之路，它通向无情的剥削压榨，最终到达寄生性的生存方式：这是扩张之路，充满暴力、斗争和忧虑，它使城市本身成为一种"集中和抓取剩余资料"的工具，蔡尔德正是这样评述的。这第二种形式已

第二章 共享与关照：有关"在一起"的道德

在很大程度上左右了城市的发展进程，一直到我们当今的时代，而且，它也同样能说明文明一次次兴衰更替的历史过程。

芒福德则就乡村和城市发展的不同模式提出共生之道和掠夺之道的区分并非独创，这与滕尼斯1881年在《共同体与社会》中做出的二元划分的传统一脉相承，强调共同体中本能、习惯、共同传统等对群体成员的约束，"是一种持久的和真正的共同生活"（滕尼斯，1999：54）。不难看出，诸如此类的简单二分有着当时进化论浪潮的浸淫。

关于共生的研究还停留在概念界定和定义厘清的阶段，究竟如何维持一种相互依赖和存续的关系并没有进一步的研究，本研究提供了一个鲜活的文化组织现实案例，可以补足既有的、在社会科学刚刚萌发的共生研究。

户品村人在解释自己生活时常说，"我们拥有的是共同体生活"，借此与城里人、欧洲人做出区分和对比，充分表明他们的自我认同是共同体，而非个体性的存在。这一共同体的生活用斐济语说是vakavanua，其中"vaka"的意思是"如同，像……一样"，"vanua"在斐济语里本意为土地，包含传统、共同等丰富意涵。下文先对共同体、共有、共产主义以及共生伦理等相关概念进行梳理。

道德哲学家麦金泰尔（2011：279）曾说过：

> 对于至善的追寻或对德性的践履，其践行的主体并非是作为个体的人。我们对于自身环境的接触，都是以一个有着特定社会认同的承载者来进行的。我是某人的儿子或女儿，某人的表兄或叔叔；我是这个或那个城邦的公民，又是这个或那个行业的成员；我

属于这个氏族、那个部落或这个民族。因此，那些对我而言好的事情，也对扮演这些角色的人来说必然也是好事。如此，我从我的家庭、我的城邦、我的部落、我的民族的过去中继承了各种各样的债务、遗产、合理的期待与义务。这都构成了我生命的既定材料，也是我在道德上的起点，一定程度上这也赋予了我生活自身的道德特殊性。

麦金泰尔代表的社群主义（communitarianism）是当代政治哲学的流派之一，批判自由主义的自我理论和社会统一理论，认为在自由主义社会的公共文化中，共同体的价值并未得到充分承认，强调共同体需要被尊重和保护（金里卡，2015：264-359）。

韦伯再次重申了滕尼斯对社会和共同体的分类。韦伯（2005：62-64）认为共同体是基于参与者主观感受到的（感情的或传统的）共同属于一个整体的感觉，并且以某种方式在他们各人之间，在双方的相互行动中互为取向，即他们相互间产生的社会关系上打上了同属于一个整体的感觉印记时，就是"共同体"。所以在个别场合内，平均状况下或者在纯粹模式里，如果而且只要社会行为取向的基础，是参与者主观感受到的共同属于一个整体的感觉，这时的社会关系，就应当称为"共同体"。如果而且只要社会行为取向的基础，是理性（价值理性或目的理性）驱动的利益平衡，或者理性驱动的利益联系，这时的社会关系，就应当称为"社会"。社会的典型基础，是（但不仅仅是）参与者同意的理性协议。这样，在理性场合，社会成员的行为将（1）价值理性地以自己对义务的信仰为指南；（2）目的理性地以对协约伙伴忠诚性的预期为指南（韦伯，2005：65）。户品村村民个人的认同是他们共属于这个作为共同体的村子，而道德就是行于其上的规则。

共产主义是所有人类社交性的基础。正是因为共产主义，社会才得以存在（格雷伯，2012：94）。格雷伯认为，共产主义的基础既不是交换，也不是互惠性，除了它确实包含相互间的期望与责任这一点。即使如此，为了强调交换所依赖的是完全不同的原理，似乎最好也使用其他的词——"相互性"——来表示；因为从根本上来说，交换是另一种道德逻辑（格雷伯，2012：100）。共产主义道德的精髓是：生活在同一个社区的人，应该互相照顾，并在邻居遇到麻烦时提供帮助。很大程度上来说，在我们身处的现代社会，交换是社会运行的基础规则之一，这与共产主义社会有着本质区分（格雷伯，2012：116）。而这种相互性，与斐济乡村社会的共生伦理不谋而合。另外，如涂尔干所言，共同生活尽管带有强制的性质，但还是吸引人的。这就是为什么人们一旦发现共同利益并联合起来的时候，他们不仅维护着自身利益，而且还互助合作，共同避开来犯之敌，为的是进一步享受彼此交往的乐趣，与其他人共同感受生活，归根结底是一种共同的道德生活（涂尔干，2000：27）。群体不只是规定其成员生活的道德权威，它更是生活本身的源泉（涂尔干，2000：38）。

不论是社群主义、共同体主义、还是共产主义，指涉的都是超出个人、不仅为个人需求而存在的社会性和集体性的考虑。人类之间的相互关系并不都是交换的形式。交换鼓励以特殊的方式构想人类关系，这是因为交换隐含着平等，但同样隐含着分离（格雷伯，2012：119）。格雷伯（2012：155）把我们现在所处的经济组织形式称之为商品经济，而把之前不以交换作为基础的经济形式或者说财物组织方式称之为人性经济。在人性经济中，每个人都是独一无二的，都是无价的，因为每个人都是和其他人关系的独一无二的纽带。货币永远不能代替一个人——这种债务不能偿还，货币只是承认这一事实的方式。波兰尼最先解释了共同体成员在内部经济中的三种类型的联带方式（transactional modes），即被称为"社会整合模式"的互惠、再分配和市场交换，波兰尼把它们当作"社会系统的重要支柱"。在互惠与再分配的场合中，以"社会整合模式"为基础形成的社会制度，是同礼仪、宗教行为密不可分地嵌合在一起的（栗本慎一郎，1997：49）。从这样的分类来看，斐济的乡村社会是人性经济，且以互惠和再分配为主要的社会整合模式。农民的生产方式是一种村庄内的互惠经济，人们共同享有重要资源，并由公社进行管理，劳动中人们实现互帮互助。这种经济已经植入了一系列的道德规范——互惠的义务、生存的权力、商品的公道价格。农民体系建立在道德秩序上，有一种在社区（而非个人）层面上进行操作的经济逻辑（张小军，2014：25）。

共有产权的互惠经济包含了诸多道德规范，其实不止有道德，例如"互惠"的义务是社会关系，"生存的权力"涉及政治，"公道价格"包含制度公平，因此并非道德规范植入经济，而是社会关系、权力、制度和公平伦理本身就是农民互惠经济的一部分（张小军，2014：26）。

在斐济，早期对基督教的皈依使得他们放弃如食人和折磨寡妇等行为，同时也加强了集体的道德感。就像美拉尼西亚的其他岛民一样，他们正在经历着第二次皈依或说是转变，迈向更为个体化的伦理，进一步缩减了后殖民集体化的价值空间（Barker，2007：91）。

也许对于任何一个传统社会或前现代社会而言，经济领域的自由化和市场化都是不可逆的文化转型和历史趋势。自由市场之所以强大，是因为它部分它符合了人性中的个人主义、自由、欲望（包括消费欲望）。

第二章 共享与关照：有关"在一起"的道德

然则，自由经济绝不等同于世俗人们所一般认同的投机倒把和利益最大化，试想，如果人们欲望有度，不无限追逐利益，充分张扬信任、节约、公平的价值观念，这样的自由经济有什么不好？因而现今很多问题并非自由经济之过，而是人们扭曲经济文化之过（张小军，2014：26），而类似文化问题，不是社会或者民主政治可以解决的。斐济乡村的经济形态还是以共同体为基础，仍处于基于自给自足的传统经济状态，自由市场尚未完全侵入乡村，因而在目前依然能与自由市场的力量形成一定程度的抗衡。

如果说共同体的存在与认同是户品村村民对共享推崇的根本原因和最终源泉，那么在户品村共同体内分层的存在正是"尊重"受到推崇的原因，村民"尊重"的对象正是整个社区的秩序和层级结构。

李强（2008：1）对社会分层下的定义是：社会成员、社会群体因社会资源占有不同而产生的层化或差异现象。社会资源指对人有价值的全部资源的总称。韦伯认为社会分层的三个维度是：财富和地位（经济地位）、权力（政治地位）、声望（社会地位）（波普诺，1999：239-242）。社会分层在各个社会都普遍存在，斐济村落作为共同体，其内部也存在分层。

1874年，斐济成为英国的殖民地。从1879年到1919年，超过6万的印度人作为契约劳动力来到斐济从事甘蔗种植，于是大量的印度人在斐济定居。到1946年，印度裔人口已经超过了原本的斐济人口，反印度潮流不断增强，但斐济原有的土地制度却限制了印度人对土地所有权的获得，这直接影响了斐济本土人和印度裔斐济人之间政治权利的争夺。在不到20年的时间里斐济已经发生了四次政变。

在斐济这样一个小地方却有着和当地斐济人在人数上可以势均力敌

的另一个种族的人,这样的存在对于斐济人的自我认同有很大影响。在斐济人的分类体系里,在斐济的人们大致可以分为三类,一类就是斐济原住民,他们在斐济语里被称作 iTaukei,这个词本意为"所有者",其实在这里是土地所有者的意思。第二大类是印度裔斐济人,他们在人口上占优势,并对斐济的商业影响很大。另一大类是历史上曾是殖民者的白人,斐济当地人一般把他们称作"欧洲人",虽然他们可能来自澳大利亚、新西兰或美国。历史学家拉尔(Lal,1992)在描绘 20 世纪的斐济历史时说,斐济那时候在三个不可兼容的利益之间协调,分别为对于斐济人而言的最高权威(paramountcy)、对印度人来说的平等(parity)和对于欧洲人而言的特权(privilege)。斐济历史上没有书面文字,所以历史,至少是民众眼中的历史,是口口相传的,只有年长的人才知道的比较多。斐济人对于自身文化、生活方式和传统的认同,有其政治操纵的原因。分而治之是殖民政府管理的主要方针政策,而在斐济独立后,政党寻求一种话语上的支持和领先地位。殖民政府为了便于统治推行间接统治,无形中增强了斐济人对于自身的族群认同;再加上与印度人、欧洲人的直接接触,斐济人也在跟他者的交流中强化了其对自身传统的界定和认识。斐济人对于道德的理解与族群(群体)认同分不开。1970 年斐济从英国殖民地独立之后,种族和谐就被列为政治目标。

按照新进化论人类学者塞维斯和萨林斯的划分,斐济村庄的政治组织在集群社会、部族社会、首领制社会、国家和产业社会中列属于首领制社会,与定居农耕相对应:出现了共同体之间的交易以及与公共事业、仪节礼式等相关联的再分配经济,再分配的权威人物(首领、圣职者)开始世袭,并发生了族内婚(绫部恒雄,1988:97)。

韦伯认为,阶级、身份群体和政党是社区内部权力分配的三个重要方面。阶级与经济秩序相联系，身份群体与社会秩序相联系，政党与政治或法律秩序相联系（李强，2008：33）。比起马克思，韦伯更为强调身份群体的互动特征，比起分层原本强调垂直的地位差异，共同体强调的是横向的互动和认同，所以共同体显然是一种弥合地位差异的视角（李强，2008：34）。韦伯认为身份是人们相互之间所做的主观声望评价（李强，2008：28）。

帕森斯（Parsons，1954：69）认为，社会分层是构成一个既定社会体系的人类个体差异的排列，是有关人们的社会尊重方面、人与人之间一种相互位置高低的排列。帕森斯对于社会分层更强调主观声望、尊重。帕森斯（Parsons，1954：386）还强调，社会分层是所有社会体系都具有的一般结构，社会分层与社会系统整合的水平和类型有关。

帕森斯认为道德价值体系和社会分层密切相关，他认为有了道德价值观评价体系，一个人对于另一个人的评价就不是个人评价，而是意味着在社会体系中的位置。这样就不是两个人获得了位置，而是每一个人都获得了位置（李强，2008：163）。地位的区分与价值观的区分联系在一起，价值观提供了有的人地位高、有的人地位低的原因，为这种地位的合法、合理性做出辩护。而道德上对尊重的注重，背后恰恰是户品村这个社区共同体对其分层的认同和维护。

第五节　分而享之：与共享渐行渐远？

上文对斐济人十分看重的美德——共享——从几个层面展开讨论，展现出他们在饮食起居的日常生活当中对于共享这一美德的践行与推崇。然而，这种推崇并非不可改变，下面我将就户品村村民对共享颇具解构性的方面进行论述。

一、界限：抗拒共享？

虽然共享对于村民来说是一种略带强制性的集体无意识行为，但村民们并非简单机械地遵从或者屈服于作为默认的共享，他们对于共享的具体化（如跟谁共享和如何共享），也有具体而个体的建构。下面我将描述村民作为具有能动性的个体，如何在生活中试图重新解释、甚至颠覆"理所应当"的共享制度。

> 2014年3月的一天，萨罗米准备进城，问我有没有两块钱，说想赶公交车但身上没有车费，我觉得很奇怪，因为我上礼拜刚给了萨罗米50块钱。我于是问她之前给她钱的去向。萨罗米才跟我解释说，她把我之前给她的50块钱存银行了；她还说现在在村里都不带钱，因为人们总跟她要。（摘自田野笔记）

在萨罗米的理财观念里，远离村庄的银行是一个比较保险、无论对自己或他人皆难以直接支取现金的场所。这样当别人跟她借钱时，她就可以理直气壮地跟人家说没有，而如果手头有钱，她就必须要拿出来共享，这也从侧面反映出每一个斐济人都无法回避的共享义务以及由此衍化的道德压力。以下事例亦蕴含类似的意味：

> 有一次，我和几个女孩想要练习即将要在教会表演的舞蹈，而

第二章 共享与关照：有关"在一起"的道德

> 舞蹈的伴奏音乐在以撒的手机存储卡上，我们去跟以撒借手机存储卡。当时以撒不在家，以撒丈夫亚伯拉罕在。亚伯拉罕说，手机是以撒的，只能等到以撒回来。所以虽然他们是夫妻，但最终还是等到晚上以撒回家时我们才借到手机存储卡。（摘自田野笔记）

亚伯拉罕由夫妻关系延伸出物权独立的意识或者说辞，其本质是一种对于群体关系的限制，后文将对此进行进一步阐释，此举的目的是试图通过对于关系的限定表达对共享的抗拒，或者说缩小共享的范围，体现出斐济农村社会对于权利细致化的需求与趋势。

夏甲一家是我们（以撒一家）最近的邻居，我们的房子仅一路相隔。夏甲经营了一个小商店，每个星期夏甲或是丈夫杜勒都会去镇上采购方便面、小零食等日常用品。有一天晚上，晚饭后我和以撒在房里休息，突然间夏甲从另外一个侧门一个翻身躲到我们的房间里。过了一会儿，百基拉拿着油瓶过来问我和以撒有没有见到夏甲。夏甲在角落里猫着身子暗示我们不要出声，我才知道夏甲躲到我们家是试图躲避百基拉。百基拉是以诺酋长家的孙媳妇，一个不到30岁的年轻妈妈，她平日总爱赊账（dinau），且经常拖延归还时间。夏甲和丈夫杜勒应对总爱赊账的村民的方式是：如果要买东西，杜勒和夏甲中的任何一人都可以卖给他们，一般家里至少会有一个人在家；但如果是赊账，杜勒就不能经手，要找夏甲本人才可以。我和杜勒谈起这件事情，杜勒说，因为这个商店是夏甲跟银行借款办的，每个星期她都要还款，所以只有她能够决定谁可以赊账。

从这一意义上来说，物权是他们权衡利益的一种方式，迂回拒绝赊账的一种说辞。以上讲述的几个案例，其共性皆在村民特别强调某个物品归属于是某个人或某个机构的,继而那个人或机构"恰巧"不在场,因而该物品的使用权就被暂时悬置了。

  我第一次到斐济的时候,和萨罗米一起住在她位于村子边上的房子里。萨罗米很自豪的跟我解释说:"在我们斐济,房子周围都有院坝(compound)[1],但是和欧洲人[2]不一样,我们没有篱笆(fence)。"萨罗米跟我解释这个房子的布局,是想要告诉我斐济村民如今依然过着一种共同体的生活,而不像欧洲人一样家户之间分隔清楚,有着明确的界限。然而,才不过大半年,当我再次来到户品村的时候,萨罗米却很忧虑的跟我诉说她的烦恼。她告诉我,她希望在房子周围建一圈篱笆,这样就可以把她的院坝封闭起来;她说,随着公路的修建,她并不希望公路通往村里的小路经过她的院坝,那样会很吵闹,将院坝封起来会清静很多。(摘自田野笔记)

  不过几个月的时间,萨罗米对于自家院坝空间构成的态度发生了逆转,原本较为模糊的空间归属感和物权意识悄然滋生,萨罗米将"修建篱笆"的行为归咎于公路的出现,而"公路—篱笆"这一象征对应物的背后,其实是户品村村民对于强势进入的现代化因素的保护性反应,篱

---

[1] Compound 在英文中的原意是"有围墙间隔的建筑物",这与萨罗米想表达的"没有篱笆的院坝",意义恰恰相反。干妈对于词汇的误用可能是个人原因,也可能源于斐济人对于外来语言语义的变更与再阐释。

[2] 斐济人,尤其是斐济村民,把所有白种人(欧罗巴人),包括美国人、英国人、澳大利亚人、新西兰人等,都统称为欧洲人。

笆作为界限的标志,也象征着村民们对原有共享理念的排斥与抗拒。

户品村不时会来一些客人,以撒的哥哥雅弗通常是联络人,接待的事情由以撒负责。以撒有时会抱怨说,接待的很多事情都没有人帮忙。以撒认为这其实本应是整个村子的事情,却只有她一个人在承担。以撒的抱怨来源于户品村每家每户越来越倾向于各自独立的现状,各人自扫门前雪,村落作为原本可以凝聚村民的集体性概念,渐渐丧失其有效性和神圣性。

查尔斯·泰勒(2001:135-136)对现代性进行反思时认为:"一个分裂的社会是一个其成员越来越难以将自己与作为一个共同体的政治社会关联起来的社会。这种认同之缺乏可能反映了一种个人利益至上主义的观念,依此观念,人们终将纯粹工具性地看待社会。但是,它也有助于巩固个人利益至上主义,因为有效的共同行动的匮缺迫使人民依靠他们自己。"这一评论虽然意指英美等发达国家,但我认为用以描述斐济农村的现状同样合适——分裂已经发展到这样的程度,人们不再与他们的政治共同体相关联,他们的共同归属感被转移到别的地方或者全然衰退了。对政治无能为力的经验也加深了分裂(泰勒,2001:137)。在户品村,人们对于推崇共享的传统逐渐显现出无能为力、不愿作为,甚至厌倦。从这个意义上说,这些新反应的出现又进一步加剧了斐济农村共同体以及依附在共同体上的共享等传统观念的消退。

二、金钱:无法共享?

西美尔(2000:5)对于货币体系下的社会关系做出过经典论述,他指出,货币使生产的分工成为可能,也在造成的整合的迫切性和不可避免性之间建立了一种关联，为个体性和内在独立感打开了一个特别广阔的活动空间，使得我们对每一个确定的人的依赖小得多，这样一种关系肯定会产生强大的个人主义，因为人们彼此疏远，迫使每个人只依赖自身。

虽然斐济村庄已然受到诸多外来因素的影响，但其内部依然保有一种不依赖金钱、较为纯粹依赖社会关系维系的社会机制。如同莫斯提及的总体性社会的呈现，整个社会的政治、经济和文化等要素均维持于一个整体中。

村民们对于金钱有着复杂的情绪，在交换和赠予中他们更为强调相互间的帮助，"互相帮助"演变为一种消融市场的力量。一天中午，我看到雅弗和几个村里的年轻男子从田地回来，他们当天中午都在家里吃饭。雅弗说，他召集了这几个人一起去他地里干活，斐济人喜欢一起干活，"我们喜欢互相帮助"。后来我问起雅弗带着去地里干活的另外一名男子，也即他的亲弟弟赛特，赛特却告诉我说："我们是给他打工呢，他要付给我们钱。"

雅弗在我的印象里常常是作为一个斐济文化的传播者和自豪的宣传者出现的，在向我这样一个外来人解释斐济人行为的时候，雅弗特别愿意强调其行为的文化意义或道德意义，将其解释为村民们间相互帮助，而往往刻意隐瞒和消解了市场和金钱的力量，将他们在一起劳动解读为与金钱没有任何关系的邻里或村民间的相互帮助。然而，这仅仅是雅弗想要给我这样的外来人的一个温情的解释，事实上对于其他的劳动参与者，甚至可能对于他本人来说，都远远不是村民之间互相帮助那么简单。尽管劳动结束后这几个年轻人都要到雅弗家里来一起吃饭，但雅弗还是要给这些年轻人以货币形式支付劳动酬劳，也正是这笔钱，让他们

第二章 共享与关照:有关"在一起"的道德

之间的关系除相互帮助之外,增添了几许雇佣关系的意味。

  2014 年 4 月,Savusavu 镇附近的一个酒店计划建造一些具有斐济传统风格的房子以便吸引游客,继而打算在附近村子收购一些建房子的草,这种草在斐济语里叫作 dridriwai,是一种长在湿地里、类似芦苇的植物。收购草的消息由村里叫萨米的男子带到村子里,他一直和一个印度裔斐济人联络。草当时以成捆的价格来收购,20 颗草扎成一束,几束扎成一小捆,一捆能卖 20—25 斐济币。
  那两天整个户品村如同沸腾一般,不论在哪里都能听见村民们筹划着结伴割草,算计着潜在收益,与平日村子里的主要赚钱方式——撬椰肉、卖椰子干——相比,卖草似乎更"赚钱"。某些处于格外兴奋状态的村民已经开始提前计划赚来的钱可以买多少多少东西。全村人或夫妻合作、或姐妹合作,只要具备行动能力的基本上都已加入了割草大军。我居住的撒母耳家的儿媳妇约基别和薇拉组成了一个互助队一起割草,薇拉大多数时候都比较偷懒,只是坐在一边,没有太多参与干活,但在最后领酬劳的时候还是对半分,这让约基别感觉有些不平衡。(摘自田野笔记)

  市场和以市场为基础的交换经济,是通过赤裸裸的利益格局来影响参与者相互行为的最重要的形式(韦伯,2005:69)。原本在自然的劳动状态下并不会介意彼此劳动量的多寡,但由于金钱力量的介入,人与人之间虽然延续着互相帮助的形式,却也开始暗中计算各自的劳动量和收益。

  割草赚钱最初是萨米揽来的活,可是后来村里人都不听从他的安排,而且割回来的草质量也不好,最终很大一批未能进入市场而是被运到路旁边因为收购停止而烂掉了。在强势的货币体系面前,共享愈发困难,集体的、群体的生活在市场化、商品经济的进驻之后越来越难以为继。

> 2014年4月,马大的丧葬仪式办完后,与马大比较亲近的几个小家庭约定在一起吃一段时间的饭,以此纪念马大。亚拿是马大的孙女,亚拿和约伯育有一子一女,他们一家四口生活在一起。很自然,这一家四口的核心家庭也加入了到以"一起吃饭"为形式的纪念马大的活动中来。在传统的斐济社会里,大家庭一起劳动、一起吃饭的生活方式十分普遍,即便在目前,还有不少家庭维持着不同住、但同吃的模式。然而,这不到两个礼拜的"同吃"生涯,却让大家都不甚满意,孙女婿约伯抱怨说:"如今这个时代,大家都在一起生活很困难,因为物价飞涨,少点人住在一起就会比较好;但如果很多人住在一起,就会很贵。像以前糖比较便宜,一公斤一块多斐济币,但现在一公斤要两块五。"(摘自田野笔记)

约伯想要表达的意思是,现在物价很高,如果大家住在一起,生活开销会很贵。在以前,食材很多直接从田地或海里取来,一大家人消费完后可能第二天还剩余很多,这些物品不存在太多的稀缺性,尤其是食物的获取通常经由集体性劳动,因而大家庭一起共享食物也就自然而然。而在货币经济日渐主流的时代,货币在家庭的内部解体中扮演了关键的角色。如韦伯(1998:94)所言,货币经济使客观计算个人的生产表现以及消费成为可能,从而第一次使个人可以通过货币这一间接交换媒介来自由地满足自己的需求。

值得一提的是小额信贷对于户品村人的影响。户品村的小额信贷是由南太平洋商业发展基金会（South Pacific Business Development，简称SPBD）[1]负责，在户品村运营已有两年。每周二基金会的工作人员——一个印度裔斐济人——会到村里收债。小额信贷的运营模式如下：首先将村子里的信贷对象（通常是家庭妇女）分为几个小组，小组成员之间有相互督促按时归还贷款的义务；每年年底进行借贷面试，此后将借款交与申请的妇女，借贷利息为 25%，连本带息将借款平摊在一年的 52 个星期逐个星期归还。据记录，户品村妇女 2014 年在 SPBD 的借贷额从 400 到 1050 斐济币不等，以 1000 斐济币左右为多。以撒在 2013 年底借了 1000 斐济币，利息 25%，52 个星期还完，相当于她每周需还款约 24 斐济币。

小额信贷借款给村里妇女的本意，是希望支持她们一些本钱，帮助她们开展小生意。然而据我观察，只有一两户户品村家庭在我第二年 7 月离开时还在坚持做生意，大多数家庭在拿到这笔钱之后起初也进货到村子里卖，或者买了原材料做蛋糕、甜点等出售，但是不过一个月，钱就被花光了，当每个星期临近还贷时还得重操旧业去撬椰子干。在某种程度上，这笔借贷甚至构成了他们生活的另一个压力，并未实现 SPBD 最初要"减少贫困"的美好设想。

格兰特·麦考尔（Grant McCall）认为，货币经济的出现，造成了传统平均主义与资本主义、共享与资本积累、无积累的开放互惠体系与

---

[1] SPBD 是非银行金融机构，最早成立于萨摩亚，2010 年拓展到了斐济，主要在斐济、萨摩亚和汤加的农村面对农村妇女开展小额信贷业务，支持基层商业发展。

需要回报的交换体系之间的紧张。不过，他也提及，尽管塞罗交换网络变小，但传统的礼物交换仍是芎瓦西人生活的核心特征，打造了不同村落之内或之间的关系（戈尔登，2012：117）。

尽管金钱在村民日常生活中重要性愈发凸显，但对金钱的共享并不能自然延伸到对权力的共享。鹏尼受雇于中国修路公司。2014年3月，CMF教会在户品村组织了一场橄榄球比赛，鹏尼也参与其中，当时他主动提出负责交纳他所在球队的报名费，球队其他成员欣然接受。作为有相对固定工作的鹏尼比起其他村里人更"有钱"，因而由他出钱合情合理。鹏尼认为自己出了钱，于是在球队的训练和决议时表现得颐指气使，这让队友十分不满，最后队友们一致决定，拒绝使用鹏尼的钱。由此可见，在金钱观念深入人心的时代，斐济社会的共享传统依然在发挥效力，任何事情的决策都应是一个通过商议达成共识的过程，因为付了钱就想当老大很难实现。

三、筹款：难以共享？

一旦村里或是有亲戚关系的邻近村庄要组织喜事、丧事，村子里都会组织筹款。筹款活动的程序一般为：白天比加在村子里巡回走动，大声通知村民筹款的时间；到了晚上，村民陆续过来捐款、喝卡瓦酒，由一个村民坐在议政厅门口收钱记账。

圣诞节和新年是斐济一年中最重要的节日，这时学校刚结束一个学年，中学生从城里的寄宿学校回到村里，在首都或国外工作的村民也回到村里和家人们一起过圣诞和新年。此外，一个新的学年即将开始，父母也开始考虑准备子女上学的学费，通过在村里举行卡瓦酒聚会来筹款是村民们最常用的方式。圣诞和新年期间，基本上每晚村里都有筹款活动，村民们都会来到议政厅，一起聊天喝卡瓦酒，共享年节的欢愉。然而，这种群策群力筹集资金的方式，如今也开始面临困难。

CMF教会近些年才慢慢被户品村接纳，教堂设在离户品村四五公里处，教堂是临时搭建的，没有窗户。教会讨论想要建一个新教堂方便信徒前来敬拜，于是就想通过在户品村组织橄榄球赛来筹集资金。筹集资金主要靠参赛球队的报名费和球赛期间兜售盒饭。一支报名参加的球队要交200斐济币，最后总共有24支球队报名，仅户品村就有3支球队。教会专门买了一头牛，教会的女人们负责做盒饭，5斐济币一份。这次盛大的橄榄球比赛非常热闹，整个户品村都沉浸在过节般的喜庆当中。但最终刨去开支，CMF教会只筹集到1000斐济币，并没有达到教会的预期，这让CMF牧师颇为沮丧。因为CMF教会的信众为了这个活动足足忙活了几个月，但却没有如愿赚取足够的钱来修建他们的教堂。究其原因，还是因为虽然教会很早就申明，希望户品村的人不要在比赛期间卖饭或卖其他东西，如果真的需要卖饭，也需要交一笔钱给CMF教会。但除了邻村来的几家人交了这笔费用之外，户品村好多在家里卖盒饭的妇女并没有按规矩交给教会许可的费用。比如说以撒，她也在家里卖咖喱土豆，3.5斐济币一份，当时我还问过她是不是要给主办方教会交一部分钱？她说："不用，我是在我家卖东西。"户品村村民也借机卖口香糖、冰条、豆子等小零食，一般售价五分钱、一毛钱，生意兴盛。这些搭顺风车的人最终让主办方CMF教会未能达成所愿。（摘自田野笔记）

从以上这个筹款的例子可以看出，当人们对于集体的认同不再那么强烈的时候，他们更为看重自己小家庭眼下可能的盈利，这对原本有着共享传统的斐济人来说有着革命性的力量。

四、偷盗：不道义的共享

在村里，相互间的索取和给予是日常生活中很普遍的事情，有时没来得及跟物主打招呼就先把东西借走的情形也时有发生。然而，偷盗（butako）并不被接受，在村里，借和偷盗有着明显的区分，那么这两者间的界限在哪里呢？前文对共享的论述提及村子里物权的变化，在某种意义上，不经允许对他人财物的占有（偷窃）是户品村人实现小规模财物再分配的隐形方式。

斐济乡村人家基本没有冰箱，每天的剩饭剩菜隔天就会坏掉，只能倒进猪食桶喂猪，以撒家也是如此。村里阿瑞家养了几头肥猪，每天清晨阿瑞的儿子都会推着独轮车来倒以撒放在房子外面的猪食桶。几个月后，阿瑞家的猪生产，送了一头小猪给以撒，于是以撒就把这只小猪拴在她家房子对面，也即她妈妈家门口，喂养了两个月，眼见小猪越长越大，她心中充满欢喜；谁料某天晚上，拴在外面的小猪不见了踪影，只留下一根绳索，以撒非常的伤心和气愤。我问起可能是谁偷的，她说应该是村里吸大麻的人偷的。她告诉我，当村子里有人吸大麻的时候，这类偷盗事件就会特别频繁。在接下来那个月的村落会议上，当会议快要结束、村民自由发言的时候，以撒说她家的猪丢了，没想到雅各酋长开了一句玩笑，说："这只猪可能是去哪里散步了。"以撒非常不高兴，在下面轻轻地回了一句："散步去了别人的锅里。"散会之后以撒还念叨，他们不应该开这样的玩笑，说有机会让我直接去跟雅各酋长沟通一下。

以撒为什么要跟作为陌生人的我说这些事情呢？很多时候，他们是聪明的，他们希望借用陌生人的身份说出他们作为局内人不愿意或者说不方便去说的一些想法，故而将我编织到他们的社会关系网中来。以撒之所以不满意，是因为她认为自己的私有财产被偷窃却无处申诉，反而被酋长当做笑话一带而过。

雅弗把偷盗归结为懒惰："他们很懒，但又想要别人的东西，所以只有去偷。"在斐济人的传统观念里，如果想要别人的东西，完全可以去"要"，只是如今，"要"不再光彩，于是"偷"成为一小部分村民的应急举措。

2014年6月，以诺酋长家里发生盗窃案，酋长家的食品居然在一夜之间不翼而飞，这的确是对传统秩序的极大忤逆。以前，见到酋长都要十分恭敬，即便是坐也只能坐在房间的角落，靠近酋长时必须爬着过去，以此显示社会地位的高下。但是现在，酋长还在睡觉，居然有人把他房间的食物偷走了。

在户品村，小偷都是本村人，极少有外村人。一般情况下，村里发生的偷窃并非以偷窃为生的惯偷所为，而基本都是在有需要时去别人种着胡椒根的家里拔一些卖了应急。所以遭到偷窃的人虽然当时很生气，但事情过后他们也就慢慢接受了，通常不会去报案。偷窃是村子里再分配的形式之一，可以说是一种消极的共享。即便如此，盗窃与户品村原有的共享精髓相背而驰，相对于传统形态下正大光明地去"要"，偷盗行为对物的所有者并未表示出应有的尊重。

第六节　小结

马大去世之后，拿俄米常常流露出对马大的怀念，她是这样评价马大的：

> 她在乎和关心整个村庄，还有教会。她总是想着尽全力。她敢于直言去说一些话，如果自己所在的亚氏族没有做好自己的本分，她就说："其他的亚氏族会如何看待我们呢？"她像妈妈一样爱着所有的人，对我也如同我的亲妈妈一样。（摘自田野笔记）

马大被拿俄米评价为关心他人，而且敢于直言，这些特质被认为尤为可贵。另外，拿俄米将马大的敢言一举解读为马大对于整个村落、亚氏族的关心和认同。在户品村，对于"共"的追求，包括共有、共享和共担，在斐济村民日常生活中的各个方面都有展现，"共"是斐济村民对于道德生活的追求和意象的重要理念。

而共有、共享、共担这些斐济村民心心念念且在日常生活中自觉不自觉在践行着的伦理，正是斐济村落最为基础，也是最为常见的道德准则。如果说"共享"是当下斐济村庄话语里依然鲜活且颇具感召力的道德话语之一，那么村民围绕这一话语相关的土地共有、居住空间共有、食物的共同享用、频繁的宴庆、理直气壮地相互讨要、代际间的同名、家庭内和村民间的互助，甚至是颇受争议的"讲故事"，都是户品村村民共同生存、密切互动、互助相依的共生伦理的具体表现形式。

对于斐济村民来说，通过共享自己所拥有的财物来赢得声誉、获得

第二章 共享与关照：有关"在一起"的道德

地方社会其他民众的认可，是当地社会最为认同的基本道德原则之一，也是村落生活中日常化的道德实践。尽管变革正在日新月异地上演，这些原本天经地义的价值取向受到质疑和挑战，但作为一个基本的框架或结构依然在发挥效力。通过对于共同体的认同以及层级秩序的遵守，共享与尊重这两种价值取向共同把斐济的村庄形塑成为一个有序的有机体。在下一章，我将对基于共享基础上的尊重这一道德元素进行剖析和阐述，展现斐济地方社会的另一个有机丰富的道德维度。

第三章　尊重与顺从：有关"礼仪"的道德

2013年3月的一天，南半球依然处在炎热的夏日里，随着太阳落山才能感觉些许凉意，黑暗慢慢地笼罩在了这片依旧热气腾腾土地上。我和萨罗米在她村口的房子里待了一整个白天，一直到傍晚萨罗米才在离主房相邻几米之遥的厨房里忙出忙进地生火做饭，想在黑暗完全统治村落前借着自然光把晚饭准备好。我一边在给腿上一个个高高肿起还流着脓的大包上涂驱蚊消炎的药膏，一边手忙脚乱地试图记点笔记，肚子其实早已饿得咕咕叫。村里吃饭一般比较晚，每天基本上都要到七八点钟，而到那时候我往往已经快要饿晕过去了。

下午四五点男人刚从地里干活归来，女人也从海边打鱼回来，三三两两地聚在面包树下纳凉聊天，有些年轻男子在操场上玩橄榄球，一直到太阳完全落山，人们才又全都重新聚到家里。萨罗米端着两个盘子的椰子汁煮绿色植物（bele）[1]进来，我赶紧去厨房帮忙把主食木薯用盘子也盛好了端进房里，然后把勺子放好。我已经坐定，就等着萨罗米坐下祈祷之后开动。没想到萨罗米没有直接坐到餐桌前面，而是进了里

---

[1] Bele 是村子里的种植的一种绿色植物，叶子可食用，美味。

屋，拿了条长裙（sulu）[1]裹在了身上，然后才坐在桌前，当时我觉得很惊愕，房间里只有我和她，而且我们都准备要吃饭了，为什么她还要裹上一条干净的长裙呢？祈祷过后开始吃饭时我问起萨罗米原因，她说那是因为我们要吃饭了，这是表示尊重。当时我只是似懂非懂地点了点头，其实我还是不明白这如何与尊重相关？她接着解释说，因为食物是上天赐予的，吃饭的时候要表示尊重，因而不能很随意地坐下来就吃饭，在斐济的习俗中裹上长裙表示着装上的尊重。

在田野当中，不论是家里父母教育孩子，还是学校老师规劝学生，我都听到"尊重"（respect）[2]这个词的被频繁使用。在和村民谈起村子变化的时候，老人们最爱跟我絮叨的也是当下"尊重"的缺失；尽管如此，村民依旧把"尊重"定义为斐济最重要的传统。斐济村民在日常生活当中反复提及的尊重，究竟是对谁而言？什么是尊重？尊重什么呢？尊重作为揉入了大量道德情感的话语是如何嵌入在斐济村民们的日常生活当中，又是如何在他们的评述中展现其在具体情境下的含义呢？本章试图通过对斐济村民日常生活中对于"尊重"相关话语的梳理来探讨他们如何把尊重编织进自身文化的脉络来呈现对于道德上"好"的追求。

---

[1] Sulu 是斐济人的传统装束，其实就是一块布，围在腰间。斐济男女都喜欢裹一块布，所以刚到斐济的人会说斐济男人穿裙子，而在村子里，女性下身的日常穿着是一块布，穿裤子被禁止。

[2] 英语也是当地的官方语言之一，虽然村民互相之间一般都讲斐济语，但到学校接受教育时都使用英语，因而，斐济村民一般都掌握一定的英语的听说读写能力。所以，有时他们会直接用英语词汇表达，比如此处的 respect。

第三章 尊重与顺从：有关"礼仪"的道德

第一节 仪表

"惟浅薄之人才不以外表来判断。世界之隐秘是可见之物，而非不可见之物。"奥斯卡·王尔德（Wilde，2006:22）的这句话恰好阐释了斐济人对于衣着外表的注重。道德、思想和行为是由每一种文化通过语言、符号象征和范畴来定义的（张小军，2013：25）。刚到斐济，就有中国人跟我说起当地斐济人每个礼拜去教会的时候对自己着装和装饰的注重无以复加，这让我很好奇。而在去斐济之前，我就对在图片看到的斐济人微胖的体型和男式的裙装惊叹不已。在这一小节当中，我将对斐济村民对于自己身体和外表的预期及其展现进行描述，借此论述仪表对于他们道德世界的形塑。

一、身体

黄盈盈（2008）对既有的身体研究做了细致梳理和综述。关于身体在斐济社会的重要性和特殊性，贝克尔（Becker，1995：128）提及，在斐济社会，身体并不是一个类同于西方的个人自我控制和掌管的对象，而是一个能够集中反映社会关系的客体。斐济本土观念当中的身体并不主要是个人身份和优点的表达，而是提供了一种个人整合进社区的方式。因而，在姿态、穿着、回避和礼节等中表达的身体语言，是衡量行动者是否"尊重"的标准和规范。康纳顿的评述帮助我们理解身体作为历史记忆记载的方式：

被我称为文化特有之身体实践的相对非正式的各套举动,与被我称为纪念仪式的较为正式的各套举动,具有相同的重要特征。因为纪念仪式只能通过它们的操演而得到保持;由于它们的操演作用及其形式化,它们不易受到对它们的操演习以为常的批评审视和评估。所以,纪念仪式和身体实践都具有某种程度的保险性,避免在所有话语实践里必然存在的积累性质疑过程。这是它们作为记忆体系的重要性和持续性的源泉。于是,每个群体都对身体自动化(bodily automatisms)委以他们最急需保持的价值和范畴。他们将明白,沉淀在身体上的习惯记忆,可以多么好地保存过去(康纳顿,2000:125)。

在村里,村民见到我后常常会说:"嘿,蒙娜,你最近又变胖了。"随着时光的推进,我才慢慢理解其中的意义。村民们这么说未必是我的体型实际有很大变化,而是对我寄宿主人家的恭维。寄宿主人家把我照顾得很好,才能把我养胖,这反映出他们尽到了主人家招待客人的义务。在现代社会语境当中,身体作为相对独立的客体,体型与主体对自己的饮食和锻炼等控制相关,这与斐济的身体观不同。在斐济,身体的胖瘦并未被完全看作为个体自我控制的对象,而是对周遭的社会关系(在当下于我而言就是同住的主人家)的象征和表征。我胖了说明那户人家(尤其是女主人)把我照顾得很好,喂养得很好。但如果我变瘦了那就说明我没有被好好照顾,而这会让跟我一起住的家庭感觉十分羞愧。因而,身体的呈现及其姿势的展现合适与否都是当下所处社会关系的表达。

斐济历史上对女性而言有着标准传统发型(fijian style),就是把头

第三章　尊重与顺从：有关"礼仪"的道德

发剪得像鸭子尾巴（bui ni ga）的形状，短短秃秃的，而不是留长发。当然如今媒体和电视电影也开始影响当地女孩的审美，有的女孩不愿意再把头发剪得那么短，而是更愿意把头发蓄长，再拉直，觉得长发和直发很流行。当然，学校里依然要求学生把头发修剪为传统发型。我在一所高中采访获得年度优秀奖的学生家长时，她这样陈述对孩子的教育：

> 我希望我的孩子是顺从的，懂得尊重的。当然如果我希望他们尊重，那我首先要尊重他们。当我禁止他们做某件事情的时候，我总是告诉他们为什么。就像我的女儿跑来跟我说，我想去剪头发，我说，你应该保持你的斐济传统的发型，你为什么想要剪掉呢？她跟我说，因为太热了，于是我理解她了，接受了她的这个理由，带她剪了头发。如果孩子们要跟我要什么东西，她必须告诉我为什么。（摘自田野笔记）

这位家长的讲述一方面反映出她的开明，一旦孩子们能够给出好的理由，她就能够接受，可以对传统做出让步，虽然这个传统有一定的历史积累，而且是由学校来规定的。讲述中，这位母亲首先提到"尊重"的重要性，因为发型的规整一方面是孩子对于尊重斐济传统的展现，另一方面也反映出他们对于学校规章制度的遵从。同时这位母亲对于尊重的理解也加入了人与人之间的一种略带"平等"意味的现代性意义，除了教育自己子女要遵从传统，自己也把子女当做有着独立人格的对象，去加以尊重。而这与斐济传统把个体仅仅当做群体层级体系的一分子的想法，有着显著区别。

二、穿着

斐济人如今的穿着和基督教传教历史密切相关。据记载，在基督教进入斐济之前，斐济女性一般都穿短短的草裙（liku），男性就着缠腰布（malo）。因为受到了传教士的影响，长裙是用一块从腰间到小腿都可以围住的布来裹住下身，很符合维多利亚时代的端庄稳重，因此才作为穿着的基本配备渐渐被斐济人接受（Colchester, 2005：34）。如今，草裙和缠腰布只有在酒店给来斐济旅游观光的游客表演的时候才会登上大雅之堂。在村子里，人们认为正式或能展示出尊重的穿着恰恰是不过一百多年前受基督教影响后的新装束。在村子里，穿着是能明显得让人感觉到约束的事情之一，单单从衣着就可以判断出环境的变化。和在城市里形成鲜明对比的是，除非是去到地里或是到海里，村里的女性必须穿裙子，即使里面穿裤子也需在外面用一块长形的布围在腰上。如同本章开头说到萨罗米在用餐前要先围上 sulu 以表示对用餐的尊重，穿着常常是人们对出席正式场合的认可。萨罗米说的对于食物的尊重，其实究其根本，也是对于上帝的尊重，因为饭前祈祷其实是基督教的传统，而萨罗米把饭前祈祷和斐济当地着装整齐的习俗结合了起来，与萨林斯提及的并接结构不谋而合。

这对于很多中国人来说很难理解：穿长裤也把下半身全包上了啊，为什么不可以只穿裤子？围这块长形的布不仅仅是对女性的要求，男人身着那块长形的布也是表示尊重的一种方式。在书品村，大酋长说在今天要去村里别家喝卡瓦酒，也叫我一起去，我注意到他走之前还跟女儿要了一个长形的布围在腰上才出门。即便是酋长，他也同样遵从这些习俗，而他们对于这种着装上的注意也反映了大家对于某些规则的共同遵守。

第三章 尊重与顺从：有关"礼仪"的道德

去参加仪式，比如葬礼、婚礼、村落会议，女性也有着特定的穿着，就是一整套同一色系的袍子和裙子，袍子比一般的衣服要长一些，斐济语把这一套叫作套裙（sulu chamber），这样的穿着被认为是得体的。去教会也需要穿套裙，男性则要穿花衬衫和男士西装裙。一般通过穿着就可以判断对方的来路和去向。在不同的场合的不同装束被看作对既定礼仪规范的尊重，这对外人也同样适用。

2014年元旦刚过，以撒和她娘家人都在张罗给以撒的姐姐做一个叫tevutevu的传统仪式，这是女儿嫁人后娘家给女儿办的仪式，类似于中国的"给嫁妆"。那一天，女方的亲戚应该送一些手编的草席或枕头给新娘，女方家则准备一顿饭来招待这些客人。这个仪式一般跟婚礼一起举办，但有的人家条件不具备也可能在婚礼后很多年才补办。这样的聚会一般都需要身着同一色系一整套的套裙。我因为前阵子搬箱子闪着腰洗衣服不方便[1]，而且一洗衣服就要把鞋子也弄湿，于是我跟家里的女主人以撒说了我的顾虑，希望自己可以穿身上这件一般的衣服和裙子（sulu va tonga），以撒也默许了。可是当天早上很多妇女见到我之后，都问我为什么不穿套裙，我解释了原因。到了下午，又有很多人问以撒，这让以撒压力很大，于是她还是和我说，让我把衣服换上，因为大家都问她我为什么不穿。我也只好妥协，换上了礼俗约定的套裙。（摘自田野笔记）

---

[1] 村子里水管龙头都比较高，在腰以上，盆子放在地下接水，所以全过程要不就是直着腿弯着腰洗，有的斐济妇女也习惯直接坐在水里洗。

III

发生在我身上的事情表明，不同场合需要有不同的穿着，这是一种社会压力，如果不遵从这样的穿着规则，将会被质疑、讨论和八卦，甚至成为批评对象，最终在舆论的压力下还是不得不接受社会规范。村民们看到我没有身穿他们认同的衣服，就如同我刚到斐济时感觉不穿鞋子在地上走、吃饭就坐在地上用手吃的行为很不舒服一样，不仅是生活上的不习惯，也是对原有分类体系被打破后产生的焦虑和不适，需要依靠重新分类和归类来将其矫正。日渐一日，这样的规范也渐渐被内化。

和拿俄米聊天时我问起村里的一个女孩非比名声为什么不好，她告诉我说：“你就看她是怎么穿衣服的。”拿俄米的这句话表现出穿着所涵盖的意思不言自明：一个人是否是好人从衣着就可以判断。拿俄米以前是老师，她说，作为老师，自身是什么样很重要，因为孩子会从这些点点滴滴的事情当中学习。她说以前人家形容她"总是穿得很精神"，说完欣慰地笑了一笑。

在村子里不应该戴帽子和打伞。进屋要脱鞋，穿着鞋子在屋里走路不符合规范。这些行为规范，包括着装，通过限制人们身体展示的方式来规定和保持着村子里的传统。而在远离村子的镇上、城市里以及定居点（settlement）[1]则完全不受这些束缚。户品村里的年轻女孩们都喜欢进城，她们进城前会穿上紧身裤，然后在外面围上长形的布，一到城里就迫不及待地解开腰上系着的 sulu，露出里面穿的紧身裤子（一般是七分裤或是短裤）。村里的妇女和女孩们不止一次地问我为什么进城还是穿长裙，问我在中国是不是也从来不穿那种紧身短裤，因为在她们看

---

[1] Settlement 一般指的是个人拥有土地或是大家庭拥有土地的，一般是欧洲人或者是混血儿的聚居地，在那里不像在村庄一样有那么多的规矩要遵守。

第三章　尊重与顺从：有关"礼仪"的道德

来，紧身短裤时尚、好看，所有女孩都向往，而我居然在可以自由选择穿着的情况下依然穿长裙，这在她们看来不可思议。

回看整个世界历史，女人不能穿裤子这一禁忌并非斐济专属。"二战"之前欧美国家的女人也不能穿裤子，这样的禁忌在我们看来也许荒唐。然而，一旦我们理解了对于着装的要求其实在某种意义上也是一种权力的控制，一切就会变得容易理解。在这个意义上，穿什么才是合时宜的，甚至说是合乎道德的，其实是一个社会建构问题，也是群体秩序感的外在显现。

三、姿态

在斐济村庄，一般人家里都没有什么家具，没有桌子椅子，所以大都席地而坐。不同场合村里对坐姿都有讲究，在吃饭、聚会等较为正式的场合里，把脚随意地伸直被称为"没有好好地坐着"（tape vaka ca），而把脚收起来盘坐好才是"好好地坐着"（tape vaka vinaka）。尤其对于女性而言，最符合规范的坐法是把双腿并起来弯朝一边。如今已经没有如此严苛的性别区分，不论男女，只要盘腿而坐都被认为是礼貌的。如果前面有比较重要的人，就需要弓着身体弯着腰走过，而不是身板直直的走过去，以示尊重。献祭（sevusevu）[1]或做仪式时应该双腿跪着面向对方，以示尊重。旁边的人如果需要走动，爬过去是较为尊重的姿态。

---

[1] Sevusevu 可以看作是献祭，当新到一个村子，或者举行大的仪式，都需要给被访问的主人（可能是酋长，也可能是一家之主）献上鲸鱼牙齿，或者是胡椒根。

地理位置的高低表示地位的高低，因而不比对方占据更高的位置是一种尊重的体现。当无可避免地要在高过别人头的地方取个东西或是走过别人都坐着的区域时就需要说"借过"（jilo），因为在斐济的文化语境当中，这个动作被看作是对对方空间的侵入。

跟城市相比，村里舆论和规范的压力比较大，我和邻村（书品村）的所罗门酋长坐着聊天时，偶尔不注意把一只脚立起来，酋长就会告诉我，那是"像印度人一样坐着"（tape vaka Indian），并坚持让我马上改过来。接着他告诉我："如果不改，别人会在背后指指点点（point their fingers）。"虽然每次所罗门酋长都是开玩笑一般笑着对我说，但态度都很坚决，告诉我坐姿是重要的事情，让我一定要坐好。比起我所在的长期田野点户品村，书品村从人口和面积来说都要小得多，而书品村酋长依然保持着领导者的风范，经常跟我信心满满地聊他想要在村里推行的发展项目，积极寻求与国际组织间的合作，重修村里的教堂，建议政厅和农场。同时，他恪守斐济的层级制传统，认为一定要把斐济人的热情、好客、尊重的传统品质流传下去。

对于姿态仪表的注重是躯体化或者说体化（incorporating）实践。对文化特有姿势的记忆，是体化实践的一个例子。举止姿态可能有高度的结构性，完全可以预见，尽管它既不被挂在嘴边，也不被有意识地教导；它如此自动，以致不被认为是能和行动分开的部分（唐纳顿，2000：91）。姿势对于共有记忆的重要性不言而喻。权力和等级一般通过相对于他人的某些姿势来表达。我们从人们聚在一起的方式，从他们的身体相对于他人身体所摆的姿势，可以推断每个人按规矩拥有或自认拥有权力的程度。

在我们所经历的生活环境中，克服引力上的取向，给我们为之赋予

第三章 尊重与顺从：有关"礼仪"的道德

价值的二元意义建立了姿势上的基础，例如在高与低、尊与卑、仰视与鄙视的对立中表达的那些价值。正是通过我们社会存在的这种根本性特征，通过以这些特征为基础的体化实践，这些对立词语为我们提供了用于思想和生活的隐喻。从文化意义上来说，特定的姿势操演为我们提供了身体的助记方法（唐纳顿，2000，93）。

但是如今，这些严苛的规则开始发生变化，人们对于这些本来毋庸置疑的事实开始提出一些新的看法。

> 2014年6月29日，那是一个月的第二个星期二，照例村民聚在户品村议政厅开村落会议，那天时间持续得比较长，盘腿坐久了，我的腿会酸麻，于是我不自觉地把脚伸过来伸过去地换脚，旁边以撒就说："把脚伸直吧。"我听了感觉很吃惊，因为我知道这不符合他们的传统，但她接下来说的话让我更加吃惊，她说："这是你的权利。"（摘自田野笔记）

这句话反映出，权利概念已经进入到他们的社会生活中，开始成为他们日常用语中的一部分。一件事情可不可以做不仅是一个公众道德的问题，同时也成为个体的选择。"正确地做事情"在斐济语里是dodonu，其中并没有权利那种个体的、排他的含义。作为一种社会规范，"尊重"的含义也有了变化。但在后来的一次访谈当中，拿俄米批评了以撒的这种把脚伸直的行为，说那"不合规矩"（sega ni itovo）。从言语中能听出拿俄米虽然对现状不满，但也充满无奈，因为这种群体所能施加的约束力已经慢慢减弱，村民已经没有那么在乎别人怎么说，或是在背后怎么讨论他们，而是有种更为自由的行为模式，基于自己舒服与否以及个体所应被赋予的权利来衡量自己的行为。

约兰责备她女儿在村里穿裤子,拿俄米抱怨过村民开会时把腿伸直了坐,撒母耳也时常在聊天中叹息村里人心不古。不论是拿俄米,还是撒母耳,作为年长的一群人,他们对村里不守规矩的行为很不满,言说之中充满了失望和忧伤。这从某种意义上意味着年长者意识到他们所处的层级秩序面临解体的威胁。然而,除了用批评的方式表达自己的不满之外,他们没有太多办法改变如今的状况。而作为青壮年一代的以撒和其他妇女,开始把"权利"作为一种更具有说服力的词汇引入到当下的生活当中。年轻的一代对于变化更为宽容和理解,虽然她们还是会教育自己的子女和村里的其他孩子守规矩,但她们对把仪表作为自己民族身份认同的情感连接相对较弱。对于年轻人来说,她们在父母和长辈的压力之下不得不在行为上遵从穿着打扮上的要求,但她们对于外面的世界充满好奇,对于把身体的展现和道德上的尊重相关联的传统并没有深切的认同;相反,却将其视为一种压力和在村里不得不遵循的陈词滥调,只要有机会就会逃离这种禁锢,用更为个性化的方式来展示自己的身体语言。

第二节 仪礼

斐济村民对于尊重的理解,还表现在对于仪礼(manners)展示的要求上。芬格莱特(2010:6-7)研究《伦理》中"礼"的价值后说,"礼"将"原生态的个人转化成实现人所特有的美德或力量的德行的存在。只有当原始冲动受到'礼'的塑造时,人们才成为真正意义上的人。'礼'

是人的冲动的文明表达。是人与人之间动态关系的具体的人性化形式"。

"礼"不是脱离于具体生活方式的抽象制度和规范,"礼"就是生活方式本身。对于中国人而言,谈到礼,不可能回避儒家的礼与地方道德秩序之间的关系。礼约束了家庭成员的行为规范,也规定了家庭组成方式,承载农民家庭生活的制度性和规范性。礼还是个体身份意识的基础,一种农民道德生活的社会学形式,对于农民家庭道德生活的关键要抓住社会伦理与生命伦理的辩证关系。(桂华,2014)

儒家人伦秩序的教化在于提倡君臣、父子、夫妇等名分之间时刻保持相对的本分和态度。这个社会就是推崇这种相对的人伦秩序以求得角色与名分地位,以求稳定人际关系网络和安定社会(庄孔韶,2000:498)。孔子说"齐之以礼",孟子说"无礼义,则上下乱",先哲肯定了君臣、父子、夫妇、朋友等名分间的本分和态度。人们须从自己的人伦限定地位对待人事,这是中国精英文化的规定,并贯穿至基层,形成一个稳定的中国人伦相对主义态势(庄孔韶,2000:420)。近代儒学的基本教义是礼,即"社会习俗的准则"。儒家的世界模式是一种稳定而灵活的等级秩序,每个人都应据此了解自己的职责和权力,将它们视为理性的和普遍的自然秩序的一部分而予以接受。礼为人们在这种等级秩序中的行为提供了规范法和观法(芮玛丽,2002:3)。

斐济乡村的礼与中国农人社会中的礼有异曲同工之效,虽然其内核动力不在于等级,而在共生的和谐,马纳的力量,但表现形式是能从中国之礼来对照理解的。对于斐济村民而言,他们对于仪礼的重视可以从礼节、寡言和感恩来分别探讨。

一、礼节

在斐济人的世界观当中，尊重直接和礼仪相关，而这些礼节可以简单理解为长幼有序，男女有别。区大酋长这么跟我说："不论是什么民族，我们都同是人类，区别只在于我们是如何被养大的。"他认为最终是教育、养育的不同把我们区分了开来。在中国，孩童时父母给我们最开始的教育就是要有礼貌，见到人要打招呼，要喊叔叔、阿姨，这可以视作我们最早习得的礼。两个斐济人在路上遇见，不论原本是否互相认识，都会打招呼，甚至还要握手。这些是斐济人日常生活中必不可少的礼节。在打招呼的时候还应加上对对方的称呼，比如说某某孩子爸，某某孩子妈，同辈人有时就叫名字，否则如果仅仅说你好而不加称呼，会被笑称作"像印度人一样打招呼"，光从表达就可以看出礼节是斐济人自我认同中的重要部分。

除了打招呼，还有很多其他的规矩（itovo）。一般来说，斐济的房子四通八达、入口很多，一栋房子至少有三个门。作为客人，进别人家的礼貌的方式是从后门悄悄绕进来，而不是从正门大摇大摆地进来。拿俄米告诉我，那天辛那提来拿俄米家里叫自己的婆婆（佩普奶奶）吃饭时，直接在拿俄米家前门叫唤，那样很不应该，而应该悄悄绕到拿俄米房子的后面敲门，得到允许后进来，然后悄悄地坐在佩普奶奶的旁边跟她说。

另外，村民们所说的尊重也可以理解为是一种敬畏、或说是一种珍惜。下面这段话来自主岛维绨岛一所中学在星期一升旗仪式之后的副校长的讲话。

> 要准时。要尊重和感激学校、老师以及学校的资源。如果你尊重在学校的一切，你也将得到尊重。上帝保佑你！（摘自田野笔记）

这段话强调了对于学校里规则的尊重，比如说守时，还有就是对于学校、老师和资源的尊重，然后做到了这样你也能够赢得尊重，并且赢得上帝的恩宠。在等级社会中，人们共同生活中的每一个动作都反映了一定的声誉价值。甚至连那种被我们称为"礼貌"的对于情感的抑制，其形态也与逐步取消了社会等级差别之后大相径庭（伊利亚斯，2013：148）。

另外一个重要礼节是餐桌礼仪。斐济人酷爱坐在地上，如果别人都坐着，而你一个人站着，那相当不礼貌，因而大多数时候人们一直保持坐的状态。吃饭时在地上铺一块布，女孩们把盘子、叉子和勺子都放在布上，然后分配食物。在家里，以撒作为女主人，就是准备饭菜的人，坐在离盛放煮好食物的锅最近的位置，负责食物的分配，当每个人面前都放好盛好的食物之后，我们就闭上眼睛开始祈祷，感谢上帝给我们赐予的食物。可是每次盛好之后以撒都先不吃，而是看着我们开始狼吞虎咽地配着主食把盘里食物吃光，当我问她为什么不一起吃的时候，她会说她也吃，但其实她面前根本没有摆盘子。孩子们都吃得很快，大多也没有把盘子里的食物吃完就起身出去玩了，以撒才把孩子们吃剩的食物端到自己面前来吃。如果家里面吃得比较简单，但是有邻居，比如以撒的婆家送食物过来，如鱼或是比较好的食物，家里的男人有最先享用权，等他们吃完之后才能轮到其他人，连这个家庭成年男子的母亲也要排在后面。

吃饭的时候叉子、勺子对于斐济人而言似乎还是外来之物，很多人还是更习惯用手抓着吃。吃过饭之后，会由晚辈，一般是女孩用小盆子装半盆水过来给男性洗手。男性洗过手然后用抹布擦擦手就接着继续坐着聊天，整个过程都不离开自己所坐的那块地，有的吃完饭累了，就直接舒展开躺下来休息。

吃饭的顺序也展现出秩序感和层级制，地位的高低蕴含于内。这和我从小在家里学到的餐桌礼仪完全不同。家里父母交代我盛饭要量力而行，不够再添，饭一旦盛到自己碗里就必须吃完。而在这里不一样：父母给孩子盛饭，盛好之后孩子先吃，吃不完的妈妈才拿过来吃。而且，无论如何，一定要先让年长的人，尤其是男性先吃饭，如果男性不在家，也需要把他的饭菜先预留出来，盛好放在一边。另外，这种礼节并不仅限于家庭。星期天，村里各个教会的信徒每家每户轮流，做好饭之后先盛一份饭菜给牧师送去（这种赠予别家食物的习俗叫作 takitaki），而食物享用的先后也是一种对于地位高的人表示尊重的方式。

总之，这些礼仪通过家庭里长辈的言传身教，点点滴滴对下一辈产生着影响，在这些礼节当中蕴含着高低之分的层级秩序的深意。通过对礼节的遵从，村民表达和维系着对于村里更有威望的人的尊重。

二、寡言

对于斐济人而言，见到人要打招呼说"你好"，而小孩和一般人在重要场合不能吵闹，保持沉默（tiko lo）是重要的。一般而言在村子里应该保持安静，尤其是星期天，那被认为是神的日子，应该祈祷、休息，切忌大声喧哗、嬉戏追逐。但在户品村，不枉费其别名"城市"，

第三章　尊重与顺从：有关"礼仪"的道德

村里一般都比较喧嚣。然而，人们对于寡言、沉默，或者说安静的重视并未因此而减少。从整体来说，村里的一般人，尤其是小孩不被鼓励说话、发言，而是希望他们安静。

说到尊重，斐济人还常常会拿自己跟西方人比较。"西方人的小孩没大没小，对自己的父母什么都敢说，或者当父母说他们之后还会回嘴，不懂尊重，而且他们父母也接受这一点，并不加以管教。"家里以撒的哥哥雅弗如此说道。相比之下，在斐济文化中，萨罗米说："当长辈对子女或者说年纪比较轻的人说话时辈分低的一方不能回嘴，而只能安静听着。"

"现在的人，话太多，没有尊重"，当我和撒母耳聊起村里的变化时，他这么说，"现在的人话太多也许并不是他们真正说了很多的话，而是说他们在不该说话的时候说了话。"撒母耳今年76岁了，是村里为数不多的年纪较大还尚且健康的老人之一，但在我田野的中期这一切发生了变化，他突然中风病倒了。这次访谈是在他健康的时候做的。"话太多"隐含的意味就是在很多不必需、不应该说话的时候说话。的确，沉默在斐济人生活中有着重要意义。说话是一种引起注意的方式，而安静地坐在那里，让自己不可见，或者说试图融入整个大环境，被视作是一种谦逊而懂得尊重他人的表现。"爱说话"（dau vosa）很不好，"安静的待着"（tiko lo）被施予了很高赞誉。我在村里做调研期间因为工作需要，"不幸地"给自己赢得了对于女孩来说稍有些负面的标签——"爱说话""爱问"（dau taro）。有时村民跟我开玩笑就不叫我名字，直接用这些标签来称呼我，这让我在有些许困扰之余也知道爱说爱问对于一个女孩来说并不是美德，安静、谦卑才是。

在学校里的时候，老师训斥孩子时会反复说："保持安静。"孩子们在教室里最爱乱作一团，或是和身边的同学讲话，而老师则只能扯着嗓子告诉底下的人不要再说话。一位老师会责备在底下说话的孩子们："你是用你的手在写字，而不是嘴。"保持沉默、聆听老师的讲授在课堂里极其重要，这也是展现教室里老师权威的方式之一。

课堂并不是唯一通过沉默来表达对于权威敬畏的地方，在教堂里我也观察到类似的现象。

> 2013年2月，在卫斯理教堂里，正在为新来卫斯理教会的专职牧师叶忒罗牧师举行加冕仪式，仪式过后，他将从较低阶层往上晋升成为正式的牧师，今后就可以独立的主持教会仪式了。整个仪式过程肃穆，叶忒罗牧师沉默不语，神情严肃、谦虚，自始至终都是主持冠冕仪式的区大牧师（talatala qase）在说话。叶忒罗牧师的严肃、肃穆一直持续到晚上的非正式聚会场合，也就是聚在一起喝卡瓦酒。大牧师坐在最上面，那也是最尊贵的位置，而叶忒罗牧师自己则悄悄地坐在最后面的位置上，而且大多数时间都是恭敬地低着头静坐着，除非身边有人主动跟他说话他才回答几句，要不就一直安静地坐着。那天我作为客人被邀请坐在大牧师的身旁，那天大牧师话非常多，和我说了很多东西。
>
> 后来当我问到叶忒罗牧师他为什么会这样，叶忒罗牧师告诉我，沉默在斐济文化中很重要，因为当时大牧师（级别比他更高的牧师）在场，他就不能够说话，这是他对大牧师表示尊重的一种方式。（摘自田野笔记）

保持缄默是尊重的一种方式。当我去镇上采访第一个进驻户品村的牧师以斯拉牧师时,我想要向他多了解一些关于户品村的历史和曾经发生的故事,他却对我讳莫如深,反复提及的词是"维护和保护"(vakamariqeti)。他告诉我,他不能跟我说很多关于户品村的事情,因为他要维护户品村。在他看来,对于村子整合性的维护也是他作为曾经在户品村服务的牧师应该做的。

三、感恩:与上帝同行

赴斐济做田野之前,我去斐济驻中国大使馆向大使求助,大使非常和善,给了我很多帮助,帮我联系他在斐济的亲戚,联系好之后还给我写了封邮件告知我去斐济后的联络人,在邮件行文结束的地方他用斐济语写道:"vinaka vakalevu!"当时斐济语刚入门的我看到这句话大吃了一惊,因为vinaka在斐济语里作形容词用时表示"好",在这样的语境之下是表示"谢谢",vinaka vakalevu即意为"谢谢"。可明明应该是我这个接受了很多帮助的人对大使来说感谢啊,为什么帮我大忙的大使反过来对我说"谢谢"呢?

这个疑问一直伴随着我,直到我再一次来到斐济,随着对当地人了解的增多,我才慢慢领会到,大使的这种表达,其实是他们对于"感恩"这一道德元素的表现。在斐济这个特定的文化语境当中,不仅接受帮助的人应该感恩,连给予帮助的人也应该对这一切心怀感恩。

斐济人对于接受他人的恩惠比较自然,同时,向别人去"要"也是很自然的,这在上一章中有过具体表述。之后他们也会表示感谢,但未必在道义上一定要去"还礼",而这与日本和中国这些对"恩"十分注重的文化有所不同。对日本人来说,欠恩不是美德,报恩则是懿行。为报恩而积极献身之时就是行有美德之始（本尼迪克特，1990：148）。这在中国的文化当中也是一样，在民间俗语中也不乏对于报恩的传颂，所谓"滴水之恩当涌泉相报"，报恩被认为是很重要的美德。与之对比，在斐济，接受对方的帮助之后，只要郑重地表达感谢就会被认为符合社会规范。但斐济人报恩、偿还的意识并不如中国人和日本人那么重。也有刚到斐济的中国人会跟我说："斐济人不像中国人，你对他好，他就对你好。在斐济，你对他好，明天早上起来，他就忘记了。"

尽管如此，表达感恩非常重要。另外，感恩是基督教传统当中十分重要的一部分，出于信仰，他们认定主耶稣基督是一切的原因，所以遇到任何她们觉得合意的事情，她们都会感谢主的安排，对于主的感谢远胜于对于具体提供帮助的人的感谢。

> 罗以大概40岁，育有三个儿子，小儿子在镇上读中学，他们两口子住在海边。有一次罗以跟我央求，请我帮忙他儿子打印几张村里新房子的照片上课时候用，她来跟我取走照片的时候感激地看着我，对我说，"我不能付给你钱，但是上帝会回报你的，上帝保佑你。"（摘自田野笔记）

罗以所表现的这样的一种感恩形式，其实是通过上帝的存在把我们视为上帝的子民，从而把恩情如记账的形式记到了上帝的账本上，在平凡的人们之间建立了一种新的连接，形塑了另一种意义上的"在一起"。从某种意义上，他们认为现实可见的相互帮助并不仅仅是人与人之间的互助，而是神旨意的体现。

前文提到的在斐济待了很久的中国人和我对于斐济感恩形式与中

国不同的认知,从某种意义上也是两种文化之间差异的体现。葛兰言(Granet,2013:3)认为,一个文明与另一个文明之间的差异,通常只是在于外向性的特征。王铭铭将这种外向性的特征认定为"礼俗"。而礼俗恰恰是通过仪礼和仪式来加以表达和呈现的。

第三节　仪式

究竟什么是仪式取决于对仪式的定义。一年到头在户品村都不乏凡·盖内普(2011)和特纳(2006)论及的"通过仪式",如婚礼、葬礼、送别礼。经过通过仪式后,村民的状态从阈限进入了新的整合。除此之外,更为有斐济乡村特色的是在日常生活中的仪式。斐济语里把一些相对传统和久远的仪式称作为cakacaka vakavanua,或cakacakavuvale,字面的解释是,"以土地的方式来做事情","以家庭的方式来做事情"。在斐济,仪式有着特别的意味,类似展演和展示,日常生活中诸多的仪式化行为组成了斐济人日常生活中对于神圣的敬畏和有关尊重的表达。仪式彰显了他们对于生活中重要事物的表述,对于层级地位体系的敬畏,隐含着他们认为有序的生活方式。正如吉尔摩(Gilmour,1969:313)所言,现代社会仍然需要神话与仪式,这由君主及其家庭提供。

一、去教会

户品村全民都是基督徒,虽然隶属不同教派,但无一例外的是,每个教派在星期天都会去教会敬拜。村子里的传统教派是卫斯理宗,卫斯理教会牧师在布道时也重复强调除了日常我们能看到、能感受到的生活之外，有着更高的"精神生活"（bula vakayalo）。就我的观察，他们的精神生活集中体现在去教堂上，去教堂的时候每一个人从着装到精神状态都焕然一新，满身都涂抹了椰子油，闪闪发光。

卫斯理宗有严格的祈祷和去教堂的时间规定，但如今户品村村民却未必遵循。很多村民对于去教堂已不是那么热衷，周末的时候很多家庭的大人会把孩子们送去教堂，但自己就待在家里面。每个星期五，学校老师都会交代小孩周日一定要去教堂。

> 卫斯理教会每个礼拜天都有三次教堂聚会。那天是星期天，我正在和亚伯拉罕的同名侄子小亚伯拉罕聊天，小亚伯拉罕15岁。下午3点钟的时候第一次的喇哩（lali）[1]已经敲响了，但是他好像还没有回去换衣服去教堂的意思，我问他是不是要去教堂，他说要去，但却没有动；我再问的时候，他说他不一定要去，还解释说去不去教堂也不是那么严格规定，而是他自己的事情。后来我们又聊了一会儿，最后他还是明显因为到了时间却没有去教堂感觉到了一些不安，于是告诉我说他还是要去教堂，就赶紧走了。（摘自田野笔记）

这也表明去教堂于信徒而言是一种略带强制性的仪式，而在村民没有履行这个仪式的时候会产生不适感。宗教真正的目的并非理念，而是

---

[1] Lali 有浴缸那么大，用一截挖空中心的树干做成，使用时用两个木棍来轮流有序地敲打，用于教会提醒大家集会祈祷，以及学校上下课。户品村的 lali 放置在学校操场边上，上下课都会安排学生去敲响。

社会性的。宗教作为社会情感的载体，提供着象征和仪式，从而使人得以表达与群体联系在一起的深厚感情（Pals, 1996：111）。对斐济村民而言，去教会这一仪式正是一种个体跟群体相连接的最为直接也最为外显的形式之一。

二、祷告

除在教堂的祷告之外，随时随地的祷告也是日常生活中的重要组成部分。卫斯理教会每天还有三次例行祷告，分别为早上6点、中午12点和晚上7点，在这些时间点都安排了教徒敲喇哩，提醒村民祈祷。仪式感在斐济人的日常生活中十分重要，对老一代人而言更是如此。虽然喇哩声每天三次都会按时响起，但并不是村里每个人都会遵从声音进行祈祷。据我观察，村里比较尊重喇哩的有拿俄米，每次我去找她访谈，到中午12点的时候，不论她在做什么都会先停下来，然后我们一起做祈祷。另外，代祷十分盛行，包括在教堂。到场的信徒常常为没能来参加教会仪式的家人代为祈祷。甚至在星期天，很多村民自己待在家里不去教会，看到我走在去教会的路上都会跟我说："要帮我祈祷哦。"

不论哪个教派，饭前都要祷告。每次用餐前，在铺好餐布，给每个人都盛好饭之后，大家会一起坐下来先祈祷再进食。这种铺桌布、饭前祈祷等仪式性的行为在斐济的日常生活中非常普遍，且必不可少。托伦（Toren, 1988）描述过，不少斐济人家中酷爱挂名画《最后的晚餐》，因为斐济人认为他们的用餐在耶稣基督相伴和监管之下，兼具神圣性、仪式性和等级性等意涵。

莫斯（2013：25）曾在他的博士论文《论祈祷》中对祈祷进行过专门描述，并在其中论述了祈祷兼具巫术性和宗教性的特征，从侧面论述了宗教和巫术这两个概念的复杂性和内在关联。莫斯指出，祈祷是许多宗教现象的汇聚点，兼有仪式和信仰的属性。另外，莫斯（2013：39-43）也承继了涂尔干对于社会事实的社会性的关注与重视，强调祈祷作为一个仪式性的宗教现象从内容到形式的社会性，将之与个体现象做出了区分和对比。莫斯（2013：66）在文中对祈祷下了一个定义：祈祷是一种直接作用于神圣事物的口头宗教仪式。并在文中对于祈祷时说的言语与巫术时说的咒语做了对比。我在村里常常能听到村民在言语之中对于祈祷和斐济传统用卡瓦酒进行的念咒语所做出的区分。无论是年轻人马西，还是迦勒，他们在论述中都试图通过对祈祷和斐济历史上的巫术做出划分，来确立如今祈祷和信仰的正当性，而将以前不依托基督教却试图与超自然力量进行互动和关联的行为都归结为是带有"魔鬼"色彩的巫术。就祈祷而言，牧师在教会宣教的时候，也会经常强调上帝会回应信徒们的祈祷。

谢饭祷告时需要把眼睛闭上（bobo），接着表达出对上帝的感谢，同时还应该对于在座的全家人甚至村民都说出一些美好的愿望来。就传统而言，饭前祈祷是需要重视的。如果由家中比较年长的人进行祈祷，祈祷词会比较长，而且会提及在座的所有人。比如在拿俄米家里，基本上都由她主动做饭前祷告，她每次都要说得很长来感谢整个村子的人，尤其感谢在座的这些人，非常认真。拿俄米有感情色彩和详细感恩内容的饭前祈祷，成了把大家都聚集在一起的仪式。

如今，这些都在发生着变化，而学校教育，尤其是幼儿班教育使得传统的饭前的祈祷变得整齐划一、流于形式。比如说在我借住的以撒

第三章 尊重与顺从：有关"礼仪"的道德

家，家里的饭前祈祷都是由几个孩子来做。一开始我十分好奇，为什么这一家人总是让小孩来做祈祷？后来孩子叔叔雅弗说那是因为在幼儿班他们就已经学会了饭前祷告，所以家里的祈祷就都是由孩子们来进行。家里三个最小的孩子都在户品村小学上学，幼儿班老师内奥米用英语教他们的祈祷词是：感谢上帝为我们准备的即将入口的美食（thank god for the food we are about to receive）。吃饭前，由家里的大人，如孩子的爸爸、妈妈或者叔叔点几个小孩中的一个，让他来祈祷。而由这几个孩子来进行的祈祷完全成为一个程序化的事情，因为他们都会直接没有感情和思考地背一遍幼儿园老师教的英文祈祷词，甚至声音很低都听不清楚具体内容，而家里的长辈也对这种标准化的祈祷词漫不经心。茜拉是家中最小的孩子，今年上幼儿班，常常被指定做饭前祷告。我每次听她说那句学校里教的标准化祈祷词都感觉有些不对劲，后来在认真听了多次之后我才发现，茜拉总是把其中的"我们因我们即将接受的食物而感谢主"说成是"我们因你们即将接受的食物而感谢主"（thank God for the food you are about to receive）。她每天所做的饭前祈祷是有误的，但因为家长不再那么重视，家里长辈也从未有人指出过。饭前祷告已经失去了传统社会中的庄重感和神圣感。

而在迦勒家里，如果迦勒在家，基本都由他来祷告，他会虔诚地说很长的祈祷词。但只要迦勒不在家，约基别和能哥两口子基本每一顿饭都要因为饭前祷告的事情互相推脱一番，都不愿意祈祷，但年幼的约基别还是常常迫于能哥的权威草草地说两句话然后开饭。

因而，从祈祷这个仪式来看，人们对于宗教仪式的遵循已开始慢慢减弱，并不完全像现在年长一代所表现出来的那么虔诚。当然，这也可能因为人们在步入老年之后更为虔诚和信奉上帝。

在我要离开户品村的时候拿俄米也是这么说的："你要走了，户品村也不能给你带来什么，但是不要忘记，我们会为你祈祷。"在他们看来，祈祷和祈福有着类似的意味，他们希望在跟神的沟通当中为我带来好的祝福。

三、村落会议

议政厅处于村子正中心，每月一次的村落会议都在这里举行。这里不仅是人们讨论正事的地点，同时也是村民娱乐（如喝卡瓦酒）的中心。除此之外，宗教仪式也常常在这里举行，但后来在迦得的坚决反对下，联合敬拜不再在议政厅举行。迦得是村里一位德高望重的老人，他从小并不是在村子里长大，但对户品村的捐助很多，还常常帮助村里的老年人修窗户、建房子。他认为信仰是神圣的，不应该在人们跳舞的地方（议政厅）来举行仪式。然则，总体而言，议政厅依然是户品村村民日常活动的中心。

每个月的第二个星期二早上，户品村村民都约定在议政厅开一月一度的村落会议。会议一般在9点左右开始，在开村落会议之前，会由一位村民负责吹海螺（davui）来提醒村民前来参会，一般吹三次，最后一次吹响之后村落会议正式开始。雅各酋长不止一次在村落会议上抱怨，村民不把海螺声当一回事情，因为往往吹了第三次还是没有几个人过来，大家宁愿在家里闲着，并未对海螺声所代表的村落集体感表示出应有的尊重。另外，按理来说，开村落会议之前，每个亚氏族会先开一次会来确定在村落会议上的讨论内容，然后再在村落会议上提出一起讨论。但如今并非如此，大会之前各个亚氏族并不总是认真组织召开亚氏

第三章　尊重与顺从：有关"礼仪"的道德

村落会议的场景（作者摄）

族会议讨论，这也反映出户品村如今的懒散局面。

尊重村民大会的共同决议、尊重神、敬畏神，这些本是村子默认的规则，也是村民在日常八卦、村落会议里反复诉说的，但人们不再尊重村里集体同意过的决议，人们甚至不再认真来参加村落会议，这也显示出"尊重"在村子里已经进入一个备受争议的状态。

2014年6月，我最后一次在户品村参加村落会议，当时村子的秩序显得愈发混乱，因为在上个月村落会议上大家决议通过的事情却没有得到遵从。这也表明人们已经对整个村子失去了尊重。不仅如此，很多村里本身约定俗成的乡规民约也被打破。晚上偷偷溜到妇女家里头是不符合社会规范的，偷盗也是不道德的，但是这样的事情却在村子里频频发生，成了村民讨论的热点问题，然而村落会议对这些都无能为力。在我参与6月份的村落会议时，村子或者说乡俗能够给人们的约束力量已经十分的薄弱。酋长和各个委员会以及亚氏族首领都认可说，现在村子已经对很多不轨、不能被接受的行为无能为力。以至于一旦有什么村民无法接受的事情，就告发到警察局，最终成为村民大会所达成的关于如何解决问题的共识。当村落的内部规训无法约束村民，无法形成一种整合，他们欣然向外部的、由国家主导的行政力量，或者说国家的暴力机关求助。一开始的尊重是指向传统道德和秩序的，但在这种道德开始渐渐失去的时候，民主决议认为应该派进来警察。警察、军人在西方的解释当中是一个暴力机关，特别是在福柯的全景监狱的解释体系之下，但在这里，在面对"失范"束手无策时，村民试图通过求助于外部的暴力机关，来舒缓他们对于失范的紧张感。

村落会议上酋长呼吁大家要听村长的话，强调遵从的必要性，这是作为村落社区首领试图用残留的权威来号召村民的社会控制机制。这种政治性的控制用道德陈述来展示，并由酋长和村落这一具有集体凝聚力的符号来表达。

四、喝卡瓦酒

聚在一起喝卡瓦酒是斐济人日常生活的重要组成部分。在盛大的聚会，如婚礼、葬礼、送别礼等仪式完成之后便是卡瓦酒的盛宴，有时卡瓦酒会从白天一直持续到夜里。传统上，享用卡瓦酒时，大家需要围着一个木制的、三只脚的鼎而坐，但如今并没有那么严格，有时只是用一个盆子来盛卡瓦酒，然后用椰子壳做的小碗来混合，再舀出来分给在座的人。其间，坐得离酒坛最近的人来服务，第一杯酒盛给地位最高的人，之后依照长幼次序分给其余的人。接到杯子的人要先击一下掌，再说一声"bula"，然后把酒饮下，将杯子还给服务的人。服务的人再继续从大容器里舀酒给下一个人,如此往复。就传统而言,喝卡瓦酒是略带神圣意味的活动,最初卡瓦酒的享用仅限于酋长或社会地位较高的人,而且很多斐济传统巫术的施行均需借助卡瓦酒,因而卡瓦酒的饮用有一系列规定程序。但如今,一方面,喝卡瓦酒失去神圣性,成为村民日常休闲娱乐的主要方式,无论男女都会一边喝着卡瓦酒,一边讲村里的故事。当大家饮用卡瓦酒时,也会交流关于当下生活的意见和想象,包括斐济传统的衰落以及斐济社会的无力。另一方面,人们对于卡瓦酒的过度饮用也反映出这种传统的衰落(Tomlinson,2004)。

传统的斐济仪式还有很多,如小孩生下来第一次回妈妈所在的村庄要举行"把孩子的脸带回去"(kauta na mata ni gone)的仪式,离开家乡很久后再次回到村里有时也会举行仪式。虽然有些仪式因为使用率的降低开始逐渐退出户品村人的日常生活,但不得不承认,斐济人日常生活中依然无时无刻不充斥着仪式,尽管有时他们未必将其归类为一种仪式,而更多地认为是生活当中的日常。

第四节 顺从

尊重和顺从高度相关。尊重在斐济语里对应的是 vakarokoroko,该词除了传统意义上的遵从之外,还有敬畏的含义。顺从作为一种行为展现的是对于被顺从对象的尊重。不论是学校老师在对孩子进行道德教育,还是牧师在教堂里向信徒的传道,都会反复强调顺从。顺从是教会里最常听到的规训,牧师讲道时更侧重对于上帝的顺服。

拉比诺(2008:14)曾经说过,传统是变化着的对过去的想象。

如同特伦斯·兰杰对于非洲传统的描述，在殖民统治之前的非洲社会虽然确实尊重习俗和连续性，但是习俗没有明确的界定，又具有极大的灵活性，而且远不是只有一种单一的"部落"认同，绝大多数非洲人都在多种认同之间摇摆。"习俗"更多的是一种发明，不是一种恢复。小范围的老人统治是20世纪而不是19世纪的明显特征之一（霍布斯鲍姆，2008：282-283）。这与我在田野中的观察和感受不谋而合。

在上一章里详细讨论的有关土地的共有，也是殖民当局通过界定和增强传统来重建秩序、安全与认同感的结果；然而殖民地行政官员们起初宣称支持受剥削的平民反对贪婪的酋长，最后却为了社会控制的目的而支持"传统"的酋长统治（Meebelo, 1971）。

顺从与酋长在村里的位置及其对于乡村治理的重要作用密切相关。之前，土地共有的时候，种什么、什么时候去种都可以由酋长来规定；如今，酋长慢慢失去威信，个体的力量开始发挥作用。从前强制劳动是以酋长命令的方式进行，现在这种方式的有效性正在衰弱（库尔特，1976：194）。接下来，本节将从信使、听话、体罚以及暴力几个方面来展开对"顺从"这一道德规范的详细阐述。

一、信使：孩子的天职

顺从在斐济语里是talairawarawa，这个词由两部分组成，前半部分"talai"在斐济语里是"派出"的意思，词根"tala"也有"告诉"的意思，talatala（牧师）一词包含该词根。"分派"（talai）是斐济日常生活中的重要概念，特别是父母和子女之间、长辈和晚辈之间日常互动的重要组成部分，也可以说是在村里进行分工的表现形式之一。"分派"强

第三章 尊重与顺从：有关"礼仪"的道德

调的是地位的差别，一般仅限于长辈对晚辈、上级对下级、社会地位高的对社会地位低的人的关系格局。"rawarawa"意为"容易"，因而 talairawarawa 合在一起字面意思是"容易被派出"（easy to send），即为"顺从"之意，也是《圣经》里常提及的"顺服"。

大人喜欢差遣孩子跑腿。在村里常常能看到小孩拿着盘子穿梭，孩子往往由父母或者是村里的成年人派去传信、取借物品、询问信息等。比如在以撒家吃饭前，以撒常常会差遣小女儿送一碗菜到隔壁妈妈家里。对小孩子的这种差遣，不只是权力关系的一种日常呈现。对于小孩子来说，他们被差遣着干活，也是他们应尽的义务。另外，可以差遣孩子的不仅仅是他们的父母，还包括村里的所有长辈。而这样的顺从，被认为理所当然。

斐济家里子女比较多，一个家庭有六名到八名孩子是常态，每个孩子之间年纪差好几岁，最大的和最小的很多时候会相差十几岁。我在首都苏瓦的尹松家居住时，他们家最大的孩子 27 岁，最小的只有 13 岁，相差 14 岁之多，因而大的孩子很多时候要负责教育小的孩子。年幼的孩子在慢慢长大的同时，年长的孩子往往已经成家生子，因而年幼的孩子在他们十岁左右就当了叔叔阿姨，带他们的侄子侄女或外甥一起玩耍不仅是他们日常生活不可或缺的一部分，又是一种职责；同小孩玩、照顾小孩、教育小孩（在比他年幼的孩子不听话的时候甚至要打）都是他们生活中的日常。在这样的情况下，代际间的差异就没有那么明显，每个孩子除了扮演自己父母的子女身份，同时还担任其他小孩的家长，这样的双重或几重身份有利于他们换位思考，在较小的年纪就有了如何与小孩相处的经验。

如前文所述，大人常常派小孩跑腿，而如果小孩有一些小的请求，比如说想吃零食（如小商店才能买到的饼干），他们常常会请求经常派遣他们做事的大人。雅弗的弟弟亚哈在酒店工作，平时有工资。亚哈和他兄弟的小女儿暗利十分亲近。亚哈经常派暗利去帮他跑腿、买东西、洗衬衫。如果暗利有什么想要买的，在酒店做厨师的亚哈也会买给她。因而阿克西对于亚哈也不完全是传统意义上的仅仅基于年龄和辈分的遵从，而是涉及与交换和资源使用相关的成双结对。

二、听话：顺从的表现

"听话的孩子（gone varorogo）"往往被认为是好孩子。相反的，"不听话的孩子"不被认为是好孩子。对于"不听话的孩子"的描述是"想变大"(viavia levu)、"调皮"(siusiu)，意思是这些孩子们没有做出他们所处位置上理应做的事情，因而不是好孩子。"rogo"在斐济语里本意是听，而vakarorogo可以表示遵从（obey）的意思（Capell, 2004: 174），也就是听话。

尊重表现在顺从于对方的行为，而听话正是顺从的表现。当孩子不听从大人的调遣而一意孤行的时候，大人们就会惩罚孩子的这种"不听话"行为。比如在主村时，酋长儿子以西结总在外玩耍，不论他妈妈怎么叫他，都不回来。以西结回家后酋长夫人以斯帖就让他伸出手，左右手各打一板，作为对他不听话的惩罚。我在2014年5月4日的田野笔记如此写道：

> 今天因为大酋长小儿子以西结总是到处调皮捣蛋，不听大酋长夫人的话，于是大酋长夫人取消他今晚去看电视的权利，而只能待

第三章 尊重与顺从：有关"礼仪"的道德

在家里睡觉，他知道了之后先是很安静地接受了，但后来还哭闹了一下，但也比较快就平静了。大酋长夫人对于自己做出的决定很坚定。（摘自田野笔记）

大酋长夫人对于儿子的教育相对成功，大酋长和酋长夫人都对这个小儿子比较满意。这个不到十岁的孩子经常会像小大人一般跟我说话，教我怎么清洗锅，或者跟我讲他画的画。

以下记录的是，我在书品村时，我住的那家的孩子不听从父母的意见，引起的冲突。

12岁的小女孩夏娃是我在书品村住家主人领养的孩子。那晚夏娃想去邻居家看电视，她妈妈（养母）不准，但她还是坚持想去，然后还说了一句："你不能决定我做什么！"这让她妈妈萨拉那非常生气，追着想要打她，夏娃于是就躲到了厕所里。夏娃纳还是十分生气，把这件事情告诉了丈夫保罗，于是保罗又冲到了厕所那边骂了夏娃几句。当时还有很多人坐在那里，因为当晚正好在开书品村的村落会议（书品村的村落会议都是在酋长家里开的）。萨拉纳非常生气，不断地跟身边的人说夏娃很调皮。我后来问萨拉纳究竟是怎么回事，萨拉纳告诉我说："夏娃对我说话非常不尊重。"（摘自田野笔记）

这件事情完全就是因为小女孩很想去看电视，但是妈妈不同意，但夏娃执意要去，忤逆了妈妈的意思，这已经让妈妈很不高兴了，接着她还说了一句："你不能决定我做什么。"这让妈妈马上暴怒，叫来爸爸，在洗澡间开了一场"批判大会"。当夏娃不顺从、不听话的时候父母的反应是非常强烈的。父母说什么就是什么，不能回嘴；父母对孩子可以随意批评、建议和发号施令，但孩子必须和善地回应。严格地说，父母发出的命令必须执行，这就是顺从。

另外一件事情也让我认识到了听话的重要性，即一件事情的完成需要去听从别人的教导。这是我刚到斐济不久发生的一件关于晾衣服的事情。

> 我在国内的习惯一般都是晚上洗澡，然后接下来就会把换洗的衣服洗好晾着，因为我白天一般要出门，在白天的时段里我没有时间洗衣服。这一天我也像往常一样，晚上就开始洗衣服，女主人巴兰就问我："蒙娜，你是要洗衣服吗?"我回答说是的，巴兰随即走开。等我洗好衣服开始晾衣服的时候，主人家对我说："你今天洗衣服，但是你要明天晾衣服。"我愣住了，不能理解，于是便问为什么，主人家又重复了一遍："你今天洗衣服，但是你明天晾衣服。"我真的完全不能理解发生了什么，于是我就也再问了一句为什么，突然间我感觉我们之间的空气凝结住了一般，原本在玩耍的孩子们也都停下来看着我。我顿时感觉气氛不太对劲，赶紧说："好的，那我明天再晾衣服，我先把衣服放在这里。"此时，这件事情才算过去，我第二天才把衣服晾起来。(摘自田野笔记)

这件事情给我的直观感受是：忤逆别人的意愿去做事情，即使是你认为完全是自己的事情(我认为是晾自己的衣服)，也会被视作不尊重。后来与巴兰再次聊起此事时，巴兰解释说，她不想让我晚上晾衣服是因为怕别人把我衣服偷了，还强调说："只是为了安全。"

这件事情从某种意义上也反映出：主人家把我当做他们家的小孩来看待，尤其是知道我来斐济想了解当地礼俗，便更加想要通过点点滴滴来教会我斐济的礼仪以及基本的礼貌，而其中最为重要的一点就是尊重，或说遵从、服从。他们对于尊重的理解中非常重要的一点就是近乎无条件的服从，而不是对命令提出疑问。因为对于命令的发问本身就是一种不尊重，在当时的文化语境中不可被接受。他们期待我完全服从命令，而不是命令被重复一遍后依然一脸茫然问为什么要那么做。

听话是一个权威的问题，就是说，要服从权威。所以，顺从的核心即权威，对孩子的教育就是要尊重、认同及顺从权威。这与中国封建大家庭里要对上一辈人的尊重和顺从是一样的。人与人相互关系背后的秩序是文化或道德关注的重点。

三、体罚："权力"还是"权利"？

教育孩子的目的在于让他们听话，但未必总能如愿，因而体罚或棍棒管教是村里人教育孩子的传统方式。"以前有体罚，所以孩子会听话，现在孩子也不怕什么了。"30岁左右的邻居男子杜勒如是说道，"以前，也就是20世纪四五十年代，孩子是要用打来管教的，但如今，只能靠说，仅限于口头教育。这是很大的变化和差别。"

户品村学校三、四年级的老师亚比该也对体罚的取缔表达了她的担心。

> 现在的孩子很难管教，因为父母即使在家也很少陪伴孩子，总

是出去逛，喝卡瓦酒。孩子都是散养着，没有规矩，不懂得尊重，跟我们原先那个时代的孩子真的不一样了。而且现在的孩子，特别是城里的孩子，都懂得"禁止体罚"，懂得自己的权利，所以老师能做的只是说而已，这也增加了管理的难度。（摘自田野笔记）

2014年6月，书品村酋长在访谈中这么说：

以前的孩子都是打大的，痛打。如果不听话，会用皮带来抽打，这样孩子也比较听话，但现在不让动。讲究孩子的权利，所以孩子都调皮得很，不懂得边界。而且之前村落会议的效用不一样，当时酋长有权力直接把不听话的孩子叫来当场就打，但是慢慢地，这些就不是他们的问题了，都是父母来管。（摘自田野笔记）

"儿童的权利"，或者说"权利"概念本身对于斐济人而言完全陌生。我问起过去与现在教育孩子的区别时，书品村酋长说：

至于儿童的权利，这些都是受西方的影响才开始进入到斐济的。斐济人传统上没有权利这么一说（Fijian people, no right）。斐济人，要做到的是听话和遵守，要懂得尊重。（摘自田野笔记）

不论是家长还是老师，都把现在孩子的不听话和调皮归结于政府禁止体罚，伸张儿童权利。以前，教育孩子可以大打出手，因而以前的孩子听话、好管教，不论大人说什么都知道遵从，但现在的孩子很难管教、不懂规矩。家里的以撒和亚伯拉罕也对此完全赞同，都认为孩子要教，若年幼的时候不教，大了就会无法无天，所以该打的时候就要打。亚伯拉罕还说《圣经》里说过，父母应该打孩子。以撒也接着说："她跟学校老师也说过，该打的时候就要打。"

对于体罚的理解，大多数村民都持有同学校老师亚比该、书品村酋长和以撒夫妇一致的观点：教育孩子应该打，而如今孩子之所以调皮，就是因为禁止体罚。村民还表示，如今流行的包括儿童权利、妇女权利在内的权利概念并非斐济本土性概念，完全是外来的，因而村民对于禁止体罚、伸张儿童权利和女权保持怀疑，并不完全认同，甚至持批评态度。虽然基督教原本也不是"他们的"，但随着时光的流逝，已被整合到他们的日常生活中，村民都认为自己是神的儿女，不再认为基督教是一种外来的宗教。而权利的伸张、基于个人主义的权利概念，村民依然不完全认同，从某种意义上也是因为权利概念与本土的共同体主义和层级制度存在一定程度的冲突。桂华（2014：218-224）的研究中也有对"权利"概念被引入中国乡土社会后与原先秩序产生冲突的阐述。从根本上来说，这样的冲突不可避免，因为权利作为一个政治概念，有技巧地暗示了权利拥有者和权利抑制者之间的冲突。权利假定了个体权利拥有者和一些反对权力拥有者提出要求的人。在个体和群体之间总是会有冲突，因为权利是为了保护个体。权利语言不能被理解和翻译成为一种非个体化的、公有主义的框架，因为权利本身假定了道德个体主义，而在这个假定之外一切都是没有意义的（Wiesel，1999：330）。

儿童权利和妇女权利的传播，与人权的兴起是同根的。人权已经成为全球道德思想的官方语言，如同英语是全球经济的官方语言一般（Ignatieff，2001：320）。在"二战"之前，仅有部分国家在国际法中拥有人权。随着1948年世界人权宣言的问世，个体权利受到了国际法的认可。随后，人权成为国际政治中流行而又极具影响力的道德话语。如今世界范围的人权规范传播在某种程度上也是经济全球化的道德后果。在人权宣言颁布的几十年之后，普世的人权宣言已经成为一种"世界范围内的世俗宗教"（Wiesel，1999：3）。

尽管如此，户品村村民并未全盘接受这些颇具影响力的"权利"概念，甚至在日常生活中还有一些颇具创造性的举动。我在约坦校长主管的班级参与观察时记录如下：

> 约坦校长负责学校里七、八年级的学生。约坦校长平时在村里随和幽默，脸上总是带着微笑，非常和善，还经常同我开玩笑。在学校课堂上才发现他非常严肃，对待学生十分严格，同时善于用体罚。学生不听话时，他顺手一个巴掌就打了过去，而且有时还会让学生之间进行惩罚，让回答对的同学揪那些答错同学的耳朵。（摘自田野笔记）

从目前来看，由政府自上而下推行的对于孩子权利的保护，或说对体罚的禁止，并没有完全禁止暴力行为，而是把施暴者从老师、长辈这样的权威角色向下转移到了年长的孩子身上。

> 以撒中午早早吃过饭就去捕鱼了，我和亚伯拉罕以及孩子们一起吃饭。吃过饭之后三女儿路得就睡了，亚伯拉罕叫小女儿书念也赶紧睡午觉，交代完之后亚伯拉罕就出门了。没想到书念很调皮，居然自己跑出去玩。亚伯拉罕叫儿子赛特把书念找回来，然后摆出一副要教训她的样子。此时二女儿实玛利和儿子赛特就在爸爸亚伯

拉罕耳旁边吹风，有的说要打，有的说不要打，但是明显两个人脸上都带着幸灾乐祸的神情。最后，亚伯拉罕把书念叫了过来，棍子从她眼前抽过去但没有落到书念身上，只做了做样子，棍子落在地板上敲了一下。可是书念还是跑到里面的房间里偷偷地哭了。我问亚伯拉罕为什么要让他们都睡觉，他说是因为睡觉可以让他们都在房子里，要不然回来的时候他们就到处去玩，根本都不知道去了哪里。（摘自田野笔记）

到处逛（dau yasa）不被认可，待在家里更被推崇。亚伯拉罕的教育方法是明智的，对于孩子来说，并不需要真正的下手去打他们。有着父母的权威在场，只要让孩子相信有被打的可能便会对孩子的内心产生威慑，就可以很好的阻止孩子做父母并不期待的事情。一般来说，虽然体罚已经被禁止，但打孩子依然是父母眼中教育孩子的有效方式。

四、暴力：对不顺服的惩罚

除了对儿童的体罚，妇女是村子里暴力摧残的主要受害者。就目前而言，斐济村庄的家庭暴力依然比较严重，这与男女社会地位的差异有关，也与传统有关。丈夫打妻子比较普遍，虽然这被村民们认为是不好的事情，但也有男人认为是因为她们"该打"。斐济政府在2009年引进了家庭暴力管理法令，提出要保护社区，远离虐待和暴力行为，明晰了警察职责，引进约束秩序和其他有助于提高受害人安全和福利的相关举措（Mere, 2015）。当地妇女也都知道自己如果被丈夫家暴，可以到镇上警察局寻求帮助，但是真正这么去做的人还是微乎其微。因而，家庭暴力在这里依然非常普遍。

在我田野调查的那段时光里,目睹与听闻的所有的家庭暴力(丈夫打妻子)的成因可以分为两类:一类是妻子出轨或者和其他男人稍显亲密地言谈,另一类是妻子不服从丈夫的命令,即不顺从。这里以男人打女人为主的家庭暴力其实反映出当地社会男性对女性的角色期待。男人一般比女人有着更高的地位,因而地位低的人对于地位高的人表示顺从的重要性和正当性就不言自明。地位悬殊带来的顺从是尊重的集中体现,与性别认同和角色期待交织在一起,形成了地方文化道德准则的编码之一。

约基别常常被男友能哥命令去做事情,如果约基别没有及时去做,而那天能哥正好喝了酒,他就会对约基别拳脚相加。家庭暴力是不是仅仅是家庭内部的事呢?上文说到斐济社会群体内部对于层级秩序的敏感,社会阶层的划分除了长幼之外,最重要的是性别。一般来说,男性的地位高于女性,男人去地里干活、去海里捕鱼,女性则承担着照顾家庭的职责,待在家里做饭、收拾屋子、编织等。当然,这并不绝对,女人也去海里钓鱼,有时也会同男人一起去海里用网捕鱼。同为男性的亚伯拉罕听见邻居年轻男子能哥在打自己的老婆[1]约基别,也只是悄悄地回来跟自己妻子以撒提及了这件事情,并没有进行干预。最后只有我去劝架,而我除了劝说也无能为力。就此,我还同希洛姑娘交谈过,不理解为什么大家都不去劝架,然后她说:"这是他们的事情。"言下之意即别人都不应该去管,小家庭的事情就是小家庭的事情。

---

[1] 一般来说,有时村子里的情侣只要住在一起就被认为是丈夫和妻子,即使还未在市政厅登记或在教堂举行婚礼。

第三章 尊重与顺从：有关"礼仪"的道德

道德在很多国家和地区与性别密切相关，在斐济也不例外。在村里，丈夫对妻子的暴力行为基本是被默许的，虽然街坊邻居也会议论，但在当事人看来却并不是值得大惊小怪的事情。这一观念在本书中本不应是叙述与关注的重点，因为社会道德规范对于不同性别的人是区别对待的，在斐济社会中也是层级制的一部分。

权利是普适性的（universal），因为它定义了那些没有权力的人的一般利益，也就是说，以尊重代理人（agents）主体性的方式，把权力赋予了这些人。从这个意义上来说，人权是革命性的，因为它对所有的人类群体提出一种根本性的要求——要求其服务于组成群体的个体的利益。这就暗示着人类群体应该尽量在双方间达成共识，或者当群体的限制变得不再可承受时至少应该尊重个体权利的存在。然而，个体权利与群体本身很难协调。大多数的人类群体，以家庭为例，是血缘群体，建立在遗传亲属或者种族联系上。人们不能选择出生在某个群体当中，也不能轻易地离开，因为这个集体为个体生活提供了意义框架，使个体生活有意义。在宗教与传统社会如此，在现代社会也是如此。群体权力教条（或学说）的存在是为了守卫集体权力，使得个体有意义和有价值。人权的存在是为了调节这些冲突，定义群体和集体的要求可超出的不可化约的最小值，使其不要限制个体生活（Wiesel, 1999: 331）。

人权被广为接受，并非作为文化惯例的方言，而是作为道德赋权的语言。它的作用不在于定义文化的内容，而在于试图释放所有主体自由形塑其内容的权利。赋权与自由并不是价值无涉的术语，他们当中无疑有着个体主义倾向，而传统的和权威性社会会抵制这些价值，因为它们假定父权制和权威主义（authoritarianism）是要保留的（Wiesel, 1999: 334）。所以从某种意义上，人权保护的其实是一种消极的自由，即不愿意做某些事情的自由。然而，这其实是空的，或没有根基的。虽然人权倡导者总是说，我们只是为这些人争取到了自由和选择的权利，他们究竟如何选择完全取决于自己。然而，愿望是美好的，到了当地，这种人权观念却还是不免被误导。正如村里的妇女都知道可以去镇上的警察局告发对她们施暴的丈夫，可是告发之后的生活又该如何进行呢？我绝不支持家庭暴力或通过体罚来教育孩子，只是为了说明从前这种行为方式与沟通模式是与当地社会规范相契合的，以至于当下限制体罚，甚至惩罚进行体罚的家长和老师，可能成了如今当地社会失范的原因之一。而对于妇女的赋权，无助于改变现有的家庭的权力结构，在加深某些妇女的孤立化的同时加剧了现存矛盾。

第五节 禁忌

一、一般性禁忌

不去触碰禁忌就是对社会规范的遵循。拉德克里夫－布朗曾明确指出，禁忌具有保护的功能（Brown, 1952）。道格拉斯（2008：3）也指出，禁忌有赖于某种形式的团体性共谋。团体中的成员如果不遵守它，这个团体就不能存在下去。在那些不要破坏团体价值的警告中，成员们显示了他们的关心。禁忌是一个自发的编码实践。它会建立一套关于空间界限的词汇以及一套物理的和口头的信号，为的是把一套脆弱的关系维持在一起。如果这套编码没得到敬重，它就会以某种危险相威胁。有些随禁忌被打破而带来的危险会不加选择地向所有接触者传播伤害。打

第三章 尊重与顺从：有关"礼仪"的道德

破禁忌会带来危险的恐惧，如同传染，扩散到整个团队之中（道格拉斯，2008：5）。禁忌在斐济语里是 tabu，在日常话语中也会时常听到，多见于父母或是年长的人看到孩子们在做一件他们不认可的事情时，意为"不能做某事"。例如"不要乱摸"（tabu ni tara）、"不要大声说话"（tabu ni vosa vakaukauwa）。

礼拜天作为休息日，圣经里有明确说法是不可以劳作的，而村民是否干活也能反映出他们对于神旨意顺服的程度。

> 2014年6月的一个星期天，我在教会看到利未，很惊讶。利未是村里一名35岁左右的男子，受雇于附近的中国修路公司，中国公司为了赶工期，只要天气好，星期天还是继续开工，而且根据斐济劳动法，周日工资是平日里的三倍。虽然星期天是所有基督徒的休息日，都应该去教堂敬拜上帝，但一早我就看到村里的保罗和巴特出村子上班去了。所以见到利未我感觉十分诧异，我问他说不去上班老板是否同意，他回答说同意。接着我问："今天工资是平日三倍，你为什么不去工作呢？"他说："因为我对上帝很敬畏。"我说："那其他几个村民，如保罗、巴特等，人家星期天都在工作。"他说："因为他们不敬畏上帝，但是我不，我星期天从来不工作。"
> （摘自田野笔记）

村民未必在实践中总是遵循禁忌，但人们对于禁忌的不自然的敬畏感是普遍的。因为当人们不按照规矩行事，将会面临惩罚，类似于诅咒，这被村民们认为是对不尊重秩序人们的惩罚。

Qoliwalai 是村落劳动（cakacaka vakoro）中包含的一种集体劳动方

式。具体而言，就是在涨潮的时候放网，在退潮的时候收网。但是，捕鱼活动是否能够大丰收取决于多种因素。首先，村子里只要有女人怀孕了，一定不能隐瞒，一定要让全村人知道。如果村里有妇女怀孕却并未告诉村民，就会打不到鱼。以斯拉牧师在户品村的五年任期当中遇到过两次捕鱼，有一次全村抓到了很多鱼，第二次，也就是2004年，却没有抓到鱼。当我问及原因的时候，他讲到了有关尊重或有关禁忌被破坏所导致后果的故事。那天，以诺酋长要召集全村的青年男子一起去海里捕鱼，于是吹响海螺，但他居然在以斯拉牧师的家门前吹。这是一种非常不尊重的行为。以斯拉牧师为此感到十分生气，当时就同太太说这次捕鱼肯定捕不到什么。结果当真如此。最后，以诺酋长专程去牧师家里道歉，这件事情才结束。

另外，户品村海边有一部分海域属于禁渔区，禁止打鱼大概已有三年，目的是保护那片海里的鱼，但还是有村民在禁区捕鱼，并被叫到酋长那里谈过话，事情却还是没有改观。当我问起谈话之后的情况，雅弗欲言又止，表现出谈话不一定有功效，但仿佛又因为羞愧而不想要直面我的意思。

如果说孩子对于长辈的顺从以及同辈之间的相互协商是一种基于人与人关系的顺从，那么禁忌可以看作是村民对于之前达成协议或约定的顺从。

斐济的幼儿班大多教授英语和数学，班里会有许多规则，例如有一些不希望孩子们做的事情。对于他们而言不能做的事情就是禁忌，如果询问禁忌的具体原因他们却并不解释。孩子们就是去顺从老师讲的能做和不能做的事情。之所以有禁忌，就是因为有神力，即对自然界的敬畏。美拉尼西亚人比太平洋任何其他地方的人都更加相信一种超自然的

第三章 尊重与顺从:有关"礼仪"的道德

魔力和巫术。这种观念与万物有灵论范畴的种种意象不无关联。美拉尼西亚的万物有灵信仰极为盛行。美拉尼西亚人的法术与相信冥冥中存在一种非人格之力"马纳"的观念总是联系在一起的。他们信仰一种完全不同于物质的力量,可以通过各种途径导致善与恶,掌握并驾驭这种力量,是一种极大的特权。美拉尼西亚的整个宗教,实质上就在于获取这种马纳,或者利用马纳为自己的利益效劳,而获取的方式即祈祷和供祭。一切大自然的精灵都有马纳。美拉尼西亚人的仪式完全充满了对于超自然力量的敬畏,他们认为马纳的影响无时不在、无处不在。美拉尼西亚地区的地方首领、酋长和头人,在某种程度上也成了迷信崇拜的对象(汪诗明,2005:128)。斐济群岛的图腾崇拜单位,已非氏族,而是部落;所谓图腾,已成为部落之神。作为禁忌一词的"塔布"来自波利尼西亚语,最先由英国探险家詹姆斯·库克(James Cook)自太平洋岛屿传至外域。在波利尼西亚地区,"塔布"体系堪称登峰造极。

马纳也常常被视为事情发生的最终起因。归因,一件事情发生之后,人们往往会想要寻求事情发生的解释。若是比较难以接受的事情,往往还会想要寻求罪魁祸首,至少也是替罪羊。如翁乃群在《阿赞德人的巫术、神谕和魔法》中文版的前言中所写的,埃文斯·普理查德对阿赞德人巫术、神谕和魔法的研究,就是对人们社会生活中遭遇不幸的责任追究这一普遍现象的不同处置方式的研究。当遭遇不幸,是指控他人或自负责任,不同处置方式其背后必然有着社会本身的合理解释。而这些合理解释(意义层次)和不同处置方式(行动层次)构成不同社会对遭遇不幸的特种处理系统。他的研究中既考虑到文化理性,也顾及历史的情境(普理查德,2010)。而在斐济,人们也会对一些不尽如人意的现象,或者是一家人接二连三的死亡做出解释。

对于酋长的不尊重会导致厄运,对于牧师的不尊重同样如此。禁忌在人们不加以遵循的时候有着类似于"诅咒"的作用力,也让禁忌本身多了神力的色彩,也让人们对其多了几分敬畏。

二、回避制度

斐济人和昆人十分相似。李(Lee,1984)在对昆人的描述当中提及,从根本上讲,游群就是一个"共享单位"。除此之外,他们在亲属关系上也十分相像,芎瓦西人与所有亲属的关系就是两类,要么是"戏谑"关系(可以随便开玩笑),对能戏谑的亲属,态度就是开心、随意与熟悉;要么是基于"畏惧"的"避让"关系(说得更准确些就是"敬而远之")。对某些人(如祖父母)的态度展现了敬爱,对其他人(比如同辈,尤其是同辈的异性)则有点调戏的味道,甚至赤裸裸。然而,对于要避让的亲属则有点收敛和冷淡。父母与孩子的关系就类似这种,展现了家长对孩子的权威,而孩子也要表现出对父母的敬畏。岳父母、公婆和女婿、媳妇之间也属避让关系,岳母和女婿、公公与儿媳的关系尤其严格。尽管习俗禁止他们谈话,但他们实际上还是经常会有交谈。

同辈之间的关系,简单说可以分为两类。一类是交表(cross cousin),斐济语叫作 veitavaleni,这种关系比较轻松,可以随意开玩笑、要东西,他们之间没有禁忌。另一类有禁忌关系,要执行回避制度。例如亲兄弟姐妹和平表(parallel cousin)之间要回避,相互见到也不能打招呼,更不能坐在一起开玩笑。

舅甥之间也存在着禁忌,舅舅(momo)在一家里的地位是比较高的,外甥不应该同舅舅坐在一张桌上吃饭,也不能吃舅舅吃剩的东西。

第三章 尊重与顺从：有关"礼仪"的道德

这样的回避表达的是尊重。

拿俄米老远看到迦勒就回避，以撒看见小学校长约坦走过来就低下头装作没有看见，因为他们之间不能说话。但年轻一代有所不同，我也能看到一些有着禁忌关系的男女年轻人在一起聊天，村里还有一对有着禁忌关系但却结婚的夫妻。这些原本严格的禁忌现在也在发生着变化。

舅甥之间的禁忌在以撒家就没有被遵守。以撒的哥哥雅弗跟他几个外甥的关系十分亲密，他在以撒和亚伯拉罕第一个孩子赛特出生后搬过来住，从座位上来说他应是坐在最上端的（即给家里地位最高者的座位）。他经常把自己的东西分给外甥吃，而且与孩子们十分亲密，还经常带着孩子们去城里。当我问到雅弗关于舅甥回避问题时，他并不觉得这是一个问题。而作为孩子父亲的亚伯拉罕则说他会把这些禁忌告诉给孩子，把这些观念和传统作为过去的故事讲述给孩子，成为孩子们的知识储备或者说让孩子们知道祖辈的故事，但他并不将其视为一种禁忌，更不会要求舍弃这种关系或坚持要求孩子们来遵守。

三、巫术

在基督教进入到斐济之前，村里是有原生的宗教信仰的，随着基督教的进入，所有原生的信仰都被归为巫术，被看作由恶魔主导的行为，受到压制和反感。莫斯（2007：33）对巫术的定义是：跟任何有组织的教派无关的仪式都是巫术仪式——它是私人性、隐秘的、神秘的，与受禁的仪式相近。

马拉基20岁出头，从小在户品村长大，上了中学之后离开了户品村，现在跟亲戚一起生活在苏瓦，正在找一些跟信仰相关的教会工作，圣诞时节才回到户品村过节。有一天我出门去烧垃圾，正好碰到马拉基，就一起在户品村里逛了逛，他聊到了户品村的现状：

> 户品村没有什么发展，生活水平很低，年纪很小还不到20岁的年轻人也在喝卡瓦酒、抽烟，有的父母不仅不管，还鼓励。有的村民就给自己儿子烟抽。而且现在的孩子都觉得自己做的事是对的，完全没有尊重，即使到了晚上10点钟还是大声地笑和闹，一点都不安静。但他们都觉得这些对于他们来说是正常的。这都是因为孩子缺乏教育。成年人每天喝酒然后坐在那里说啊说，但是到做事就什么都做不好。你在村子里也要小心，村子里有一些年纪大的人会做巫术。他们给你一些东西，但其实把不好的东西混在里面。还有村里来了新人，他们就会聚在一起说一些坏的事情。对此我们能做的就是祈祷，让耶稣基督保护我们。（摘自田野笔记）

这是马拉基作为一个在村里长大的年轻人在面对周遭世界变化时自己的看法。他认为应该跟这些传统的、恶的东西分隔开，向主祷告和寻求帮助，借以解脱魔鬼的搅扰。他在叙述的时候明确说有些人会做巫术，并将会做巫术的人认定为村里的老年人。如果说长幼之间明确的地位高低是殖民时代加固的传统，那么如今对于巫术的压制以及清扫可算是对年老者地位的挑战；如果说殖民时代对于包括酋长在内的年老者的尊重被殖民政府加固了，那如今上帝成了更具有权威的代表，而巫术作为"传统陋习"不仅被打入冷宫，还被施加了圣洁的反面——"魔鬼"——的涂层，成为大家讨伐的对象。

当我和神召会上一任牧师约瑟牧师聊天时他提到不希望自己的养

子在户品村找媳妇,因为户品村的女孩大多已经未婚先孕。当我问起为什么会有这么多未婚先孕的女孩时,他们先说不知道,后来才慢慢地告诉我,因为在户品村,上一代有很多施巫术的人,进而影响到了下一代。这也是对诅咒的一种理解,他们把报应和上帝这种至高无上的力量结合起来理解,一方面他们相信上帝有着至高无上的力量,另一方面,这种力量的显现就是当人们不按照礼俗行事的时候就会有报应。

与罗宾斯(Robbins,2004)描绘的巴布亚新几内亚的Urapmin人不同,户品村村民并未简单把基督教传入之前的传统完全视作不好的存在。尽管村民现有的文化接受和容纳了很多基督教的成分,在言谈中他们也会批判斐济的传统习俗如"讨要",但更多时候,他们依然推崇户品村作为一个整体的共生性和秩序性。但同时,村民把村里发生着的不好事情看作是"恶魔"(tevoro)在捣乱,这与基督教里与上帝对立的存在——恶魔(devil)——完全对应。另外,户品村村民还把整个村子的兴衰和道德的好坏直接跟村里是否有足够多的教会和牧师联系在一起。村民普遍认为村子前些年的风气败坏是因为老一辈中还有人在施行巫术,至于现在村里女孩全都未婚先孕。而以斯拉牧师在提及他本世纪初在村里驻守时户品村的短暂平和,是因为村民开始去教会,于是乎村里才开始有了光明,渐渐走向了道德之路。以斯拉牧师在描述那段村里平和、有序的时光时,还提及当时村里有了带有现代化特征的电,这一光明的象征性隐喻的存在,而当下户品村的无序也是因为当下没有光、没有电。他把有着现代化特征的电跟圣经里带来的光联系在了一起,也表达出他对户品村新变化的期待。从此也可以看出,村民对于道德的评判,也受到了基督教的深厚影响,或者从话语上来说是属神的评价体系,传统的未必是不好的,但巫术被看作一种跟敬拜上帝相比"恶"的行为。因而，作恶就会有结果，而这个结果就是约瑟牧师所说的户品村的现状。

四、维护与惩戒：神力

基督教在 19 世纪 30 年代进入斐济之后迅速传播，目前斐济原住民基本都是基督徒。户品村也不例外，但古老的原住民宗教依然在发挥着重要作用。原住民宗教是这个文化系统中最深奥、最精彩的部分，这一宗教观念的渊源之一就是对超自然之力"马纳"的崇信以及对"塔布"的遵从，这在太平洋岛屿地区是一个较为普遍的现象（汪诗明、王艳芬，2005：101）。这种对于神力和禁忌的遵从，仍在日常生活当中发挥着重要作用。

科灵顿（Codrington，1891：118-120）把美拉尼西亚的神力归结成为"超出人们寻常力量和自然的共同进程中的一切"。"原住民认为那种不可见的力量能产生种种超自然的作用，这种力量存在于精灵——要么是活人的魂魄，要么是死人的鬼魂——之中。这种力量就是人们平常所说的'马纳'。通过这种力量，人就能够控制或指挥自然界的力量，呼风唤雨，致病治病，眼观千里，洞察时空，求运祈福，招灾嫁祸。"（Codrington，1891：191）涂尔干（2011：268）认为，神力已经远远超过了那些东西，其实"应该完全等同于图腾本原"。

就我对户品村的观察，村里种种的规则就是希望或者说引导村民尊重决议，遵守规则，而当人们不尊重的时候，神力就会显现，诅咒就会兑现。

上文已经提到，在村民眼里，对于基督徒而言，星期天是祭拜神的

第三章 尊重与顺从：有关"礼仪"的道德

日子，也是人安息的日子。在这一天，不应该在村子里大声吵闹、玩耍、下地干活、洗衣服，但在这一天究竟可以不可以聚在一起喝卡瓦酒却成为村民来回论证却一直有争议的议题。在一次村落会议当中，就说到星期天不应该喝卡瓦酒，因为这一天应该用来祭拜神。虽然这么决议了，但依然有人在星期天喝卡瓦酒。于是村落会议上又再次进行了讨论，最后达成的解决方案是只要星期天去过教堂，就可以喝酒。

2014年7月，我的田野接近尾声，那两天村子里的讨论热点是20岁出头的青年男子大卫连续几个晚上试图潜入村里妇女家里的事情。这个事情在户品村掀起了轩然大波，一下子让每家每户的妇女都提心吊胆，顿时风声鹤唳。可是过了几天，村子里开始流传大卫中魔了的说法，让村里人慢慢地从惊吓和戒备当中解放了出来。人们说这一切的原因，其实要追溯到上礼拜二。大卫的爸爸叫约阿施，他从卫斯理教会转而投向了另外一个刚进驻户品村叫作石头教（Na Vatu）[1]的新教会。当时村里四个教会的牧师聚在一起决定了要对村子进行清理，但约阿施提出了异议，对卫斯理教会叶忐罗牧师以及和万国教会以利牧师说："不要进行全村的清洁整理活动，因为新教会已经进行过这样的清理活动。"这在当时可谓是冒天下之大不韪。首先，作为一个试图进驻户品村的新教派，石头教会还未得到大多数村民的信任和认可；其次，直接挑战户品村四大

---

[1] Na Vatu 在斐济语中意为石头。有趣的是，Na Vatu 教会教徒将教派名字解释为像石头一样有着坚定的信仰，但是户品村对这个教派不以为然的村民将其解释为这个教派的人心很硬，就像石头一般。

牧师的权威一定不会被看作是一件可被大多数村民接受的事情。另外，直接阻挠四大牧师的决议，近乎将自己置身于整个村落的对立面。当时叶忒罗牧师就说："约阿施这样做是在阻止一些重要的事情，定会有事情发生在他或者家人身上。"

最终，叶忒罗牧师的预言应验了。邻居哈拿的丈夫扫罗也在一旁解释说："当父母亲做错了事情，这样的诅咒会波及子孙。"接着拿俄米也补充道："这并不是大卫他一个人的问题，而是因为人们做错了事情。"也就是说，当一件不符合规范的事情发生的时候，人们寻求的解释未必是说这个人道德低下，或者说他本质上不好。在我们中国社会里就不是这样的，一个人做错了事情，他就是坏人，是他本质的问题。而在这个小村子里，一个人做了一件不符合社会规范的事情，解释是他的身边的人做了一些不合规范的事情，是社会关系网络中的人所种下的不好的因，现在他的这种行为就是果。所以，在后来的村落会议上，我翘首以盼，就想看看作为犯罪委员会负责人的大卫的爸爸约阿施会有怎样的表示。他在会议上说："我家里发生了这个事情，因而我不能再继续做这个犯罪委员会负责人。"他央求会议再推选一个。后来会上就推选了村里另外一位已婚、家庭也比较美满的男子。另外，他还是户品村亚氏族之一里的中坚，一直在村子的公共生活中发挥着举足轻重的作用。（摘自田野笔记）

当时田野已经接近尾声，事情的后续我也未继续跟进。从这件事情可以看出，当一个人的做法得不到众人认可的时候，他们普遍认为这会影响到他身边亲近的人，就像是个诅咒。而且，当家庭里有人做了"错事"之后,家里的长辈是需要承担一定责任的,或者说,他需要对所有村民表个态,有个说法。

迦勒几个兄弟的老婆年龄不大但在今年内都相继去世了,萨罗米说他们家的人应该聚在一起,然后讨论一下事情为什么会是这样子。他们几兄弟的太太接二连三的去世,说明是上帝在惩罚他们家,而为什么惩罚他们呢?就是因为做了不合上帝意愿的事情,萨罗米认为是迦勒的兄弟风流成性,上帝对此不悦。家里接二连三发生不好的事,就是上帝给他们的报应。

户品村学校的耶西老师在一次跟我的闲聊当中也提起过诅咒。他说,新生儿都要举办"回外婆家"的仪式,这个仪式在斐济语里直译就是说把孩子的脸带回来,第一次带新生儿回母亲出生村落的时候都需要在妈妈所在村落举行这一仪式,这是斐济重要的传统仪式之一。仪式举办后新生儿母亲的村子也就成了新生儿的vasu(有点类似女人的娘家,不过这是小孩的妈妈的村庄),他长大后有权力在这个村庄要求很多他想要的东西而且一般不应被拒绝。耶西老师跟我说如果不按照规矩举行这个仪式就会带来坏运气,甚至是诅咒。所以他非常小心,即使耗资巨大,但还是按照规矩举办了。而之前他认识一位来自东部群岛的老师,他在毕业后去第一个工作点的时候没有举行仪式(如给酋长的礼),结果他没能活着从那个岛回来。(摘自田野笔记)

从这样的讲述可以看出村民内心对于神力的认可和敬畏。这些仪式是一种规则,他们常常在言谈中称之为程序(protocol)。人们依旧坚定地相信，如果违背规则，将会导致整个村落福利的减少，因为人们相信神力在其中依然发挥着作用。

以斯拉牧师在访谈中说道：

> 以前，震慑大家的是这些传统的神力，但现在，人们行为很随意，不再惧怕这些东西，或者说这些传统的力量失去了威慑力。除了这种神力之外，舆论的监督也是一个重要部分。以斯拉牧师还讲起过他在传道时常常会说的故事：有一个妓女本身很不尊重牧师的传教，一副很傲慢的样子，还叼着烟，但当天晚上她回家后感觉自己身体很难受，快死掉了。于是她才彻底觉悟改变，不再吊儿郎当，再次去见牧师的时候为了显示尊重乖乖地坐在了最低的一个位置去和牧师去说话。而这个妓女之所以愿意改邪归正，就是借助了神力的召唤。（摘自田野笔记）

从这个故事的可以看出他们对神力的理解依然是非常本土的，遵从要尊重这种传统的习俗，否则就会招致报复的解释框架。在其中，究竟是不是耶稣基督的神力在发挥作用并不重要，而是只要是违背了这一社会层级制的（信徒对于牧师应有的）等级尊重就会有报应。

在斐济村庄里，女人的怀孕绝对不仅仅是她一个人的事情，甚至不仅仅是她所在的小家庭的事情。一个女人怀孕，首先会波及她的丈夫。在斐济，如果是老婆怀孕了，老婆身体会很好，但是老公会突然间病倒。有一年4月份的时候，叶忒罗牧师一直身体不舒服，不是感冒就是其他小的病痛，还因为身体不适错过了一次教会活动，也正是在那个时候村里人得知他太太的确是怀孕了。其次，正如前面提到的，怀孕一定要公开，否则就会带来噩运。

另外，这里的诅咒都是针对现世的，而不针对祖先，如果当下的人们没有做合乎规范的事情，就会殃及子孙，而不是已经逝去的人。所以，这里的神力以及诅咒都是道德性的、规范性的。

有一次，约基别出海打鱼，结果海浪太大，因为没有力气游回岸边险些被卷走，后来她告诉我是依靠着祈祷才找回力气，游回了岸边。其实约基别平时看起来并不算是虔诚的信徒，不按时去教堂，也不每天祈祷。然而对于他们而言，主未必是一直都可见的，但却是一种真实的、高于他本身存在的神圣的力量，也就是神力。从这种具有神圣性的意味上来说，传统的泛生信仰、泛灵信仰和现在的基督信仰有着很大的共通性。

神力的减弱是斐济人对于现实无可奈何的感受，在外来的西方文化和基督教影响之下，斐济人感觉自己原有的可掌控的社会正在离他们远去。

第六节　宽恕：与尊重并行不悖

宽恕是斐济道德中很重要的一点，这也是我从研究者角度感知到与自身文化有明显差异的地方。与对规则的遵守相比，对于不守规则的宽容同样重要。如果说"正义"是西方道德话语论述当中必不可少的组成部分，那么"宽恕"就是斐济社区当中不容忽视的价值取向，这与基督教的影响有关联，同时也与当地社会注重社会关联、整体的维系有着深远关系。

如果说宽恕在斐济有着隐喻性的体现，那一定就是斐济的天气。斐济常常是下一场雨，过不多会又出太阳变成大晴天，很少有一直都阴雨的天气。同理，斐济人一般很难持续生某个人的气，事情过去之后就算过去，一般不会一直记恨在心。

宽恕和感恩是斐济人应对事情的两种重要机制，斐济村民对生活中的善事表达感恩，同时对他人的伤害借用宽恕进行消解。在当地的文化语境中，别人为自己做事时，应当认可并感恩，应该说"非常感谢"。而当别人对我们做了一些不合时宜、不能接受的事情时，宽恕则是他们认为的美德之一。户品村周围的中国人曾说起，斐济人对于别人对他的好很容易忘记，实际上斐济人在表示感谢的时候就已经最大程度地表示了这种认可。至于我们中国人所期待的因为帮助对方而希冀对方背负的"人情债"，斐济人有时的确难以精确地归还。

从基督教的教义来说，作为主旋律之一的宽恕，从圣经上来看也是基督教的主旨之一。人犯了罪，只要能够认识到自己的错误，并且真诚地向耶稣基督认罪，便能得到宽恕。而作为普通人的我们，当别人做出伤害到我们的事情之后，也应当宽恕他人。这也是基督教对于当地人道德世界的影响。

当然，在西方学者眼里，斐济人的宽恕未必如圣经里面所教导得那么主动与无私。库尔特（1976：72）这么说道："宽恕，未必是一种主动的、心甘情愿的选择。原住民无法抵消他们由于面对传统生活方式的日渐消亡和古老的农村关系的日益松懈而感受到的挫折和失望。满怀抑郁的原住民业已接受了一种宿命论的看法。他们的种种感受已使他们变得精神懒散和对事物漫不经心；他们意识到他们缺乏意志力以使他们不敢拒绝亲族们的要求，从而按照某种可以认为是适宜的行为准则行事，他们自知是漫不经心和随心所欲的挥霍者,往往为了追求一时的满足而丢掉未来的利益;他们承认他们是要以引人注目的大笔开支来给其他人——尤其是印度人——留下深刻的印象。"

尽管米德对于萨摩亚的研究后来受到弗里德曼的严厉批评,但这不能够磨灭米德的功绩。米德(2010:135)在描述同在南太地区的萨摩亚文化时说,萨摩亚的文化背景之所以能够使成长发育成为十分容易、十分简单的事情,主要是因为在整个萨摩亚社会所充溢着的那种普遍的随和性。这与我在田野调查中的发现十分一致,斐济人虽然看起来身材高大魁梧,性格却都非常随和,在访谈一些父母时发现,即使子女不遵循教导做出越轨的事情,比如学习成绩不好或未婚先孕,他们也能较坦然的接受。他们对于他人和自己的错误仿佛都能够比较自然的接受,这种宽恕也许看起来与前文提及的规范性存在冲突,但其实不然。

卫斯理宗是基督教(新教)主要派别之一,该派别标榜遵守种种道德规矩,所以有"循道派"(Methodists)的别称。本来这个教派是有很多道德规矩的,虽然人们总在不断地侵犯,但生活依旧继续着。这也与他们今日打闹,后来却又可以继续和平生活,忘记前嫌的生活态度有很大的相关,所以他们的文化强调宽恕。规则与宽容之间的张力,究竟是如何呈现的呢?本节将从感恩和宽恕来展开斐济人对于道德世界的想象和构筑。

所谓的好人就是要关照到每一个人的情绪,能够去聆听别人的需求,并且去做,去遵循别人想要的。作为个体的思考来说,道德的普适性和相对性是我在田野调查当中每一天都会思考的问题。"我们其实都是一样的,是吧?"这是村民在同我聊天时常会说起的一句话,也是最能引起我们共鸣的言语。虽然我们语言不通，风俗不同，但是他们总在假定我们有着同样的善恶标准。每次当我对某种标准的相似性表示确认之后我们的关系就更加亲密起来。

一、言而无信

刚到户品村的时候，只要一有活动，村民们都会非常热情地邀请我一起参加，会说："到时候你等着，我会来叫你。"可是每次到了活动时间，当初承诺要来叫我的村民根本就没有出现，我却还在家里苦等一番。类似事件发生了不止一两次，让我一度十分费解。

后来我才渐渐理解，斐济人完全是活在当下，因而承诺很多时候也只对当下生效。时间往前走了，承诺也就自然变动。并不表示做出承诺的人忘了，连听的人可能都忘了，因此大家都不会再计较这些曾经说过的话，这在当地文化中也不算是失信。更何况在斐济文化中说"不"是一件很伤人的事情，所以当别人有事相求时，不应该拒绝。因而答应别人却做不到的事情也比比皆是，但大家都比较随和，很少人会计较，或很较真地去评理或生气。

在斐济，撒谎、没能兑现承诺都可以被原谅。但在中国的分类体系当中，守信是重要的，甚至是关乎道德的。于是，两种文化的对峙就出现了：对于我而言，答应别人最后却没有做到很不好，还不如一开始就不要承诺自己未必做得到的事情；但在斐济的文化语境里，拒绝是一件很不好的事情，因为这直接挑战了请求者的权威和颜面。别人有事相求，不论能不能帮到，首先都应该答应下来，因为这是愿不愿意帮助别人或回应别人请求的态度问题，当然答应下来最后怎么办终究好商量，

第三章 尊重与顺从：有关"礼仪"的道德

人们也很容易理解和原谅后来因为情境变化、突发情况的发生而无法信守承诺，而不会追问责难你说："你承诺过啊！"然而，如果你一开始就拒绝或者把可能阻挠你帮助他的问题罗列出来，就会马上被对方划归到"坏人"那一分类体系中去。因为如果一开始就拒绝会被认为是从内心和意愿上就不愿意帮助别人，不能顺从别人的请求。

当有人向你请求帮助的时候，符合习俗规范的做法是答应下来，然后尽量帮助对方。在田野调查期间，我接受过无数帮助，同时也有很多村民向我求助。可以说，我的田野调查过程就是在同当地人的互相帮助中完成的。也许正是他们想要我融入当地生活，所以才会如此乐意向我求助，也或者是他们发现了我在本土的实用性，而这种"有用"吸引了他们的注意力。

户品村村民向我提出的几次求助都是基于我的中国人身份。萨罗米请我去告诉中国公司的人，让他们帮忙修平家门前的道路，方便车子直接开过来。起初，我认为这件事情比较为难，因为当时我与中国公司的人并不是很熟悉，但后来在我的沟通请求下，中国公司的确把萨罗米家门口的沟填平了。

相比而言，村民对我的另一个请求就没有这么幸运。辛那提的老公列夫卡是户品村小学现任的经理，他向我求助，希望我去中国大使馆申请一些钱来支援学校建围墙。遗憾的是，我当时没有立即说好，因为不确定自己是否一定能要到钱。彼时我认为大使馆很难有这样的援助项目，因为毕竟是一个政府机构。可是，当看到我面露难色又未爽快答应，他们便认为我不愿意帮助，于是非常生气。然而，在我的观念里，除非我有成功的确信才可以答应或承诺，否则，贸然答应却没有做到就是失信于人。因而，我会谨慎地做出承诺。但是他们却会理解为我本来可以做到却不愿意帮忙，由此列卡夫再见到我便不愿再同我说话。直到后来我才慢慢理解：最终有没有把事情做到不是关键的，关键的是在别人有事相求时应该爽快地答应，而不应拒绝或是谨慎地回答。

在大多数的文化当中，说谎都被视为是不道德的，但是在斐济，说谎原先并不被认为是一件很不能容忍的事情，这或许也源于斐济人喜爱聚在一起讲故事。约坦校长有一次问我是不是真的在帮萨罗米家里的男子那鸿洗衣服、做饭。我对此毫不知情，后来才知道是那鸿对约坦校长编的一个故事，说我在家里把他的衣服全都洗好了晒着，还做饭给他吃。当我向约坦校长澄清后，约坦校长完全没有对那鸿的撒谎表示不满，我问他为什么不生气，他说："因为我们是朋友，所以撒谎没有关系。"当约坦校长意识到朋友对他撒谎后，却并不在意，据此，言而无信在斐济的村落文化中并未触及道德底线。

二、可以打破的斋戒

基督教仪式里重要的仪式之一是斋戒。CMF教会1月份每天从夜间12点到下午6点是禁食时间。迦勒的小女儿丽思就做不到，但迦勒还是很宽容她，迦勒自己却基本上每天都在坚持，不仅坚持禁食，还从一早起来就去地里干活，撬椰子干来补贴家用。

斐济人的宽容和对于教义或规则的遵守在这件事情上表现出和谐的交汇，迦勒知道要禁食，但是两个女儿都做不到，他也并未多说，表现出宽容或接纳。当时迦勒只说了一句话："这是他们的选择。"迦勒认为是否禁食是他的女儿们作为个体的选择。

在中国公司工作的区大酋长女儿玛利亚，她是虔诚的天主教信徒，

第三章 尊重与顺从：有关"礼仪"的道德

星期日是不应该工作的。但对于玛利亚来说，本来公司规定周日是不上班的，她可以去教堂。但如果公司老板坚持让她去上班，也还是会去上班，并不会死守信条。

太平洋群岛国家的法律制度把传统法（习惯法）和移植进来的法律概念结合在一起，融不成文、非法典化的习惯法和移植进来的普通法于一身。习惯法与移植法之间存在的不协调关系是可以理解的。在美拉尼西亚，习惯法的基本概念与移植的法律制度概念不同。习惯法主要在维持平衡而不是履行公正原则，并含有与西方审判概念不同的回旋概念。一般来说习惯法很灵活（李启欣等，1997）。所以说在村民社会里，重要的并不是实现公正，而是对于社会关系的维护。因而在斐济，以宽恕求得社会关系的修复更可能被认可。

宽恕是一切规则的缓冲，也是现在所谓村子里的道德沦丧、世风日下，总是在做"禁忌"事情的情况下，人们依旧欢声笑语，精神饱满，满怀希望地生活着的原因之一。宽恕是人们在面对混乱时依然持有希望的心理状态，人们虽然也在讲故事，也在正式场合谴责、批评不符合当地习俗的行为和决议，但更多的时候，人们继续他们的生活，把希望和美好寄托在了明天。通常，宽恕也意味着接受事情原本的样子，不纠结于过去，继续往前走。不论是宽恕还是认可，这都是对于身边人的存在与行为的反应方式，并通过这样的反应重新将其容纳到对于未来的期待当中去。

即便是前文提及的诅咒，也是可以通过请求的方式消除掉的。汤林森（Tomlinson，2014:119）提及，历史上把一个传教士杀掉的那个村子的后代一直感觉特别不顺，于是他们一起去卫斯理教会，拿着鲸鱼牙齿向牧师请求原谅，借此来消除这个诅咒，而且最终通过这种方式得到了宽恕。

斐济人很宽容、很随意，即使有什么不公平的事情发生在他们身上，也不会去争论，事情发生了就自然而然地接受，而不会很较真。"好说话"，什么事情好商量，不会对什么事情特别排斥。即使今天发生了什么不好的事情，明天起来照样是新的一天，很少有纠结郁闷。

而斐济人的宽容仿佛和斐济的天气相得益彰。斐济的天气有时晚上大雨倾盆，雷雨交加，但一觉醒来又是万里无云。白天一般都是晴空万里，偶尔下雨也是名副其实的阵雨，来得快去得也快，仿佛刚才的暴雨只是一个小小的玩笑而已，下雨与天晴交织，白天与黑夜轮替。夜再黑，只要新的一天开始，一切就会翻篇。这样的气候让我联想起斐济人的生活态度，总是想要抓紧今天，活在当下，及时行乐，只有那样才是最明智的选择，任何纠结于过去或为明天忧虑的事情都被认为是愚蠢而不可想象的。过去并不重要，过去的伤痛和错误也不重要，人与人之间曾有的怨恨也不重要，昨天发生的一切都不重要，因为当下又是新的一天。

三、笑："让一切变得容易"

在斐济，不论走到哪里，都能看到斐济人脸上自然而又亲近的微笑，他们友好和开放的心态仿佛与生俱来。我在户品村很少看到有愁眉苦脸、垂头丧气的人。斐济人总是洋溢着满足、开心的笑容，而且热情好客。很多在当地的中国人说，他们这样知足、喜乐，是因为没见过世面，井底之蛙，所以才没有更多的欲望，容易满足。这样的说法也许有一定的解释力，但很容易品味出其中显而易见的偏见。斐济村民对于现

第三章 尊重与顺从：有关"礼仪"的道德

有生活的知足和喜乐，与基督教密切相关，圣经里有很多章节都在强调要歌颂主，赞美耶稣。在神召会牧师传道的时候，他也会在布道过程中穿插着类似的表述："赞美主（Praise the Lord）！"

除微笑之外，斐济人最爱的还是大笑——那种仿佛能震破房顶的大笑！如果坐着跟斐济人聊天，不过一会儿，他们就会爆发出爽朗的大笑声。我问过不少斐济人为什么那么爱笑，他们首先是以一个几乎可以掀起屋瓦的大笑来回应我，然后才笑着解释道："笑让一切变得简单。"所以开玩笑是一种很好的社交方式，较少的严肃的场合是在向别人"请求"或在教堂时。

笑本身就是一种接纳，是表达对所处情境喜爱的一种方式。斐济村民对于自己所处和所经历生活所具有的悦纳态度，正是源于对于生活所给予和馈赠的感恩，而这又是与对一切之源——上帝——的感恩分不开。

从某种意义上，斐济文化和中国传统文化有着很大的相似性。庄孔韶（2000：498）指出，中国人习惯以一种径直的主客融合的整体思维方式体认和顿悟周围的世界（自然界的、社会的和人事的）。中国哲人和民众实践道德原则的认知过程同时又是一个情感体验过程，强调价值选择，而非真假判断。这是一种知情意一体化的道德与人生价值追求过程，这一过程是一个不断体验、不断解释、不断变通以及和周围世界不断协调的相对的过程，不是绝对的逻辑与原则的过程。斐济村民在日常生活中表现的宽恕及不苛求绝对答案的导向显示出其文化上的通融性，而村民在对层级秩序表示尊重前提下的宽恕正是一个很好的说明。

第七节　小结

在田野后期我也开始"厚颜无耻"地分派村里的小孩帮忙买东西、向邻家借东西，那时我便意识到自己已经慢慢地融入当下的文化体系。我开始懂得，作为年龄比小孩稍长一些的我，在村庄权力关系中占据比他们稍高一些的位置，差遣孩子是我所处的位置可以被接受的行为，也是"道德"的。在田野中我也慢慢理解，他们不能接受没有祈祷就开始吃饭，不能接受女孩在村子里穿裤子却不穿长裙，就像我一开始到村子里难以接受大家不论男女全都躺在地上一起休息一样，因为那都是我们头脑和内心当中的秩序感，尽管表面上看起来只是一个形式。

如今开村落会议，议政厅里零零散散的都没几个人。但正如雅各酋长在会上所说，很多人都不愿意来参加村落会议，但是提到喝卡瓦酒，议政厅马上就会坐满。酋长对看起来日益松散的村落秩序表示担忧。的确，大家不来参加村落会议在一定程度上是对村落秩序的不认同，村落秩序的某些方面面临解体。然而，环境发生变化，村落内村民的认同和道德秩序也将发生变迁，原有秩序的解体只是一种极为概括的想法和表象。正如村民不断地用"城市"这个被标榜的别称来调侃自己的处境，表达对于村子现状的不满和批评。事实上，在村庄里，秩序感仅仅是换了一种模式。村民也意识到酋长失势，村民一盘散沙。人们倦于去参加正式的村落会议，但私下却从未停止打听和讨论村落事宜。不去参加村落会议表面上看来可能是一种形式上的反抗，实际上，这不过是村落整合的表现形式发生了变换。正如酋长指出人们疲于来参加村落会议却热衷于参加喝酒聚会，这正表明人们更倾向于使用传统、非正式、随意的信息交流和感情沟通方式来互通有无。人们在闲谈当中，在这种"传统"

第三章 尊重与顺从：有关"礼仪"的道德

的聚会（喝卡瓦酒）当中，延续着对于"传统"的想象，尽管年轻人在笑谈和享受当下，年长的人在批评现状，但有一点是肯定的，即作为一种道德的尊重从未离开他们讨论和关注的视野。也许时光流逝，今非昔比，话语中人们对于过去有着怀旧式的想象和建构，对当下试图用不满和批评来敦促，但在实践中他们转化了方式，不论是对外部的国家暴力机关——警察——的求助和期盼，还是依然借用神力来解释村子里的失范行为，都是村民们积极借助外力、调用本土的秩序力量的努力，这同样反映出对于传统秩序的渴求和不舍。斐济村民们当下的生活也许如老人们所批评的那样存在很多问题，传统的美德经历诸多变化，但并不意味着这些美德已经消失殆尽，只是以另外一种形式在斐济村民的日常生活中呈现，在某种意义上同样发挥着昔日的功能和作用。

村民在日常生活、教育子女及小辈时最基本的出发点是尊重。尊重的对象究竟是什么呢？是权威，即对整个传统秩序的尊重，或是整个村庄的尊重。在我不知道如何与村民相处，或是在犹豫着做某件事情时，萨罗米会说，你做好自己该做的部分，不要去忧虑一些上帝才需要忧虑的事情。正如中国古语所云，谋事在人，成事在天。而其中"做好自己的部分"意思就是去承担我所在位置应承担的责任，履行我所处位置应尽的义务。而我个人对于这些行为的完成就是对于整个村子最大的尊重，也是对我个人最大的尊重。尊重对于他们而言，尤其是在他们教育孩子时，指涉的是对高于自身、比个体的舒适与欲望更宏大的权力与社会秩序的遵从，以及对自身的克制和规范。在不同的场景中要求不同，却无一例外都是高于个体的力量。"尊重"的概念与层级制有相重合的部分，均含有对原本高低有序、男女有别的社会秩序的存续。

169

必须指出的是,"尊重"本身的词义也发生着变化,在斐济当下文化语境中的"尊重"与我们现代生活语境下所指代的含义也不尽相同。如果说我们日常的"尊重"更多是指现代社会个体间基于平等的尊重,更多是基于个人主义,以人与人之间的区隔与个体性为基本条件的假定。例如我们通常会担心打扰到别人的生活,打电话给别人有时会先问对方是否方便接电话。又例如西方人聊天时不追问年龄、婚否或另一半的状况,因为这些在西方国家一般被认为是隐私,规避隐私被视为一种尊重。但在斐济村庄,询问年龄、婚否、家庭成员组成等问题并不被认为是冒犯隐私,不涉及"尊重"。在斐济,尊重的对象往往并非仅针对个人,而是指向传统和秩序本身,也就是个体背后的社会体系。斐济村民强调的"尊重"并不完全是西方文化言及尊重时其蕴含的人人平等意义上的尊重,而是在前现代社会、传统社会,对于整套"礼"的遵守和顺从,而礼所代表的正是社会的等级和秩序,也就是说,是对社会规范这种相对静态稳定的体系近乎崇拜的遵守和敬畏。

"被发明的传统"紧密相关于"民族"这一相当晚近的历史创造以及与其相关的现象——民族主义、民族国家、民族象征、民族历史等。所有这些都依赖于常常是深思熟虑且始终是创新性的(如果历史中的新奇事物就意味着创新的话)社会建设中的活动(霍布斯鲍姆,2008:14)。因而对于仪表、仪礼、仪式的遵从意味着斐济这个国家和民族在殖民时期也被烙上了殖民主义的烙印,因而在不断与外族的交往过程中形塑并强化了作为斐济民族的传统及认同。

总而言之,"尊重"作为户品村村落道德秩序的基石之一,主要通过仪表、仪礼、仪式和禁忌实现其在村民文化逻辑中的编码和日常呈现。在衣着、姿态、礼节、仪式性行为等与礼仪相关的日常表达当中,

第三章 尊重与顺从：有关"礼仪"的道德

村民用"尊重"来解读和遵守这一颇具"权力"意象的道德维度，而对于未成年的孩童，则用"顺从"这一美德加以规训和督促，使其在整个村落的层级秩序中执行其所在位置应肩负的职责。另外，斐济村落的秩序本身虽然带有强制性，但并非全然刻板。在最后一节中，我论述了一些斐济村民看似与对礼节的尊重略显偏差的实践，如言而无信、打破斋戒、以大笑来释怀，呈现出斐济村民对于秩序的理解和实践是机动而有生命力的。道德话语和道德实践之间的张力，正是斐济户品村共生伦理所蕴含的共存共融在日常生活中的丰富性的表达。

第四章 维护与延续：
有关"我者"与"他者"的道德

在田野调查中我发现，作为陌生人的我不论是最初进入田野，还是在田野调查进行过程当中，总是受到当地人热情的款待和包容，几乎是被拉入到田野的环境当中。田野调查的过程始终充满一种意想不到的轻松自然。为什么陌生人可以如此轻松地进入田野，被邀约进入到斐济人的日常生活中呢？这仅仅是吸引旅游的国家话语推广的结果吗？还是当地人总对我说的"斐济人好客"的表现呢？

费孝通（1985：5）认为中国的乡土社会是"一个'熟悉'、没有陌生人的社会"。在中国社会，关系的网络产生于属于亲密的环境（家庭、街坊、老家），令陌生人难以立足（费孝通，1985：75）。由此可以看到，在这样的乡土社会里，人口较低的流动性和陌生人的缺乏是其两大特质。村民通过亲密关系黏合在一起，就像扩展的家庭；人情来来往往，维持着人与人之间的互助合作。很多离开老家漂流到其他地方去的人并不能像种子落入泥土中一般扎根，只能在其他已经形成的社区中设法立足（范丽珠，2010：498）。相比之下，斐济人热情好客，不论是谁，陌生人的身份即刻会被转化为相识的人。对于生活在农村的斐济人来说，他们与中国农民一样身处熟人社区，而外来的陌生人于他们而言究竟意味着什么呢？这些问题实际是"我们是谁"和"他们是谁"的问题。涂尔干和莫斯（2005：3）早在《原始分类》一书中就人类的分类体系对于文化识别度的重要作用做出过分析："我们对事物进行分类，是要把它们安排在各个群体中，这些群体相互有别，彼此之间有一条明确的界限把它们清清楚楚地区分开来。"

本章将论述斐济村民如何通过形塑概念体系中的村民与陌生人，以及如何通过对群体内外和远近亲疏的划分，来建立和维护个体生活和村落的秩序。

第一节 自己人：我们是谁？

作为一个拥有三百多个岛屿的国家，斐济虽然远在南太平洋，但殖民和全球化使得这个国度早在19世纪就已经暴露在世界的眼光中了。我所在的田野点——户品村——地处斐济第二大岛瓦努阿岛，离最近的镇也有五六十公里距离，虽然道路尚在维修，且未通电，但和外界的接触一直存在。村里有人到城市里生活，还有的在国外生活，他们几年后回到村子带回外面的新闻和景象。村里只有小学，学生读完小学如果想要继续读书必须出村，到镇上或是首都去学习生活。如今户品村的生活并非完全封闭，在这个意义上使用"自己人"的概念有更多想要将对方包含在内的寓意；而"陌生人"概念指涉与村民有较多日常交往、在某种意义上已经融于社区但原本并不属于其中的那些人群。因此，本节对"自己人"的描述将从相识的人、村民、尊贵的客人以及家人四个层面展开，进而对"羞愧"——这一"自己人"表达认同和边界的情绪反应——进行阐释。

第四章　维护与延续：有关"我者"与"他者"的道德

一、四海之内皆兄弟：相识的人

"我们是谁"这样的界定取决于我们说话的对象以及与之比较的对象，文化互动过程是一个关于自我身份的形塑和陌生人在自我价值体系中的分类过程。外人和自己人的界定并不是一成不变的，透过斐济村民对于内与外的划分和区别，可以看出他们如何借用对于这种情境性或者建构性的内外划分来维护整体村落秩序。

"在斐济，所有人都是亲戚。""斐济人都是相互关联着的。""斐济是个小地方。""在斐济，我们都是扩展家庭。""我们都是亲戚（veiwekani kece）。"诸如此类的言语是斐济村民在解释他们之间的相互关系时惯用的表述。的确，斐济人总是以各种方式相互关联在一起。乡土社会中基于血缘的关系自然无需赘述，兄弟姐妹以及扩展家庭使得本村人基本都是亲戚。此外，母亲原本的村子和母亲那边的亲戚，叫作 vasu，凭此关系可以索取和要求很多东西，而对方完全有义务给予。历史上部落与部落之间的相互征战也促进了小部落的联合。斐济如今被认为由三个酋邦组成，同一酋邦的人相遇打招呼会称呼对方为 tovata，类似中国人称呼"老乡"来表示亲近。除亲缘关系，还有地缘关系，来自某些特定的两个省的居民之间可以非常亲密，互相开玩笑，手牵手在路上走。同乡之间在外相遇也有类似中文"老乡"的称谓 kai vata。

在日常的语境中，斐济村民之间见面的问候语不是"你最近怎么样"，而是把你家里的人都问一遍：以撒呢？你爸爸呢？虽然只有你本人是站在他们面前的，但你绝不仅仅只是他们面前的一个人而已，而是那个房子里的一个人，是代表着那个家庭的成员，因此理应知道家里所有人的下落。看到你，第一时间想到的就是和你相关的人都去了哪里。

户品村村民常常自豪地跟我说:"我们认识所有的人,而西方人连邻居都不认识。"

因此,斐济人一见到自己并不熟识的斐济人,一开始总是问:"你是哪里人?"一旦定位了你的家乡,他们就马上就能从地缘、血缘或是历史上的关联找到彼此的连接点,不过几分钟,生性友好开朗的斐济人马上就会跟对方称兄道弟,成为自己人。

二、乡里乡亲:村民

王铭铭批评了列维-斯特劳斯非西方世界观的认识论意义中的西方中心主义世界观,认为他对于他者的自在性和自主性认识不够。针对列维-斯特劳斯对于非西方民族的文化与认识困境,王铭铭(2007:152)提出,在非西方存在比西方古老的文明,在这些文明社会中,哲学与历史蕴含着文化自我破坏的力量,也同时具有强大的自我反思能力。生活在这个社会中人们也常以一种"遥远的目光"来审视自身,并找到办法来使这种审视成为他们所处的社会的组成部分。的确,斐济村民对于自身所处社会的组成部分,也无时无刻不在做着条分缕析的努力。

Vanua 的词义在第一章已经做了解释,在斐济语里本意是"土地",土地对于斐济人有着特殊的意义。日常生活中,"地上"并不与肮脏相关,赤着脚在地上走路是一种常态,累了常会一屁股坐下来。除此之外,vanua 也是一个地理概念,和村子(koro)基本重合。作为基本的社会事实,vanua 在斐济村民的概念体系中有着重要作用,蕴含神圣及传统的意味。虽然 vanua 的力量随着时代的变迁有所消退,很多斐济研

第四章 维护与延续：有关"我者"与"他者"的道德

究学者都就此做出过论述（Tomlinson，2009），但作用于凝聚村民的社区共同体依然保有其独特而不可取代的作用。Vanua 在斐济语中作为一种体现当地习俗和传统的神圣性的表征，还可以指代生活在那片土地上的人，也就是当地村民。

户品村最早的酋长由整个片区的大酋长指派任命，可以说是本村最早的王，这符合萨林斯"陌生人－王"的模式。此后，酋长世袭相传，后来因下一代的孩子都外出工作，于是他们把酋长位置交给了本亚氏族的另一户人家。不幸的是，该户新任酋长家后来任酋长的人又生了病，此后酋长的领导权就在这兜兜转转中逐渐变得模糊。如今户品村同时有两个酋长在位。现在的村民未必清楚地知道村里究竟是如何走到同时两个酋长各不相让的地步，但村里的确出现了分裂：一部分人支持以诺酋长，因为认为他爸爸是以前的酋长；也有人支持雅各酋长，因为他爷爷曾经是酋长。因此，户品村也略显混乱和动荡，沦为臭名远扬的"城市"。

乡里乡亲是斐济历史上曾经最为强烈和本真的认同，尤其是殖民时期政府为了便于统治，从行政手段上也推行了一些增进村落凝聚力和认同感的举措，"斐济人事务条例"从法律上强化了斐济人农业社会的生活方式（库尔特，1976：68）。作为村落最有权威的人，酋长相应也拥有一些殖民政府自上而下赋予的权力。如果说以酋长为代表、乡里乡亲所凝聚的村落作为实体单位曾经在历史上兼具神圣和实权，那么村落正在慢慢地丧失其力量和光环，而村落的衰败和逝去也伴随着其他力量的新生，使得在乡土社会中生活着的人们对于世界和自身应秉持的原则和规矩有了新的期许和作为。

三、笑问客从何处来:"尊贵的客人"

2014 年,拿单 37 岁,他和太太育有两儿一女,一家五口人住在海边的房子里。拿单的妈妈后来嫁到澳大利亚并一直生活在那里。圣诞节刚过,拿单开始在村子中心的河边位置大兴土木,说是想要建新房子。村里人对我说,这是因为他的妈妈寄钱回来,帮助他建新房子,拿单妈妈的姐姐,也在帮助他们一起修建这所河边的新房子。那段时间新修起来的房子成为村民们茶余饭后闲谈的重点,其中充满羡慕,也不乏眼红,毕竟建房子花费不菲,这在户品村人看来并非小事一桩。亚伯拉罕在跟我讲这些事情的时候,很赞许地说,拿单的妈妈非常好,虽然身居国外还是给住在村子里的人经济上的帮助。

无独有偶,同样住在河边的萨拉一家人也在圣诞节后大兴土木。打听之后才知道,萨拉的儿子是一名橄榄球运动员,娶了一位澳大利亚女孩后生活在澳大利亚。时逢年末圣诞,萨拉老两口收到儿子的一笔钱,让他们建新房子住,于是老两口就找了一些村民帮忙,在老房子附近重新建了一栋新房子。就这样,圣诞节后的一个多月里河边一下子就冒出来两栋新房子。

不论是拿单的妈妈,还是萨拉的儿子,他们原先都是土生土长的户品村人,后来都移居到海外生活。当他们再次回到当地的时候,与村里人相比,成了更有财务能力的人。他们把自己宽裕的资金传输回家乡,给当地的亲人盖房子,改善他们在当地的居住条件和日常生活。

早在殖民地时期,斐济原住民规章便要求离开自己村庄到其他地方工作的斐济人要向他们原属的省份缴纳税款以及其他应付款,用以代替他们应担负的公有制的劳动(库尔特,1976:170)。这意味着村里的人

第四章 维护与延续:有关"我者"与"他者"的道德

如果要去城市生活,需向政府缴纳一笔钱才能离开。这些条例是殖民地政府为了管理斐济原住民及其土地,并且试图保持斐济原住民的生活方式而制定的。如今这些"不合理"的条例早已不再适用,人们可以自由选择到城市甚至到国外生活,生活在城镇或者是嫁到别的村庄的人们与村民之间的互动也反映出这种变动。这些常年在村外生活、偶尔回到村里待几天的人当中就会有人对村里的事务进行捐赠。

2014年4月初,斐济迎来了上半年学校开学后的第一个长假期——复活节假期。这也是圣诞过后的第一个节日。很多在城里工作的村民和在村外上学的学生在这个假期回到村子。卫斯理教会在村子里组织村民给教会筹款,这笔款项汇总后会交到上一级的卫斯理教会,类似于政府的税款,教会在记录筹款金额时是按照三个亚氏族来进行区分记录的。何西阿年近40岁,如今在南太平洋大学图书馆工作,年轻的时候他在村子里跟以撒在一起,生了一个女孩,即以撒的大女儿。何西阿在复活节回到村里,给他所属的黑色亚氏族贡献了1000斐济币,用于捐赠给卫斯理教会。寻他亚氏族迦得的儿子在斐济移民局工作,也给自己所在的亚氏族捐献了1000多斐济币。所以村民们将举办一个聚会,把何西阿和迦得的儿子作为尊贵的客人进行款待。起初我知道时感到有些奇怪,为什么这些原先村里的村民们再回到村里就会被称为"尊贵的客人",并受到如同外国人一般的热情款待呢?

这些曾经的村民虽然大多数时间都没有生活在村里,但回村子时带来了很多财物,于是也被放在了"客人"的位置,受到了类似"陌生人"的待遇,一天三顿的饮食和起居都受到很好地照料,这与他们对于自己财物的分享是分不开的。慷慨的捐献为他们赢得了声望和尊重,从而被亚氏族其他成员和村民当作"尊贵的客人"。布里松(Brison,2007:9)

认为:"跟扩展家庭成员去分享以及为公共事务贡献时间和财富是一种斐济人日常生活当中的责任。"何西阿捐赠 1000 斐济币的慷慨行为,和斐济村落一直推崇的共享是高度契合的,这也是为什么何西阿虽然在户品村土生土长,但可以享受尊贵客人般的待遇。当然,他的这一慷慨举动,也为他赢得了高度尊重。把何西阿视作尊贵客人的重新建构,是村民对其高度认可和赞许的本土表达之一。斐济村民正是在这种对于内与外的建构及其在不同语境的划分当中,实现他们对于相应情境下价值的导向和偏好。

四、同一屋檐下:家人

在中国的乡村研究当中,屡屡提及核心家庭取代家族、亚氏族、村落等意义单位,成为社会结构的基本单位。谭同学(2010)提出当前农村社会正从伦理本位迈向核心家庭本位。桂华(2014)指出当前农村家庭的一个重要变化就是,"核心家庭"替代了传统的"小家族"成为家庭生活和村庄社会结构的最基本单元。阎云翔(2009:240)在对中国北方村庄下岬村的研究中做出了类似判断。斐济户品村,也面临类似的改变。历史上,亚氏族和家族更为重要、更有意义,即使到今天,村里很多的大型仪式还是以亚氏族为单位来进行组织。但现在,以房子为基本地理划分的核心家庭却变得日趋重要。虽然斐济具有把村民组织起来的或大或小的社会组织,但渐渐地,大的社会组织在缩小,其社会功能在逐渐减弱,小家庭的作用越来越大。对于个体而言,家庭的意义越发显著。

一般来说,白天男人们下地干活,晚饭之后,男人们常常会聚在一

第四章 维护与延续：有关"我者"与"他者"的道德

起喝卡瓦酒，我所居住的那一家男主人亚伯拉罕也不例外。以前每个男人去喝酒时都会从家里带一些胡椒根，如今大家都会直接在商店里买两包带到喝酒的地方。但有一天早晨，亚伯拉罕自言自语般说道："喝卡瓦酒每晚上都要花掉四个斐济币，虽然晚上聚在一起喝卡瓦酒讲故事是我们的习俗，但有时钱花起来容易挣起来困难，所以其实应该把钱节约下来用于家庭的开支，你说是不是？"他意识到钱未必要用在每天的享乐上，还不如用于给自己家人买一些日常用品。从这个事例中也可以看到，在一起共享时光本是斐济村落中惯常的休闲方式之一，村里男人晚上聚在一起喝酒本是习以为常的，共享在这里意味着一个村落范围内、以性别为主导的社会生活。但如今，这种共享，或者说时间的投入更为集中，亚伯拉罕更愿意把时间投入自己的小家庭当中，他感到把钱花在自己子女的养育和教育上更为值得与合理。从某种意义上也可以看到，在货币自身所携带的经济理性的规训下，男人们的公共生活失去了原有的神圣性和不可或缺性。所以，在亚伯拉罕的思维里，对于可分享的界限进行了重新划分。虽然，他想到的并不是自己的享乐，而是作为一个集体的力量（原先是村落的男人帮，现在是小家庭）所施加给他个人的一种压力，或者说责任。他还是想到要把自己赚到的钱用于"公共生活"，只不过原先"公共生活"指的是村子里男人们之间喝卡瓦酒的聚会，而目前他认为的"公共生活"是家庭生活。这里反映的也是对个体而言意义单位的缩减，重要性排序的变化。

第二章关于尊重的叙述已论及，斐济村落结构依照性别、年龄有明确的高低的划分；然而，这种基于村落的秩序也在消减。下面是我2013年11月10日的田野笔记的内容：

每月的第二个星期天下午,全村的四大教派会在议政厅举行联合敬拜,全村人都会参加,由村里的四大教派轮流负责。这个月的联合敬拜由CMF教派来主办,CMF教会的教堂设在离户品村几公里处的一个聚居地,那里住了近十户人家,都是CMF教徒。从那里到户品村坐卡车需要五到十分钟,CMF教派今天分两批坐卡车过来参加联合敬拜活动。下午3点钟,在村里的议政厅前方,有键盘手、吉他手,还有几个站着的歌手准备演奏,前面坐了很多小孩,但是村民大多都还没有来,小孩后面最多坐了十几个大人。我问身边的以撒,她告诉我其他人会晚点来。斐济人做事还真的是不着急,什么事情都慢慢的。果不其然,敬拜开始好一阵子很多人才慢慢赶过来。敬拜的内容大同小异,主要是CMF教派的牧师在宣讲,其间会有小孩拿着碗向信徒们讨要奉献并表演舞蹈,最后其他教派的牧师也做了宣讲。五六点钟敬拜活动结束了,接下来就是一起喝下午茶。下午茶由主办敬拜的CMF教派的妇女们负责,她们都从家里带来了自己烘焙的蛋糕和面包。以撒说她们可能需要帮助,于是我们就一起过去帮忙。有七八个妇女已经在议政厅后面一角的位置坐下了,她们正在那里切放在烤箱盘子里的蛋糕和派,并拿出盘子放好,还有人正在打开装满了面包的纸盒子。我于是就过去想要帮着切。旁边有人已经摆好了装满各种蛋糕和面包的几个盘子,让我同另外一名妇女一起端过去先给牧师享用。在所有人里先服务牧师,这点是没有疑问的。村里四个教派的牧师坐在那里讨论开会,我把端着的盘子放在了已经铺好的布上,然后撤了回来。就这样来回几趟,那块布上已经放了三盘蛋糕和三盘面包,总共六盘东西。这个时候有一个妇女过来让我在那里用扇子扇着食物赶苍

第四章　维护与延续：有关"我者"与"他者"的道德

蝇，陪着牧师，我感觉一个年轻女孩干这个活太轻松了有些不好意思，于是把扇子给了一个端盘子过来的妇女，我更愿意奔波着端盘子。也有女孩给酋长和年长的几位男性端过去了茶点。议政厅的后方已经铺上了一块长长的布，全部被小孩坐满了，他们眼巴巴地望着我们，但还没轮到服务他们。于是，接下来我问我应该把摆好蛋糕的盘子端去哪里，就有人说，先去拿给老年妇女（基本是寡妇），于是我就端着去了，大概有四盘，放好。在那些妇女旁边坐了一些三四十岁的年轻妇女，但她们并没有站起身来帮忙，于是以撒开玩笑说："看看这些老年妇女，都站不起来了。"我们接下来就把食物端给那些坐着的中青年男子，可是中年男子有很多，我也只能听从调遣，他们让我端去哪里我就端去哪里。然而此时在这里放蛋糕的人已经无心照应了。以撒叫我给村长端一盘，我赶紧端了一盘过去。但是这会儿孩子们就不太平了，我的盘子端在路上就有孩子妈妈来拿走一片面包、两块蛋糕。我面露难色，她们说是给孩子的，结果渐渐的，所有的孩子都从餐布旁站起身来，坐到妈妈或者是比较亲的人身边要了东西开始吃。而此时还有些男人坐在那里没有食物，但已经没几个人在服务了，于是就变成坐着的人叫唤仅有的几个端着食物的人，而本来应该是小孩坐着的那块布也不知被谁收了起来，议政厅里像煮开的粥一般混乱。最后，大厅里变成一小堆一小堆的人们围坐在放有食物的盘子周围，聚在一起饮用茶点。

在第三章关于共享的讲述当中提及，在村子里，食物的享用顺序对应于享用者地位的高低，而一个人地位的高低直接跟性别和年龄相关。这么说来，在供应给牧师食物之后，接下来要给酋长和老年男人，然后再端给老年的妇女,接下来应该把食物端给村里的男人们,然后给孩子们,最后才应该是妇女们自己享用。但从这个例子可以看出,事情并非如此,孩子们等不到最后一刻,而妇女们既没有督促孩子们稍等,也没有自己动身把食物给其他人送过去,却也坐下来跟孩子们一起吃。最后坐在一起享用食物的人大多是各家核心家庭的成员,而原本给孩子们准备的花布完全没有派上用场。原先村落里以年龄和性别为划分的层级结构被更小的意义群体——核心家庭——所取代。

再以户品村的结婚仪式为例,萨罗米告诉我,在她们还小的时候,也就是20世纪五六十年代,结婚的仪式是比较繁复的。一个男孩喜欢上一个女孩,先要跟自己家里的长辈说,然后长辈(一般是父亲或者是舅舅)就会带着鲸鱼牙齿去女孩家里跟女孩的长辈请求[1],如果女方父母同意了,才会开始坐在一起商议结婚的事情。结婚仪式一般在教堂里举行,然后还要举行给嫁妆、装饰新房等传统的斐济婚礼仪式,仪式举行完之后男女两方所在亚氏族的人会聚在一起吃饭,晚上一起喝卡瓦酒。这些仪式一般都要全村参与。除此之外,新婚的夫妇也需要到镇上登记。但如今,与传统相悖的是,大多数已经养育有好几个小孩的夫妻都没有在教堂举行仪式,也没有在镇政府登记过。年轻夫妻只要情投意合,就会住在一起。然而,这一切现在又有了新的改变,在我田野调查期间就有三户人在家里举行了小规模的结婚仪式,这都是在卫斯理教会叶忒罗牧师的推动下进行的。

以撒和亚伯拉罕育有一儿两女,以撒告诉我他们夫妻俩是在怀了他

---

[1] 鲸鱼牙齿可以看作斐济本土人心中认为最贵重、最有价值的东西。在这种情况下带到女方家里的鲸鱼牙齿数量越多,表明越有诚意。

第四章 维护与延续:有关"我者"与"他者"的道德

们第一个儿子赛特的时候去镇上登记的。2014 年 3 月初的一个下午,以撒坐到我身边跟我说,他们近期会在家里办一个结婚仪式。我问以撒为什么在一起那么多年之后才突然想要办这个仪式,以撒跟我说:"因为这是他们的信仰。" 2014 年 3 月 11 日下午 6 点多,卫斯理教会叶弌罗牧师到亚伯拉罕和以撒家里给他们举行了婚礼仪式,婚礼仪式只有他们夫妻俩,还有以撒的哥哥雅弗和家里的五个孩子参加。婚礼仪式举行完之后我们在一起吃了饭,吃饭之前还给牧师太太以及以撒的母亲分别送去了一份饭菜。后来萨罗米问我为什么以撒的婚礼不叫她来参加,我说这是他们的婚礼,应该由他们俩来邀请,而且他们可能想把这个仪式弄得小一些,所以没有邀请其他人。后来萨罗米问我们吃了什么,当我告诉她我们吃的是咖喱鸡之后,萨罗米恍然大悟般自己解释说,这是因为他们吃的鸡要从镇上买,所以没有请别人。萨罗米最后用一种经济逻辑或者说食物的分配来解释他们为什么没有多请人。这样的解释近乎消费主义。

不论是食物准备的原因,还是因为这是在一起多年之后仅仅因为牧师的督促才要举办一个仪式,婚礼仪式从全村人参与到如今只有更为个人化的核心家庭成员参与,显示出核心家庭在村民日常生活当中发挥的作用日益重要。

另外,从孩子的管教上也可以看出现在管教孩子的责任和义务渐渐向父母转移。以前孩子不听话,整村人都有教育的义务,但现在父母渐渐成为教育孩子的主要负责人。比加是村落会议选举出来的儿童管理委员会(komiti ni gone)的负责人,也是村子里对孩子规训发挥重要作用的人物。每天下午 5 点,比加都会提一根长棍子,绕着村里吹哨,去球场上驱赶那些玩耍的孩子们,催促小孩回家洗澡。他每天出现时都穿着破衣烂衫，手提着一根棍子，这根棍子虽然未必真的是在使用，但震慑作用是毋庸置疑的，所以孩子们一旦看到比加就很害怕地跑开了。晚上9点，比加还会在村里吹哨巡视一圈，催促孩子们回家睡觉。晚上村里有发电机和电视的人家会放影碟，小孩也会跑到那些人家，有的孩子一听到比加吹哨就跑回家睡觉了，但有的孩子却只是偷偷猫了身子躲进里屋，想等着比加走后再出来接着看。但有时比加自己也放了棍子一屁股坐下来，开始看电视，闹得那些小孩只好偷溜出来赶紧回家。

但比加也不止一次在村落会议上强调，孩子们越来越调皮，希望父母能够多花一些心血，因为他一个人毕竟管不过来整个村子。从这里也可以看出，村落对于孩子的教育也在走向一种分化，村子里对小孩规训和管教的主体或者说主要负责人有了一个转变。比加虽然还在行使着村落会议上通过的儿童管委会负责人的义务，但他自己意识到，如今对于孩子的管教已经不能完全依赖他个人的努力，小家庭中父母在教育孩子中发挥的作用，已经日益凸显。

但从另一方面来看，对于孩子教育的注重从某种意义上已经成为家长以家庭为单位向村民索取和抗衡的方式。临走前我想要买一些胡椒根邀请村民来喝卡瓦酒，听说邻居赛特有一些储备，我就询问了他。赛特在把那些胡椒根卖给我的时候说，如果是为了他自己，他可以便宜一些卖给我，甚至不收钱直接给我，但因为这些钱是要给儿子的，所以要卖给我。他特意跟我强调这件事，其实也从另外一个方面显示出孩子作为未来的重要性。家庭可能是真正产生意义的单位，也可以说这种亲职责任又成了他们要求的一个理由。在圣诞节后，村里组织了一场接一场的以为孩子新年入学缴纳学费为名的筹款，家里有孩子上初中的村民纷纷利用这样的活动在村子里筹集资金。那几天基本上每晚村里都有这样的

第四章 维护与延续：有关"我者"与"他者"的道德

筹款活动，全村人都聚在议政厅喝卡瓦酒。有两个家庭在拿到钱之后，孩子并没有如期去上学，而钱后来就被家里人这里用一点那里用一点慢慢花光了。最终，用这种方式筹集的资金也并没有用于给孩子上学，筹款对村民而言只是圣诞时节每天聚在一起喝卡瓦酒的门票。以募集孩子学费为名的筹款，最终演变为家庭筹集资金补贴家用的一种方式。

斐济人非常介意别人怎么看他们、想他们，只为个人的方便和利益考虑在他们的社会评价体系里不被赞同。然而，当习俗，或者说村落已经开始渐渐变成了一种负担，而不是一种支持的来源，丧失神圣性意味的时候，作为一个经济单位和村落组织形式的家庭，开始被认为具有前所未有的重要性和意义。家庭作为一个意义单位的重要性愈加的开始凸显，孩子的现在和未来开始变得越来越重要。村民们对于生活的理解，从一种对于整体村落的层级制度的信任，走向了对于更小的意义群体比如说小家庭、大家庭和亚氏族的关注。另一方面，也如萨罗米所言，经济的利益也开始越来越多地约束人们的行为，人们越来越多地从单次的交换当中来计算各自的所得和付出。整个村落的秩序正处在一种混乱当中，而对于家庭的注重、对孩子将来希望的寄托，成了对过去历史和传统轻描淡写之余，更为踏实地面向未来的方式。

还记得我第一次进户品村是在2013年年初，当时萨罗米带着我去找酋长献祭，献祭完之后她带着我去海边。到海边时看到一群小孩在玩耍，村里小孩还不习惯看到外国人，他们都怔怔地盯着我，满脸的好奇，但是不说话。萨罗米让这些小孩快向我问好。我问萨罗米她认识这些小孩吗？萨罗米告诉我，这些都是村里的小孩，她要教给他们见到陌生人时要问好的礼仪。我想，这可能跟萨罗米之前是小学老师有关，教别人已经成了一种职业习惯。后来当我再问起萨罗米，她解释说，她之所以告诉那些孩子们要跟我打招呼，是因为觉得自己有义务去教育村里的小孩。她说："我是母亲，也是奶奶，我是这个村子所有孩子的妈妈。"萨罗米告诉那些孩子要向我打招呼，是因为她认为教育村里所有的小孩是她对于整个村落应有的责任，那是她应该做的。作为年长一辈的人，她所在的年龄层有着不一定可见但一直在发挥作用的组织，萨罗米认为她处在的那个年龄稍长的年龄层所应有的责任就是要教村里的小孩懂得礼节。

  村子对于教育孩子有整合性的一面，但另一方面，为了孩子们的成长和将来的发展，萨罗米这种心怀整个村子的想法也是有一定的范围的限定的。对于某些父母而言，他们不希望孩子们太过于接触到"外面的世界"。在这种情形下，村子被刻画成为是一个邪恶和坏影响的来源。家庭是个人之上的基本社会单位或初级社会群体，也是传递道德伦理和价值观念的重要空间。毋庸置疑，人们对家庭的看法在很大程度上是文化与历史的产物。萨罗米提到他们家为什么要建在村庄外面时说：

  在村庄外面，比较容易教育孩子。我一直都告诉我的孩子不要在村子里跟外面的孩子玩，否则他们就会跟着其他年轻人到处去玩，而家里告诉他们什么，他们都只会去做相反的。当我住在村庄外面，每天看着他们去上学，然后从学校直接回来，这样我就能保护他们。（摘自田野笔记）

  萨罗米很清楚地表达了对于孩子活动范围的限制是她在教育孩子当中十分重要的因素。萨罗米觉得村子里很多东西都变了，现在她也无力改变更多，只有教育好自己的孩子。萨罗米对村里人怀着一种较为负面

第四章　维护与延续：有关"我者"与"他者"的道德

的评价，她反复告诉我说，村里的人不会有大的发展，因为他们没有受过很好的教育，而且人心不很好，容易嫉妒那些做得好的人，父母对于孩子也没有认真投入很多，而且村子里的女孩们都是未婚先孕，人也比较懒，什么事情都不认真去做。另外，村民仿佛对什么都不太在乎，只要有了今天就不管明天后天，什么事情都是"随便"（veitalir），没有原则，也不再遵循传统，不听上帝的话。萨罗米还说之前尹松说起我要来村子里的时候，她的第一反应就是希望我不要来，因为觉得这个村子很多传统都不在了，并不是一个好的村子。但是后来她又一想，这也好，因为这的确是斐济村落的一种现状，正好让我来看看他们的真实状况。

萨罗米更希望孩子们待在家里，她认为这是把孩子和外界不太好的环境隔离开、进而更好地对孩子进行教育的方法。另外，萨罗米说她自己现在也不喜欢多去村子里，更愿意待在家里，因为在家里还能做点家务，而到村子里就只是闲聊别人的事情。萨罗米对于村子的失望情绪使得她更为关注自己的小家庭，她是在上帝的完美和村里人"罪"的对比当中去建构自己生活的意义及其存在。萨罗米在对孩子的教育当中严格地把在村子里游荡的孩子对象化为坏孩子，原本从众、"在一起"、共享时光是一种常态，但萨罗米通过规定孩子的活动直接从学校到家里，把村子对孩子的影响降到了最低。

然而，尽管萨罗米说现在要把自己的小孩教育好，但当她说到意义的时候，还是希望这样能为村里人树立一个榜样。由此看出，虽然她认为村庄已经道德沦丧，今非昔比，但是自己辛苦教育孩子的最终目的，还是要为了村民能够看到，或者从自己对孩子的教育当中得到收获，谋求整个村庄共同体的福利。萨罗米的确想要教育所有的小孩子，但是现在，面对户品村这样一个比较混乱的局面，她希望把自己的孙子孙女教育好，给村子里的人树立一个榜样。从萨罗米的眼神和语气中，我能感受到她那种坚定的信念，我相信她对于子女、孙子孙女尽心尽力的教育和培养是源于母性的本能，但同时也心怀村庄，忧心于村庄的发展，她在自己孩子教育的解读中投注了更具情怀也更为宽广的理解和期待。村庄或者说这片土地所蕴含的那种集体感和神圣感并不因为她对于村庄的批评而减少，萨罗米其实是在另外一个层面上构筑这个村落整合性的期待和想象。因此，从表面看，萨罗米似乎从对整个村落的关注降到只是对于自家小孩的关注，但事实上，究其根本，萨罗米想要好好教育孩子的意图还是要让全村人都看到，最终通过群体呈现的方式影响村民，希望村落能够有一个更好的发展。

综上所述，无论是在联合教会仪式之后的喝茶次序本应依照年龄层和性别有序进行，而最后却演化成为小家庭的聚集，还是婚礼仪式的家庭化，以及萨罗米在教育孩子上对于家里家外的明确划分，都显示出原先作为主体的村落，渐渐从一个更为整合、更有统摄力的概念开始走向了分离。与原先的年龄层的划分形成对照，家庭成了更为重要的活动单位。共享依然有着原生的重要性，但如今共享的范围已经有了显著的缩减。斐济村民通过对自己所在村落内部的划分和界限的划定，把家庭看作一个更小的意义单位，对孩子进行规训，借此来形塑他们认为具有秩序感的生活。

韦伯（1998）在讨论家庭单位的缩减时提到，在早期农业处于相对原始状态时，雇用大批劳动力是增加土地收益的唯一手段。唯其如此，家庭的规模日益增大。然而，随着个人化生产的发展，家庭的规模开始缩小。这一趋势一直持续，乃至今天由父母与子女组成的家庭被视为正

第四章 维护与延续:有关"我者"与"他者"的道德

常的家庭。家庭的功能亦发生了重大的变化,以致对个人而言,参加一个大的共产制家庭变得愈来愈不合时宜。个人不再得到家庭及家族群体的保护;相反,他受到政治权威的保护,后者在其管辖范围内行使强制性管辖权。其次,家庭与职业在空间上开始分离,家庭不再是一个共同生产的单位,而是一个共同消费单位(韦伯,1998:92)。在文化发展的进程中,削弱家庭权威的内部及外部要素占了上风。在内部,与经济手段与资源的量的增长相联系,能力与需求的分化亦渐发展。随着人生机遇的急剧增加,个人越来越不满足于群体所强加的严格而呆板的生活方式。他愈来愈渴望塑造自己的个人生活并按照自己的愿望享受自己能力与劳动的果实(韦伯,1998:91)。而斐济村落中的意义单位是否会如韦伯论述的那样变得更为个体化,只有在历史的继续推进中才可以言明。

五、"为我们感到羞愧":酋长的悲伤

萨林斯(Sahlins,2005:37-38)写到,现代化过程中一个必要阶段就是"羞愧"的体验,通过这个过程,人们开始学会恨自己拥有的,并开始期待自己可能成为的样子。对于斐济村民来说,madua 一词在日常生活当中用于讲述某件事的时候形容自己很羞愧,或者很不好意思。田野中我发现,"羞愧"其实是酋长保护自身群体认同的一种情绪,而酋长对于自身文化的认同在很大程度上形塑着他们对于群体边界的认识。

户品村是被称作"城市"的村子,这个别名隐含的意思是,村里风气不好,很多在城市里才发生着的事情都在户品村里发生着,比如偷盗、种大麻。撒母耳是户品村如今还在世的几个为数不多的男性老年人

之一，他说，20世纪六七十年代时户品村最为混乱，时常发生男人溜进妇女房间的事情，偷盗也时有发生，而这与村里对大麻的种植和吸食有着直接关系。后来由于警察猛抓了一阵子当地的治安，警车基本上每个星期都要来村子里抓一次人，被抓到监狱的村民还会挨打，到了20世纪90年代，村里情况开始有了好转。但在2014年3月，大麻问题突然又激化起来，有警察从镇上开车到村里调查村里种大麻的事情，但因为没有找到具体证据不了了之。

警察走后，雅各酋长召集村里所有年轻男子开了一个会，说给村民一个星期的时间来处理那些种植的大麻，如果该拔了的不拔，那么就要上报到警察那里去了。在会上酋长强调说："这让我太羞愧了（madua sara ga）。"意思是说作为村里的领导者因村里正在发生着的事情而在面对外人时感到万分的羞愧。酋长借着他作为酋长的地位以及对于户品村的一种集体认同，想要呼吁这些年轻男子回归到村落原有的传统秩序上来。酋长的发言正是在强调对自己所在这片土地的认同，想要回到重新整合村落秩序的这样一种努力。他反复强调自己的羞愧，其实并不是憎恶自己原有的文化，恰恰相反，是对于原有的村落秩序的向往以及怀旧，也是在唤起在座年轻男子对村落的集体认同。同时，他也表示，大麻一定要拔掉，如果没有具体行动，就要使用外部力量（陌生人）——警察——来把村民里的人抓走。他试图通过对于界限的设置和划定，重新塑造村民们的秩序感。

"人们会怎么看、怎么讨论我们"，是斐济人内心中十分关注的。前文提到，生活在熟人社会中的斐济村民，非常关注自己如何被讨论。按照本尼迪克特对于耻感文化和罪感文化的划分，在基督教还没有进入斐济人的生活之前，原生的斐济文化应该更接近于耻感文化。本尼迪克特

第四章 维护与延续：有关"我者"与"他者"的道德

(1990：154)认为，在人类学对各种文化的研究中，区分以耻为基调的文化和以罪为基调的文化是一项重要工作。提倡建立道德的绝对标准并且依靠它发展人的良心，这种社会可以定义为"罪感文化"。而在以耻为主要强制力的文化中，对那些在我们看来应该是感到犯罪的行为，那里的人们则感到懊恼。耻感文化中没有坦白忏悔的习惯，甚至对上帝忏悔的习惯也没有。他们有祈祷幸福的仪式，却没有祈祷赎罪的仪式。真正的耻感文化依靠外部的强制力来做善行，真正的罪感文化则依靠罪恶感在内心的反映来做善行。羞耻感要求有外人在场，而罪恶感则不这样。的确，在日常生活当中，经常能听到斐济村民说"羞愧"，尤其是在人际关系中一个人面对其他人的时候。当村子里有人抽大麻，雅各酋长开会的时候就反复用到这个词，来表示他内心的情感。这与基督教强调罪感的文化体系是有区别的。

另外，以诺酋长家里的东西被偷，但他不愿意去警察局报案，说那是因为他感觉到羞愧。酋长原本具有的神力已经消减，警察作为维持秩序的外部力量已经渐渐成为不少村民的选择，出现问题时不少人都开始想到找警察去说理、报案。但以诺酋长在自家被盗这件事情上就退缩了，因为他在乎的是这个村子的名声，不想让外人知道这件事。因此，尽管他作为酋长在村子里的地位已经岌岌可危，但他对于户品村的认同感使得他还是想做到"家丑不外扬"。

户品村历史的官方来源是记录在案的《村落简史》，斐济语叫作 i tukutuku raraba，是 20 世纪 20 年代斐济文化局下到村里通过访谈记录的村落历史，这份记录的意义在于帮助斐济政府（1880 年成立的斐济土地管理局）确认土地所有权。一般酋长和村里的长者家里也会有复印件。我获得的这一份是大家族长者跟我相熟之后才拿出来给我看的。它记载了户品村的几大亚氏族迁徙到户品村这片土地的历史。从这个村庄的历史来看，原先他们的酋长传承颇有"禅让"之风。但现在两位酋长明争暗斗，谦让不复存在。谦让被看作愚蠢，馈赠被认为是不为自己以及子孙后代考虑的轻率行为。村里的雅各酋长和以诺酋长并列存在且常常剑拔弩张的局势也从另一个角度显示出礼让的不复存在。幸而雅各酋长的孩子都在苏瓦成家了，他自己也常年住在苏瓦，而以诺酋长则因为身体不好住院多次，二人同时在村子的时候并不多，所以谁在村子的时候就谁当酋长，倒也部分解决了"一山不容二虎"的难题。村子里分派是明显的，一部分人跟随雅各酋长，另外一部分人跟随以诺酋长，并不团结，不过表面上也还算和平，尽管这种表面的和平非常脆弱。

村里的决议一般是通过一个月一次的村民大会来商讨和决定。在2014年3月举行的村落会议上，村民因是否可以在议政厅里举行教会聚会产生了争议。迦得作为一个常年在外面工作、如今回到村子的老人，明确表示不应该在人们跳舞抽烟的地方进行神圣的宗教活动，进而商定今后一月一次的联合教会敬拜不再在议政厅举行。可是后来雅各酋长不在村子的时候，有人央求以诺酋长在议政厅举行教会聚会，以诺酋长同意了。结果这在接下来的村落会议上引起了争执，当雅各酋长问起为何教会又在议政厅举行时，以诺酋长说："那是我说的！"雅各酋长马上就说："你说的？你以为你是谁！"议政厅里的空气一下子凝住了，没有人说话，村长马上站出来说，今天的会就开到这里，匆匆解散了会议，尴尬的局面暂时缓解。

当我访谈亲属之间禁忌的时候，以撒和亚伯拉罕在耐心地向我解释了哪些亲属关系的人之间是不能说话、不能随意开玩笑的之后说，斐济人都是这样的，但有的村子更加的遵循这些传统，而有的村子则不然，

第四章 维护与延续：有关"我者"与"他者"的道德

比如说我们所在的户品村。我问为什么，没想到坐在旁边一直沉默的以撒的哥哥赛特说，因为酋长的领导太松懈了。赛特把这个村子的"世风日下"和"不守规矩"归因于酋长的懒散。

村民通过对村里人群体的划分，进而对道德秩序进行解释和定义，借以建设一个更有秩序感的村落。而酋长，作为一个村落中最有身份地位的人，在户品村权力秩序混乱的时候，试图通过唤起村民对他们村落的认同来凝聚村民对于秩序和道德的追寻和坚守。究其根本，对于村民而言，认同和规范还是一个边界问题，哪些是他们的，哪些是我们的，哪些是共同的。很多时候，对村民而言，一件事情应该做或者不应该做，并不是因为某件特定事情的对错是绝对的，或者说是理性意义上的对或错，而是因为害怕别人会议论，自己所在的群体会觉得不好意思、觉得羞愧。在陌生人眼里他们自己的形象和位置，以及由此导致的别人对自己以及自己所在群体的讨论，即担心"别人会说的"，是他们遵守一些行为规范的根本原因，而不是其他。

以上是对斐济村落当中的"自己人"的论述，下文将对"他们"——所谓的"陌生人"——展开论述。

第二节 陌生人：他们是谁？

斐济历史上有食人的传统，有不少人类学家（Sahlins，2003；Obeyesekere，2003，2005；Banivanua-Mar，2006，2010；Tomlinson，2009）均对此做出过论述。一般被吃的是在战争中战败的敌人，即"陌生人"。吃人习俗的存在，是作为斐济本土历史上危险和有力量的标志，它不再作为一种实践存在，而是作为一种广泛流传的传说存在。陌生人在过去看来是危险的，但同时是治愈者（healer），也是道德守卫者。此处所说的陌生人更确切地说应该称作"外人"。此处使用"陌生人"一词，最初受萨林斯提出的"陌生人－王"的影响。萨林斯（Sahlins，2008：177-179）指出，从古到今，全世界有相当数量的社会都由"陌生人"来统治。"陌生人"在斐济语里并没有严格对应的词，比较相近的是kai tani（来自别处的人），而vulagi在斐济语里是客人的意思，客人是一个相对于村民的概念。

所谓的陌生人、外人，有着很深刻的合法性来源，这与斐济人的"好客"直接相关。在官方关于户品村的记载里就提及，对外来人的友好，其实完全是为了留住外面的人，才给他们土地，把酋长的位置让给他们。

萨林斯（Sahlins, 2005：23）认为，现代性要求一定程度的个人主义，这就要求每个人都把他自己的偏好作为一种人生目标和项目，因而一个社会由众多自主性的、要求私人的物质满足的个体组成。但与之相反的是，以往的研究都说明斐济人是生活在亚氏族社会当中的，每个人都是社会性的个体。尤其是对于生活在乡村的太平洋人来说，他们是一个强调人际关系的社会，尚未意识到在社会责任与个体满足之间的根本性冲突：我们付出的会减少我们自己拥有的。然而正如传统太平洋社区的规则所言，他们正是在为他人做事的过程中建构了自己。针对"发展"（development）这个从西方引入的引起地方文化变化的概念，萨林斯造了一个与之相对的概念叫作"发展人"（developman），用于解释当地人在应对外来文化入侵时对于自身的改变，萨林斯将其定义为"对究竟'什么是人类'的观念的丰富"。同时他指出，"发展"不论发生在什么地方，

第四章 维护与延续:有关"我者"与"他者"的道德

以什么样的方式,其实都贯穿于西方文化对当地文化的解构,以及当地人们对试图整合他们的文化进行的斗争当中。"斗争"一词显得过于激烈,斐济人对于异文化的接纳过程中所表现出的能动性,并非总是一种"碰撞"或者"发展",更多的是丰富自身意义,使之合理化当前变动不居的世界。

下面我将考察新教派教职人员、学校老师、和平组织志愿者、中国公司工人以及警察这五类户品村里的陌生人,对他们对于户品村道德与秩序的作用进行描述。

一、新教派

上文提及斐济历史上的食人传统,以及早期传教士记载中斐济村落寡妇被绞死或是陪葬的习俗,都在基督教进入之后逐渐消失。基督教从一开始进入斐济,就和所谓的传统产生了对立。卫斯理教会是所有进入斐济的基督教教派当中最早被大酋长接受的教派,同时也是在斐济最早得到广大斐济民众广泛认可的教派,虽然卫斯理教会跟村落原有的权威关系运作结合得很紧密,但教会和基督教进入之前的村落权威结构还是存在着一定的冲突和竞争关系。关于村落、教会和政府三者之间的矛盾整合关系,之前有人类学家已经做出过著述(Tuwere,2002)。如果说教会和村落间的紧张关系是村落权威争夺不定的常态,那么在如今已有七个教派进驻的户品村,还试图进入户品村的新教派将不可避免地引发更大的冲突。

福山(1998:349)曾经认为,当一个族群是以许多世代依赖祖先传递下来的单一信念结合时,这一信念的权威即被视为自然,成为一个人道德性格的建构因素。信念使人和家人，甚至和整个社会的其他成员结合起来。在今日的民主社会中，进行这种信念的选择不会造成太严重的牺牲和后果，但由此得到的满足程度也日益降低。选择太多，信念与其说是团结人们，不如说常常让人分离。在户品村，此种情况正在上演，越来越多的不同教派出现在同一个村里，不同教会之间存在着相互竞争的关系。

户品村跟斐济其他大部分村子一样，最早只有卫斯理教会。而且户品村很早之前在海边就建有卫斯理教会教堂，但是一直都没有常驻牧师，而临近几个村子都归一个牧师来管，这个牧师一个月过来村里一两趟。在2000年的时候，户品村有了第一位牧师——以斯拉牧师。卫斯理教会牧师是由总部派任的，一个牧师在一个地点常驻五年，以斯拉牧师从2000年初一直待到了2004年末，接着换其他牧师来户品村。以斯拉牧师讲述他在户品村的情况时说："当时每个星期天有三场教堂聚会，教堂都坐得满满的。教会还组织村民一起建小学，酋长叫大家去干活大家都不去，我在教堂里一说，大家都说好，都愿意来干活，连小孩都来参加，帮着去海边搬沙子，才两个礼拜就把村里学校建了起来。当时做什么事情凝聚力都很强。"

雅弗星期天都不去教堂，而且他很明确地说以前他是去的，但是现在不去了。当我问到他为什么不去的时候，他并没有给我直接的回答。但是在平时的交谈中，他常常会批评那些改换教派的村民，对我说："如果总是换教派，说明本身的信仰就不坚定。"从某种意义上来说，他不再去教堂是一种无声的反抗，表达的是对村里人纷纷转换教派的不理解、不满和蔑视。

以撒的妈妈狄波拉年逾七旬，据她回忆，她小的时候村子里还没有

第四章 维护与延续:有关"我者"与"他者"的道德

其他教会,只有卫斯理教会一个,如今的新卫斯理教堂修在原来教堂的旁边。20 世纪 70 年代,神召会进入户品村,最早先在酋长的家族房子敬拜,后来在村口搭建了一个简易教堂,才慢慢在户品村发展起来,吸纳了一些原本是卫斯理教会的教徒。萨罗米自己原先也是卫斯理教会的教徒,后来才转到神召会。当我问起她为什么转换教派的时候,她跟我说:

> 1989 年,我丈夫生病了,我当时就想到去叫神召会的牧师。本来我的丈夫盖了好几层厚厚的毛毯还在那发抖,但是牧师一进门,他就坐起来了,看到这个我就明白了,于是我就转到了神召会。到了神召会,我才知道罪究竟意味着什么。在卫斯理教会的时候,所有的东西都是混在一起的,说闲话,对别人指指点点。但是在神召会,我变了,我越爱上帝,我就越爱世人。(摘自田野笔记)

2014 年 5 月,有一个自称为"石头"的新教派想要进驻户品村,并在村里议政厅举行敬拜仪式。我 2014 年 5 月 22 日的田野笔记是这么记载的:

> 昨天下午还在学校的时候就能听到从村里议政厅传来了很大的音箱音乐的声音。到了傍晚时分,那声音简直已经可以用嘈杂来形容了,不知道声响怎么会那么大,感觉整个村子都被声音所震慑。然后我听到人们都在讨论,这是那个新来的教会在举行仪式。我跟以撒吃过饭一起去议政厅,到的时候前排已经坐满了小孩,整个房间就像是一个巨大的迪厅,声音很大,人们热情高涨,这和卫斯理

教会庄严肃穆唱赞歌的敬拜方式大不相同。参加教会仪式的村民不仅只是跟着前面的吉他演唱和牧师传教跟着唱，不少人都边唱边跳，欢快地来回小跑。前方接了一盏灯，还贴着白色的条幅，上面写着"欢迎来到 Na Vatu 上帝全能救世主教会开幕式"。后来我跟一起去的以撒姐姐聊天，才知道牧师在布道的时候强调户品村秩序的混乱，而且解释说那是因为村里有恶魔，因而村里所有的事情想要做却怎么也做不成。（摘自田野笔记）

石头教派内部高低的层级秩序远远弱于卫斯理教会和村落的酋长制社会，扁平化的管理体制使得教会里有种人人皆可为王的氛围，参加这个教会的村民才不过几天就能马上被册封为"牧师"[1]，而牧师这一称谓在其他传统的基督教教派来说是有着很高的神圣性的。石头教会的这种扁平化机制对传统的层级制，包括牧师原有的特殊性（也是特权）是一种侵犯和挑战。石头教会还宣称教众可以免于缴纳奉献。这些较为宽松的条件也在一定程度上吸引了一些新信徒。石头教会的牧师和村口的那家人有点亲戚关系，所以那家人自然成了石头教会到户品村的第一站。在石头教会进村并举行教会仪式之前，作为外人，石头教会的牧师向以诺酋长做了献祭，请求进入户品村举行敬拜，以诺酋长同意了，这也表示酋长所代表的村落的准许。于是石头教会当晚就在村里议政厅开始了敬拜活动，却没有向村里最大的卫斯理教会的牧师请求，也没有征得户品村主管宗教信仰的任何一位牧师的同意。这让卫斯理教会牧师叶

---

[1] 牧师，在斐济的日常用语中是 talatala，这既是一种称谓，也是一种身份。一般各个教会的首领就是牧师。在斐济，牧师社会地位较高，有时可以和酋长相提并论。

第四章　维护与延续：有关"我者"与"他者"的道德

忒罗非常不满，对石头教会在议政厅举行仪式提出了坚决反对。于是，石头教会星期三晚上才开始在议政厅的敬拜，到星期四就被叫停了。随后在户品村小学开家长会时，我在学校走廊见到叶忒罗牧师，他也来学校布道。当与他聊起在议政厅举行仪式的新教会，他说：

> 我让他们停了的。他们没有来问我，而只是去问了村落，但我是教会的领导，他们并没有知会我。后来这个新教会的牧师就带着鲸鱼牙齿过来请求原谅，但是我还是没有同意让他们继续在村子里举行教会仪式。如果他们都不懂得尊重我，尊重村落，他们怎么会尊重（叶忒罗牧师说到这里停顿了一下，用手指了一下天空，表示上帝）。而且我说过不行了，不行就是不行。（摘自田野笔记）

我接着问："那如果石头教会在议政厅举行教会仪式之前就来向您请求，您是不是会同意呢？"叶忒罗牧师说："我还是不会同意。"我感觉有些惊奇，问他原因。他解释说："因为村落会议代表村落已经决定了不再让新的教会进驻到村子里来，就应该坚持这个决定。但是现在，酋长却私自推翻了大家之前的约定，而且涉及教会的事情却没有跟任何一个牧师商量过。另外，石头教会在敬拜时用了吉他和其他乐器，同时使用了话筒和音箱，声音非常大，布道过程中还涉及不利于卫斯理教会的言论。"

叶忒罗牧师认为这是新进的教会以及村里议事制度对他不尊重的体现。村落和教会之间一直存在着一种既合作，同时又相互斗争的关系。村落和教会哪一个更为重要，哪个拥有优先权，一向都有争执。叶忒罗牧师提及村落和教会本应是一起的，而且教会主管的诸多事务是涉及人精神层面的需求，所以应该有更高的地位，甚至超过了村落。叶忒罗牧师认为这一切本应当是不言自明的，因为神掌管着一切，但现在这却成了他需要不断去伸张的事情。叶忒罗牧师的故乡是斐济东部的小岛屿Lakeba，那是卫斯理教会最早进驻斐济的岛，作为牧师的他感觉到一种强烈的、想要维护卫斯理教会的责任感。叶忒罗牧师之所以对新教会进入户品村持反对意见，主要还是源于卫斯理教会没有得到酋长应有的尊重。在这里，他再次强调了自己作为教会领头人在各方面应该是更受尊重的。那天的教会活动没有经过他的应允就直接在议政厅举行，所以他将其叫停了。他说在这里，村落经常会干涉到灵魂层面的事情，还提及进驻户品村的前三任牧师同样没有受到尊重，村里酋长想怎么做就直接怎么做。到他这里，他有义务把这件事情做对。叶忒罗牧师的解释都是围绕着尊重来表述的。另外，户品村的村落会议在之前就这个问题已经达成了共识，酋长不应该随随便便就推翻之前的决议。当然，叶忒罗牧师还一直强调户品村本来就已经够分裂的了，村里已经有了八个教会，如果再有新教会进入，户品村只会更加走向分裂。

以斯拉牧师在访谈中提及，如今大家都各做各的，就消减了村落的整合性。说到这里，他搓了搓手，做出像平时洗手的动作。在斐济的语境中，这个动作表示某件事结束了，或者不了了之。以斯拉牧师的访谈仿佛是在诉说一个时代的结束。户品村村民虽然都信奉基督教，但村民内部越来越多的教派不过是自扫门前雪，进一步将户品村推向了分化。

与之相比，在与户品村相隔几十公里的书品村，除了有三家人从属于天主教，两家从属万国教会（All Nations）之外，其余全是卫斯理宗信徒。书品村酋长不希望再有其他教派进驻书品村，他同样认为太多的教派会分裂这个村子，教派林立带来的分裂破坏了"在一起"的文化传统，是他所要勠力阻止的。

叶忒罗牧师试图阻止新教派的进入，这不仅仅是他维护教会权威性的方式，同时也是他维持村落秩序的方式。村民迅速地达成协议禁止新教会的进入，正是试图通过这种方式限制新教派对村落可能带来的分裂。即便酋长后来自主决定可以让石头教会进驻，村落教会的主管者牧师还是竭尽全力反对这件事情，最终把这个新的教派挡在了村外。石头教会最后只能在村外敬拜，虽然也有一些卫斯理宗信徒被吸纳为石头教派信徒，但村落的整合性依然在一定程度上被保持了。

二、学校老师

西方的学校教育被引进斐济已有大约150年的时间，教育在国家议程当中越来越重要。斐济每年花约20%的预算来支持教育系统。尽管如此，教育质量仍然参差不齐（Tavola，1992：1）。斐济的初等学校教育分为小学教育和中学教育。小学教育在斐济已经基本普及，中学教育并未被强制，但大多数孩子小学毕业后都上了初中，尽管辍学率较高。中学教育结束之后学生有各类职业技术教育学校和师范类院校可供继续学习，在苏瓦还有高等学府南太平洋大学。斐济的初等教育分为三种，一种由社区（村庄）来管理，一种由教会管理，一种由政府管理。按管理族群的划分可分为中国裔学校、印度裔学校、斐济本土学校。经过教育部的管理和改革，学校都面向各个族裔招生，所以很多学校虽然由某一族裔来管理，但是学生和老师来自各个族群。

户品村小学建于1948年，现今村里所有在世的老人都曾在那里读过书。户品村小学由村落社区成立的学校委员会运营，学校委员会成员大多是户品村小学学生的父母,委员会任命委员管理学校的财务,每三年选举一次学校经理。

学校老师直接由教育部指派到村里。包括约坦校长在内的六位户品村老师中有五位是斐济本土人,一名罗图马人。老师都住在村里由教育部拨款建在学校操场旁边的几栋房子里,老师是村里比较特殊的群体——受过较多教育,并非在本村长大,因而这些老师最初于本村村民而言都是陌生人。老师都被划归在酋长所在的亚氏族——大房子亚氏族——里,这样他们就被视作为村里的一员了。村里有任何活动,他们也自然有了亲属的义务,需要参加村里的活动。然而,虽然他们被划分在亚氏族里,他们又不完全是本村人。前文已提及斐济人之间相互关系的丰富性。他们也会跟村里人有着一些或远或近的关系,虽然未必特别亲密,但认同感仍然成为他们与户品村之间的羁绊,因而只要有血缘亚氏族的相关活动,老师们就会参加。约坦校长和他的家人跟椰子大家族有一些血缘关系,尽管这个关系其实比较远,但只要这个家族有活动,约坦校长和他太太都会参加。

户品村村民对子女接受学校教育的态度有明显的分化:一类村民重视子女教育,子女按照学校教育的顺序在户品村读完小学,之后进城继续求学,毕业后也都有了工作,在城里安家,萨罗米就是典型的例子;还有一类像村里四十多岁的马拉,他并不支持子女教育,儿子小学毕业后就被安排回到家里帮着干农活。亚伯拉罕和雅弗都说过,男孩即使不继续读书,到镇上找工作或待在村子都可以。相比而言,女孩一旦结婚其生活随即将被锁定在村里,而将来嫁给谁是未知的,因而更需接受教育以确保将来找到工作。

村里小学生日常的一天是这样开始的:早上起来,吃完早饭去学校，到了学校书包一丢就和小伙伴们在学校里疯玩。8点半左右，高年级的同学组织低年级的同学去操场，准备开始集体刷牙。每天清晨刷牙是由教育部主导，自上而下在学校向小学生推行的略带强制性的活动之一，主旨是要教会孩子们讲究卫生。

学校老师友尼基常常抱怨，这些事情其实都不应该放到学校里来进行，是家庭教育的范畴，但现在教育部要求教师把这些事情放到学校来做，其实又加重了我们教师的负担。

星期天我去教会的时候能看到教会里有很多孩子。有一次我偶然间跟高年级的老师友尼基聊到村里孩子们很大一部分都会在周日去教会的事情。我说："也许成年人都开始不去教会，但父母亲还是把孩子们送去教会，这还是不错的。"友尼基说："你以为是父母亲把他们送去教会的吗？根本就不是，是我们老师总是在学校里强调星期天一定要去教会。我们每个星期五早上的祈祷时间都会跟孩子们强调周日要去，然后每个星期一的时候还会问他们周末有没有去，是我们监督了他们去教会，而不是他们的父母。"

另外，老师在学校教育里会反复强调共享的重要性，把共享作为重要的美德在对孩子的教育当中反复灌输。在2014年5月30日和6月4日的田野笔记中，我记录道：

> 早上10点钟，是幼儿班休息吃茶点的时间。幼儿班老师内奥米先监督着孩子们去洗手间洗手，孩子们就都奔着洗手间去了，幼儿班在教室里设有一小间洗手间。出来之后孩子们就跑到老师桌子旁拿自己的书包，接着围着桌子坐下来一起吃，吃的时候也有分享。盖勒普今年五岁，他带着鸡蛋，有个小孩想吃鸡蛋，老师就

说:"那就跟盖勒普去要。"小孩就跟盖勒普要了,盖勒普神情淡然,很大方地把自己饭盒里的鸡蛋撕出来一点点给了那个小孩。在这里就是这样的,只要你有,身边的人向你提出请求说想要,你就有义务要给,然后接受的人会表示感谢,这是人与人之间关系的常态,分享是一种再重要不过的品质。吃完东西后,孩子出去打闹着玩够了才回到教室,内奥米一直耐心等待着。

内奥米告诉我五岁以上的孩子才开始学习写字,而三到四岁的孩子都是由她带着给图画涂色。上色是幼儿园教小孩很重要的一点,内奥米把图画好了之后挨个地手把手教孩子们上色。教会几个孩子在给图画上颜色之后,内奥米就又去教另外几个孩子数数,还用讲故事的方式教孩子们学习英语单词。内奥米坐在桌子上帮助他们,孩子们不太坐得住,东跳西跳的,有的孩子还站在了椅子上,在那里玩得很欢快。有时候小孩会打架,打不过就跑去老师那里告状,然后再由老师来主持公道。有些孩子没有尺子,有的没有橡皮,于是开始到处借,有的孩子铅笔不够,于是内奥米让孩子们把铅笔都放在桌上,让大家共享。

结束一上午的学习之后,大家把脸埋在手里闭上眼睛,然后开始祈祷。内奥米对孩子们嘱咐道:"放学后要直接回家,不要到处乱跑。星期天也要去教会。"

索取和给予在孩子们的生活当中同样重要,同学们之间互相借东西在户品村小学十分普遍,甚至老师还会派班里的小孩去跟临班的老师借文具。一个人手头有东西拿出来给大家一起用是一件非常自然的事情。这和乡村物资的匮乏有关,很多东西数量不够,比如说教育部给村里学

第四章 维护与延续：有关"我者"与"他者"的道德

校分发的课本是有限的，无法分配到一人一本，需要几个人一起看。另一方面是村落道德体系对于共享的注重，加上学校老师对这些品质推崇有加，孩子成为国家与村庄之间连接的中介之一，对共享这一美德起到了维系的作用。

学校课程安排一般上午是数学、英语，下午会加入斐济语、体育课，还有一些需要自己动手的园艺课等。除了上课之外，学校还有一些课外活动。学校的体育比赛成为全村人的盛事。我参加过几次村子里的家长会，老师会呼吁家长配合老师，但不过也就是几句话，开会内容更多还是围绕村落里球类比赛来进行。我参加家长会时感觉身为家长的村民们在乎这些比赛远胜过于在乎孩子究竟在学校里学习到了什么具体的东西，甚至家长会只是一个把家长们都召集到一起的契机。另外，每个礼拜的星期一和星期五早上 8 点半，都会有村里的牧师到户品村小学来给所有的学生进行宣讲，一般是四个教派的牧师一个教派负责一个礼拜来轮流进行。通过对村里孩子的教育以及共同组织活动，村里的不同教派之间也在实现一种整合。

学校老师作为户品村最早的陌生人，通过学校课堂和课外的活动，向学校学生灌输和强化如共享、互助、顺从、尊重等道德理念。同时，学校老师肩负教育部下达的对于孩子的清洁卫生关注的使命，在对孩子日常生活习惯的督促当中，培养了刷牙和吃东西之前要洗手等外来的清洁和卫生观念，丰富了孩子们日常的行为规范。对孩子们周日去教堂进行强调和监督，可以激发孩子对于自身的宗教信仰的自觉意识，培养了他们的团体性和认同感。孩子们将学校里习得的规范和仪式性行为，带回到了家中，如六岁的小茜拉负责家里每餐饭前的祈祷，会把在幼儿园学到的英文祈祷词一字一句地在饭前给全家人念诵一遍。这样，曾经作为陌生人的老师，也如同村落的道德秩序守候者一般，为户品村的日常生活秩序起到了维系和巩固的作用，更好地被户品村人认同为自己人。

三、和平组织志愿者

和平组织志愿者是由美国政府运营的志愿者项目，最早在1961年由肯尼迪总统推行，促进有意向的国家接纳一些受过训练的美国人到较为艰苦的地区来服务，以促进相互之间的了解和世界和平。志愿者接受了三个月培训之后，在跟当地政府和非政府组织的接洽当中确定到环境较为艰苦的村子里待一年到两年，结合自身的技能和优势帮助当地人进行社会和经济的发展，提高生活水平。我在户品村做田野期间，户品村并没有和平组织志愿者进驻，但在访谈当中村民常常会跟我讲曾来过户品村的志愿者的故事。甚至在进入田野初期很多村民还会问我是不是和平组织志愿者，并且在无形当中把我和他们都归结为远道而来的客人。

和平组织志愿者与当地人的互动使当地人对包括美国在内的外部世界有了一个更为近距离的接触，而且每个志愿者在村子里近两年的工作和生活也让村民们在点滴之中记住了他们。户品村曾有过四个志愿者，其中有一对夫妇精通种植各种作物和养生，一位年轻男子帮助当地人进行垃圾处理，还有一位中年妇女主要辅助户品村的学校教育，同时培训童子军。

2010年来到户品村的那对夫妇俩，丈夫是植物学家，主要在当地种菜和试验各种作物和肥料；妻子是一名护士，除了给村里人医治一些小病小痛，辅助村里护士之外，每天早晚两次在议政厅带领妇女们跳健美操，借此引导村民保持身材，提高健康意识。现在村子里也有人种茄

第四章 维护与延续：有关"我者"与"他者"的道德

子，听村民说这就是那位每天种菜的志愿者教给村民的，原本村民饮食中的茄子都是从市场上买来的。

最早来到户品村的和平组织志愿者叫麦克，他 2008 年来到户品村，在村里待了两年。这位 20 岁出头、刚从大学毕业的年轻男子让村民印象深刻，村民们到现在还常常讲起这位年轻男子跟村民打成一片，经常跟村民一起喝卡瓦酒。麦克来户品村主要帮助村民们树立环保意识，比如处理日常生活的垃圾。之前村民对于垃圾一般都就近处理，靠近海边的人家就把垃圾倒到海里，靠近河边的人们就把垃圾直接倒到河里。这位志愿者试图教会村民对垃圾进行处理，即在门前挖一个洞，再把垃圾埋在土里，而不是倒到海里或者是河里。

雅弗说："告诉村民怎么做事的最好方式就是自己先开始做，给他们树立一个榜样。"的确如此，之前的几个志愿者，都是自己先动手挖洞埋垃圾，或是种植蔬菜，或是跳健美操，这样大家才都知道事情应该是怎样做的。有趣的是，麦克教会村民的这种垃圾处理方式并没有得到推广，人们有时也会好奇的看他是怎么挖洞的，但大多数人还是直接倒到海里或者是河里。据雅弗说，自从麦克走掉之后，人们就又用回了原有的垃圾处理方式，没有人去挖洞埋垃圾。据我观察，只有包括以撒家在内的少数几家人受到麦克的影响，开始把垃圾倒在河边的一块空地上，然后累积到一定数量再放火烧掉。

有趣的是，麦克走后四五年，垃圾议题又重新被提起。2014 年 4 月 8 日（星期二），户品村的村落会议上专门成立了清洁委员会（komitini savasavataki），这里的清洁不仅指的是环境上的干净，同时也包括对村落的秩序和风气进行整顿。这跟那段时间搞得风风火火的大麻风波有关系，村落会议一直在讨论要对户品村进行"清洁"，不准再种植大麻，要把村里现有的大麻全都处理掉,连带的也意指要把其他垃圾处理好,同时也纠正村里的歪风邪气,上下打扫村子让村子"干净"起来。

这次轰轰烈烈的"整风运动"最早在四月的村落会议上提出,会议开始讨论要分区,每几家一起挖洞来安放垃圾,但是过了一个月依旧没有人着手去做这件事情,一是因为在村落挖坑本来就不是传统活动,二来就完全是"三个和尚没水喝"的故事。后来村里四个教派的牧师聚在一起商量后决定,要对村落进行清理和打扫,几个牧师主张的清扫主要指的是宗教信仰和精神意义上的清扫,一方面是对新教会进驻对于户品村现有宗教信仰瓦解的警醒,另一方面是对斐济历史流传下来、但被基督教视为恶魔的巫术传统的清除。四位牧师商量着轮流到每一家每一户去祈祷和讲道,想用这种方式让户品村对于基督教信仰更加坚定,让信徒在每个教会中更好地发挥自己的角色,也促进户品村现有几个教会之间的融洽和协调。在6月的村落会议上,垃圾处理的议题被村民再次提上日程,在这次村落会议上,对在户品村总共要挖几个洞、分为哪几个片区、哪几家要合力共同负责挖一个洞、洞孔应该设在哪里做出了具体安排,并且在会议上达成共识,要求各家各户一定要鼎力合作,确保在下个月的村落会议之前完成垃圾洞的挖掘。

保护环境和垃圾污染的观念对于大部分村民来说原本是陌生的,这跟以前垃圾大多属于可降解、可回收之列有关,因而原先垃圾的处理问题本不涉及道德,于是村民们以前也自然地把垃圾扔到家附近的河里、海里,并不觉得有什么错。但这位从美国远道而来的年轻小伙麦克,带来了对垃圾分类、处理和掩埋的概念和意识。这使得村民结合之前要对村子进行打扫和清洁的共识,对垃圾问题有了新的认识,虽然在时间上看起来稍有滞后,但在实践上村民们也开始推广和践行与原先不同的

第四章 维护与延续：有关"我者"与"他者"的道德

垃圾处理方式。另外，这种垃圾处理方式的注重成为外界清洁观念进入的先行，与村里仍存的大麻种植以及信仰松动相互勾连，成为村落立规矩、清理杂项和维护秩序的先声。如萨林斯对并接结构的论述，外来的文化范式在与当地文化结构的接触和互动当中，形成一个与原有文化体系不完全相同，但也不完全等同于外来文化内核的并接结构。

四、中国工人

从户品村通到镇上的公交每天都有一趟，早晨7点发车，下午3点从镇上发车回程。每次公交车进城回来，迎着飞扬的尘土，装满了从镇上买的如糖、米、面、面包和方便面等生活必需品，把人们从商品琳琅满目的花花世界拉回村民的归属地。在路上能看到修路的中国人。公交车驶过这些修路工人时，村民都热情而好奇地伸出脑袋张望，眼神中充满企盼，既有对将来进城更为便捷的期待，也有等修好路后村里能通电的希望。

户品村村口有一条河流过，修路时再修了一座桥让河水通过，在桥旁还建了一个公交车候车站。基本上道路沿线的每个村子村口都修建了一个水泥的公交车候车站。随着道路的修建，城市化和标准化的符号也开始进驻斐济乡村，跨国企业的力量悄悄地隐匿和潜伏到了村民的生活当中。

村里的生活封闭而稳定，新鲜、丰富的生活属于城市。对于大部分斐济村民来说，他们大多一直待在村里，没有机会到斐济以外的地方去"看世界"。中国公司在斐济乡村附近的进驻为当地人敞开了一扇看外面世界的窗，双方的互动也成为斐济村民面对现代化和全球化的前沿阵地。与此同时，来到斐济修路的中国人大多没有出国门的经历。他们到斐济也是第一次走出国门"看世界"，因而中国人和斐济村民都在相互了解和互动中创造对他者世界的想象。

中国公司的进驻一下子把现代化的生活拉到了斐济人的眼前，使得他们关于整个世界的想象和表征都发生了变化。英国BBC拍摄的纪录片《中国人来了》(*The Chinese Are Coming*)试图用物质财富的创造说明中国带给第三世界的影响。在物质意义上，中国公司的营地对于斐济人而言是个"很高级"的地方，那里什么东西都有，有电，有车，有油，还可以上网，很接近于他们对于现代化的想象。斐济人对于营地里中国人的生活方式、行为方式都很感兴趣。北岛的中国营地是斐济村民看中国、看世界、看消费文化的窗口。斐济村民对营地里的中国人生活的羡慕反映出他们在想象中从既定乡土生活秩序的逃亡。尤其是对年轻人而言，乡土生活成为稳定且无聊的象征，而外面的世界却意味着丰富多彩的生活，那里有着琳琅满目的商品，有着更多的选择和可能性。好几个辍学在家的十七八岁的女孩常常缠着我要学习中文，说想要同中国修路工人交流，今后要嫁给中国人到中国去生活。

王铭铭（2007：168-169）曾指出，无论是在中国，还是不在中国，一个群体，一个民族，若要成其社会，成其文化，则必有其超越"自我"且内在于"自我"的"他者"存在。斐济也是如此，斐济村民通过与"陌生人"，或者说"外人"在日常生活中的互动，对于你我边界的建构、分解和塑造，形塑着自身的认同。

在"他者"中探索不同文化中的"异己"观念，使人类学有可能更加真挚地面向他人，摒弃其将"他者"对象化为等待着被解释、被理解、被拯救的，从来没有过国际活动的"封闭的野蛮人"的做法，在他者中

第四章　维护与延续：有关"我者"与"他者"的道德

获得有益于理解世界想象与人文关系的启迪（王铭铭，2007：169）。

在斐济的文化语境中，共享是一种很重要的美德。老板（boso）一词意味着占有很多的财物并有义务将自己有的与那些没有的人共享。作为所有者，有义务共享，尤其是当别人跟你"要"的时候。"要"在斐济日常生活中十分常见，属于斐济原住民社会必不可少的社群主义。既然中国公司有那么多的东西，有钱，有科技（如发电和上网设备等），斐济人很自然地觉得中国人应该拿出来共享。斐济人很清楚自己想要什么，虽然有时也会觉得求人不好意思，但一般他们都会诚实直接地跟对方说他们的需求，请求帮助。

这些在斐济人看起来理所当然的事情在中国工人看来却很"过分"。一位北岛营地的领导说："我们公司在这里就像是一个大蛋糕，谁都想来分。"这一公司在修路的过程中也在试图平衡村民的个人利益和诉求，比如常常需要去应付那些来找公司要更多赔偿金的地主，或是倒土倒在了当地人土地上，地主索赔的诉求。大多数时候，公司都只能妥协。虽然这种情况并不是唯独在斐济发生，但这使双方有了更多的猜疑，使得不信任在彼此之间滋生。除此之外，斐济村庄土地的共有制度使得一部分斐济人对于很多物品有着一种物权共有的意识，遇到喜欢的会顺手牵羊，这也会让中国公司的员工十分愤慨。

在斐济村民看来，中国人是普遍缺乏共享精神的，斐济村民在讲述他们对于自身文化的认知时也会强调他们作为乡村的独特之处，并在乡村和城市、共有和私有这样的二元话语论当中形塑和强化作为村落共同体的自我认同和道德优越感。另外，友好的问候、对彼此身份的熟悉，以及使用恰当的亲属称谓，在北岛营地的大部分中国人中明显地缺席。很多在营地工作过的村民都说，大部分中国人很粗鲁，不文明，只会对老板点头哈腰，对于底下的人，特别是斐济人，缺乏基本的尊重。一位村民解释说："他们和我们说话都没有称呼，直接就发布命令。"

北岛营地的中国工人普遍认为斐济是一个落后的国家。一位中国工人这样说道："斐济还没有发展起来，就像是七八十年代还没有改革开放的中国，跟现在的中国比差远了。"另外一位中国工人也认为自己的国家历史悠久，文化积淀深厚，经济比斐济发达，而斐济当地人则是"井底之蛙"。他解释道："虽然斐济人的生活环境让他们不愁吃喝，但这样的生活给我，我肯定不要。"根据我的了解，这种优越感不但存在于北岛营地的中国工人和领导中间，而且在工作中往往让有些斐济人感觉到自己被中国人看不起。

那些看不起斐济历史或斐济经济水平的中国工人，却通常认为斐济人拥有友好、善良、淳朴的优秀品质。他们表示，中国比斐济发达，而且拥有更为悠久的历史，但有些中国人素质比较低。他们试图将斐济人描述为在道德层面更为优秀的民族。在斐济乡村文化的映照下，"丑陋的中国人"之说法成为中国工人判断斐济原住民道德品质优越的依据。他们对斐济人品质的赞誉在一定程度上反映出他们希望自己的民族能有更多向善的可能性，也反映出中国在高速现代化进程当中的弊病。他们反思的对象是在中国部分地区渐渐被金钱稀释的美德，如互助、平等、共享、尊重、谦让等。中国工人对于中国人自身"素质低"的自我评判也摆脱了严海蓉（2001）对于素质话语仅限于刻画特定人群知识上的无知和主体性的缺失，或说任由市场和资本成为改造个体主体性的话语，而是有着更深刻的对于中国人自身所带"现代性"和"发展"的反思。文化的反思不是某一知识群体的事业，而是文化参与者共同面对的反身性问题。中国工人虽然承认斐济村民的经济不够发达，但是他们的评述却已经超脱了单向的经济和现代化导向的评判,中国工人在与异文化的互动当中,开始重新审视自己身上所携带的"现代性",在肯定斐济人美德的同时看到了自身在经济发展当中淡化甚至已经冷却的温情。

一部分中国工人对自身文化的批判,尤其是对目前部分中国人伦理道德状况的失望,在相当程度上恰恰来自文化的比较,来自异文化作为一面镜子的特殊作用。在这面文化比较的镜子中,这些工人看到的自我不是自身的美貌,而是丑陋。正如人类学家可以通过他者的文化更好地理解自我文化的道理一样,这些中国工人来到海外之后在和当地人的互动中对自己的文化有了立体镜像的认识,被斐济人的朴实善良热情深深感染,因而看到另一种可能的生活方式和伦理道德秩序。

文化互动可以导致人们对自身所属文化的反思(何星亮,2007)。用费孝通(1997)先生的话讲,此类"反思实际上是文化自觉的尝试"。在田野调查中我也发现,斐济村民在与中国修路工人的互动当中,对于自身文化中推崇的尊重、共享等美德有了更为具体和鲜明的认识,在文化比较当中加深了对于自身文化群体的认同感和自豪感,在"我们是谁"以及"我们是怎样的"的问题上有了更为区分性和本质性的界定,两个文化群体各自的"文化自觉"促使他们强化了自身所属群体的道德秩序认知。

五、警察

村里只要一有机动车来,男女老少都会站到门口探出头看,连不方便起身的老太太也要打听是哪来的车子,敏捷的小孩们则是最佳消息来源。斐济村里的房子间距不大,白天窗门都是打开的,整个村子就是一个开放空间，村里很难有秘密也是因为消息的传递实在很快。对于被称为"城市"而远近闻名的户品村，警车是村里的常客，警察常常接到报案来村里查案。

2013年年末，我刚到户品村，萨罗米说有一个村民被抓进了监狱，原因是他是和别人合伙在路上打劫行人，具体刑期不详，直到我的田野调查结束都未见他回到户品村。萨罗米经常说，村子里有些不守规矩的人被警察抓到监狱里头，这样监狱里有人管教他们，必要时还会打他们。对村里不守规矩的人而言，警察是一种具有威慑力的存在。

在20世纪八九十年代，警察经常来户品村查案或把人带回去审问。狄波拉说："那时候她的孩子还小，村里很混乱，村民总是喝醉酒，偷盗成性，那时警察经常来这个村子，后来状况才好一点。"她认为现在好了些是因为有了教会。有了教会和信仰之后，人们才变得越来越好。这跟她的丈夫撒母耳说以前的人懂得"尊重"，而现在的人却没有了这一表述形成了对比。另外，卫斯理教会是在狄波拉小的时候就已经在那里了，只是村子里没有专职牧师，因而狄波拉所指的牧师应该是说神召会的牧师。后来村里开始有了教堂，有了固定的牧师，而且村里第一个卫斯理教会牧师以斯拉牧师的号召力很强，加建了学校、议政厅，还从政府那里申请来了在村子里搭建发电机的资金，然后带领整个村子进入晚上灯火通明的时代。据村民说，那段时间应该是村子里其乐融融的时光，但随着时光的流逝，这种伴随着微妙平衡的秩序又被打破了。2013年年底，村里的发电机坏了，虽然举行了多次筹集款项修发电机的活动，但最终都因为各种原因没能修好村子里的发电机，于是村里一到晚上基本又是一片黑暗，除了有几家人自己家里买了发电机的会有光亮。黑夜像是一块神奇的披风，人们到了晚上仿佛都增长了胆量，有了

第四章 维护与延续：有关"我者"与"他者"的道德

一个可以宣泄和表达的场景，把白天不得不遵守的"禁忌"放在了一旁。

当村里秩序出现问题的时候，村民们也开始倾向于向警察求助，警察作为"陌生人"成为维护村落秩序的力量。2014年4月，有警察到村里来调查村里种植和吸食大麻的线索。警察走后雅各酋长号召村里的年轻男子们开了个会，先是不断地强调村里有人种大麻让做酋长的他，十分羞愧，借对于羞愧的表达来试图用村落的凝聚力唤起村里年轻男子对于自身行为的约束。在会议快结束的时候雅各酋长强调说："有种大麻、吸食大麻的都要在一个礼拜内清理干净，如果再有发现有人种大麻，就要交到警察那里去。"在2014年6月的村落会议当中，犯罪委员会[1]负责人约阿施则反复强调"尊重"的重要性，他说："现在，大家都只是各自做各自想要做的事情，而不听话。"接着他就说："如果实在没有办法，就可以让警察和军队进村来。"雅各酋长和犯罪委员会的负责人约阿施都表示欢迎警察来户品村，因为村子现在就是一盘散沙。

斐济自1970年独立以来已经发生了四次政变，虽然政变相对和平，并没有太多的流血牺牲，但这凸显了斐济作为一个国家，伴随全球化，在发展话语的大背景下，夹杂着曾经的殖民历史，其整体政治经济的转型以及社会制度的崩溃。而且伴随着四次政变，斐济社会越来越军事化，更多地充斥着暴力（Ronni，2006）。这也使得斐济作为一个国家自上而下都有着一种以暴力来解决冲突的可能性和合法性。作为拥有暴力的强制力量，警察成为具有更大权力的象征，逐渐在村民，尤其是小孩子们心中，赢得了一种权威。如果说酋长曾经是村庄的最高权

---

[1] 犯罪委员会也是村子里的自组织形式之一。各个委员会来负责村落生活的各个方面，委员会成员及其负责人都在每个月一次的村落大会会议上决定。

威,牧师随着村民信仰的增进也成为村落权威的来源之一,那么作为国家和政府权力代表的警察和军队,如今成为维护村落秩序的主要力量之一。

在户品村,村民如今对内在的权威充满了怀疑,而警察作为"陌生人",拥有暴力的可能性,在村落里立起了新的权威。萨林斯所说的"陌生人-王"的范式的现代变体可以有许多,警察作为村庄如今可靠的"陌生人"的形象,带来了可能维持稳定性秩序的力量。社会的自助结构中,总是留下了向外求援的接口。

2014年6月,教育部下达命令,要求每个学校组织为期一周的禁毒宣传活动(Drug-free Week)。在这一周中,由几位老师商定,户品村学校的学生们每天都统一穿戴某种固定服饰或装饰,引起村民的关注,从而宣传包括卡瓦酒、烟、大麻等带有麻醉效果的食品和饮品滥用造成的危害,提高村民的禁毒意识。星期一全校的学生都穿印度传统服饰中的沙丽,星期二大家都戴帽子,星期三大家都穿雨鞋,星期四戴墨镜,然后星期五有一个表演活动,把村里牧师和镇上的警察请到学校来,看学生们组织表演的节目,展示学生们自己画的宣传画。最后,全校的学生由警察和老师带领,举着禁毒宣传的牌子,在村子里游行一圈,作为禁毒周的结束。星期五的表演活动由校长主持,校长、老师、牧师和警察全都坐在一二年级大教室的前方,其余学生坐在教室的后方,然后表演的学生在中间表演。在整个表演活动中,可以看出主办方是学校,校长是学校的代表,牧师的存在是仪式性的,而警察作为外来人,在星期五的整个表演活动中受到了最为尊贵的招待。另外,在表演当中,

第四章 维护与延续：有关"我者"与"他者"的道德

除对于大麻、烟和酒的危害的宣传，还有很多言论直接针对卡瓦酒，明确对家长每天把时间、精力和金钱花在喝卡瓦酒上而不够顾及孩子的行为做出批评。在某种意义上，喝卡瓦酒原本是斐济村落村民传统休闲和享受时光的活动，如今却被批评和压制，变得不那么"道德"。同时，警察作为外来人，成为具有道德高位的形象，强化了对其的尊重，为其在村落里的存在赢得了权威。（摘自田野笔记）

村里至少有十人曾经进过监狱，但斐济的"进监狱"和中国的"坐牢"并不完全一样。隔壁和我年龄相差不大的女子多加曾经因为跟人打架伤到对方，在监狱里待过半年。一开始，我还在思考用什么样的方式和她谈那段在我看来可能会比较尴尬的人生经历，没想到她主动告诉我，她在监狱的那段时光就像是在高中寄宿学校一样，跟很多人一起。每天有人叫她们起床，饭给他们做好，直接吃就好，她还在监狱里学到了很多东西，比如说缝纫和烘焙，她最后说在监狱里的生活"很酷"。虽然蹲监狱在各地都是较为负面的事情，但斐济人的宽容和村民的爱讲故事使得这段经历摆脱了成为社区无法包容和需要净化的禁忌的命运，而斐济村民对更整合、更有秩序的村落秩序依然抱有希望和期待。

晚上偷偷溜到妇女家里不符合社会规范，偷盗不道德，但类似事件在村里频频发生，成为村民讨论的热点问题，但村民也都无力解决。在我参与的2014年6月的村落会议中，因为村子或者说乡俗能够给人们的约束力量已经十分薄弱，酋长和各个委员会以及亚氏族的首领在村落大会上达成共识：如今村子对很多越轨、不符合社会规范的事情已经无能为力，因而假若将来还有类似事件，就直接告发到警察局。

当村落的内部规训无法约束村民，无法形成一种整合，他们只好向外部的国家主导行政力量，或者说国家的暴力机关求助。一开始的尊重是指向传统道德和秩序的，但在这种道德开始渐渐流失的时候，民主决议认同应该派警察进来。

综上所述，作为国家的暴力机关，警察如今成为村民们诉诸外部力量援助的对象之一，这在某种意义上也显示出村落自身道德秩序的混乱和凋零。但同时，警察也是村落秩序维护的最后一道防线，越过这条线，我不知道村民们将会何去何从。

第三节 田野中的我：在内外之间游离

一种叫 maina 的鸟儿叫声特别洪亮，常常一早就在我的房梁上叽叽喳喳，从别处衔来树枝在房梁上建造它们的小窝，多余的枝枝叶叶会掉下来，落在我的木头床上。光线从木头缝里意兴盎然地透进来了，我睁开惺忪的睡眼，看着那一线光路透过木头房子墙壁里的灰尘在尽情地舞蹈。每天只要看着唯美的光线从木头房子的空隙射进来，就知道新的一天又开始了。这里的阳光仿佛有穿透力，穿过叶子，穿过木头房子，把亮亮的光线照进房间里。耳旁开始响起刮椰肉的声音，还能听到村民在村里走动时相互打招呼的声音。抓抓身上被蚊虫叮咬的地方，观察下那些还在流血化脓的伤口，然后慢慢地起身换上衣服，穿上袜子，挂起蚊帐，起床！撑开木窗，用木头棍子支起，让阳光洒满我的房间，我在村里的一天就这么开始。

几乎所有人类学家都没有完全成为当地人，但他们却带回了对与自

第四章 维护与延续：有关"我者"与"他者"的道德

已相距甚远的人们的某种理解。奇怪的是，这种"理解"行为本身并没有成为人类学的主题。关于实地调查也有一种近乎梦想的神话，认为只要长期停留于当地，使用当地语言，参加当地人的活动，就可以像当地人一样行动，一样思维（绫部恒雄，1988：176）。而我的田野调查从个体经验上也验证了这样神话的不存在，即使到了最后，村民依然把我当做是外来人，"中国来的"（kai china）。

还记得2013年3月我第一次来村子的时候并没有住在村里，而是和萨罗米住在村口公路旁她的房子里。第一次进村先由萨罗米所在的大家族男性长者带领着去见了酋长，给酋长做了献祭，酋长接受了我献上的胡椒根之后我才算被正式接纳，成为户品村中的一员。虽然在当地人的表述中我还是中国来的人，但开始渐渐和斐济当地的人们越走越近。下文将介绍作为陌生人的"我"是如何随着田野调查的推进渐渐被户品村村民接纳，从而成为户品村的一分子，并在日常生活的点滴之中被村民所借用，成为他们表达和维护其村落道德的载体的。

一、接纳：被整合为户品村的一员

布里松（Brison，2007）说过，斐济社会是层级制的，每个人在这个社区当中都应该根据他的性别、年龄和社会地位去扮演他们的角色。作为年轻女孩，我该做的是少说话，多待在家里。很明显，这种角色期待与作为研究者的我应该扮演的角色之间存在冲突。一方面，当被纳入村民的这个体系当中，我试图尽力做一个符合当地社会规范的内部人；但另一方面，作为一个研究者，研究是我所认同的工作和角色，我的任务和诉求无时无刻不在暴露自己作为"陌生人"的身份。因而在田野中我为自己赢得了一系列可笑的称号:"话多""爱闲逛""爱问"。针对这些爱开玩笑的村民的调侃,以撒教我回应说:"腿长在我身上(sa tiko yavaqu)!"大多数时候我非常尽力地成为其中一员,家务活我都干,扫落叶是我常干的家务活之一,洗碗更是成了我每天的任务。甚至为了赢得当地人的认可,我也会很努力地跟他们共享我所拥有的财物和知识,试图取悦他们,然而也并不总是能收到成效。面对这个困境,我当时唯一能做的就是不断地跟他们解释自己到这里的任务和想要做的事情,然后真诚地求助,渐渐的他们也能理解,但这些玩笑一直陪伴着我。

于村民而言,他们喜欢把我包容到他们的生活当中,参与到他们的活动中。斐济人的好客,是他们珍视的"共享与关照"价值的形式之一。作为客人,我理应受到他们的关照,因为这是被认同的地方道德之一。另外,村民们总开我玩笑,其中不乏认真的成分。有的人说想要我嫁到户品村来,给我一片土地,非常渴望将我纳入他们的社会体系,安排在一个合适的位置。正如我在村子里看到他们总是把家里的东西在地上丢得乱七八糟以及躺在地上睡觉,一开始让我十分不舒服一样,他们也许也在每天看着我东逛西逛中感受到了某种精神上的不舒服。分类活动毕竟是一种普同人性(道格拉斯,2008:9)。那是一种失序所带来的轻微焦虑。因为在接纳我成为他们中内部的一员之后,脱离了最初仅仅把我作为一个客人的界定,他们觉得我每天在村子里"闲游浪逛"是没有意义而且不应该的。更让我惊异的是,他们在开玩笑中为我安排的理想结婚对象,并不是年轻帅气的单身男士,而是一个四五十岁一直没有结婚的村民,因为他已经早就过了适婚的年纪,而且处于较难找到合适结婚对象的状态。他们认为我们在某种意义上是相配的,因为我们有一个共同点,那就是我们都是社区里的游荡者,应该被尽快放在社会结构

第四章 维护与延续：有关"我者"与"他者"的道德

体系的合适位置。

作为年轻女性，自我保护意识可以说是我在陌生田野中的一种基本的生存技巧，尤其是我在第一次田野调查中就丢了一些个人物品。可以说我在斐济有着高度紧张的神经，想要保护我的人身安全，以及财物安全。也许正是这样高度自我保护的精神状态，也无形中在我和我的被研究者之间造了一堵墙。一开始我身体上的不适让我意识到我完全是一个独立的、隔绝的，和当地人有着隔阂的个体，同时我也能清楚地意识到我和当地社区的不相融。但是在几个月的时间里，我通过一次进村的献祭，接着和他们同吃同住同劳动，承担起家里的家务劳动，直至我的送别宴，我最终成了他们中的一员，被整合到了户品村这个共同体当中。我在田野当中每天考虑的，就是我的所言所行是否符合当地的行为规范。我作为个体而言，既想要尽力成为其中的一员，同时又想要从里面出来的挣扎贯穿着我的整个田野调查。当然，这并不新鲜，这是每一个人类学者在做田野时候都要去面临的经典挑战。从某种意义上来说，这正是田野调查的迷人之处。

在我去找以斯拉牧师访谈的时候，他就对我说他不应该跟我说太多关于户品村的事情，并对我问的很多问题保持沉默，颇有"不足为外人道也"的感觉。他说他应该维护户品村。牧师基于对自己当任的户品村的维护，村民们基于村落整合性和一体性的考虑，使得他们并不是总愿意告诉我村子里发生着的一切。整合性和一体性对于斐济社会来说是重要的特点和美德，所以"家丑"是不应该外扬的。斐济人非常喜欢跟我分享他们认为的关于他们的"好消息"，或者对事情采取一种美化的描述和解释方式来进行讲述。比如说，当我问到一个东西是谁的，他们会告诉我，这是所有人的，以显示村落秩序中的这种共享的氛围，或者强调村里的互助情谊的随处可见。但一些他们认为的坏事，例如私生子、打架，他们还是试着不对我说，尤其是在田野调查初期。向我讲述一些"不光彩的事情"时，他们唯恐我回到中国告诉其他中国人，他们斐济人就是这样的，这成为他们内心的不安全感、压力，甚至是恐惧的来源。"有一天你回到中国，你会告诉中国人关于我们斐济人的这些事情。"这个原因常常会阻碍他们告诉我事情的"真相"。不仅如此，在日常生活当中，村民意识到了我的存在，也会促使他们想要更多地向善，给我展示村落中更有秩序的一面，或说我作为陌生人的存在使得他们在行动中愿意更多的朝着维系其道德秩序的方向去努力。

2013年10月，我刚开始长期田野调查，那时我还在首都苏瓦，而我的关键报道人萨罗米为了照顾孙女也待在苏瓦女儿家。那天萨罗米边和我聊着天边照顾着孙女写作业。突然间我感觉气氛有些紧张，萨罗米让孙女先把书收起来，但是孙女还是要嚷嚷着要先吃东西。接着我就听到萨罗米严厉地批评这个11岁的小女孩："看，蒙娜在那看着呢。你现在正在给蒙娜树立一个坏榜样。当蒙娜回到中国，她会告诉所有的中国人我们斐济人是这样的。"

她们对于孩子的教育就是通过向小孩子展示陌生人的存在，并告诉她这个外人会把关于这里的故事告诉给别人（陌生人），即便这些"陌生人"他们根本不认识，但其存在对在乎外人的孩子们产生了一种震慑效果，让其在羞愧之余收敛自己的行为。

二、"堂吉诃德"：恪守"传统"？

对外面世界的想象和憧憬让我义无反顾地来到斐济。对于斐济人而

第四章 维护与延续:有关"我者"与"他者"的道德

言,我和来自中国的工人则是他们看外部世界的一个窗口。他们常常向我打听我在工地的事情。每个礼拜我从中国工地洗澡回来,他们都会很开心地问我在那里都做了什么。他们试图理解我,也是想要把他们自己放在一个更有知识、更具有世界性的位置。在这里,外人是他们看自己的一面镜子,也是看世界的一个窗口。他们对我的好奇反映的也是一种对于外部世界的向往,我本身代表着一个远道而来的客人,一个可能有着新鲜想法和不一样世界的人,我携带着的是一种外部世界的可能性。

一开始,在田野中的我,常常感觉自己像极了塞万提斯笔下的堂吉诃德,因为我仿佛在寻找着"已经流逝的梦"。我到户品村来主要是想要理解斐济人日常生活中对于"道德"和"秩序"的理解。但事实上,很多传统和规矩,尤其是第三章中提到的"礼",村民们大致都知道,但因为执行起来麻烦,或是出于一些现实的考虑,未必真的会去执行。比如说新到一个村子需要对酋长献祭,或者在接受礼物时要坐下来击掌,未必所有人都会去做。从整体上来说,"礼"渐渐隐退于村民的日常生活。另一方面,斐济人的宽容和宽恕也是一个自动的调节机制,可以接纳那些对于规矩的偏离。献祭不是必需的,很多的传统和规矩虽然存在,但如果没有做到也不会受到过于厉害的责难。我在了解到很多做事的规矩之后,尽量严苛地要求自己去遵守。有时候村民就会笑着调侃我说:"她可知道了 (ea sa kila vaka vinaka)。"某些村民惊愕地发现我作为一个外国人却比他们还要遵守规矩,或者依然保持一些他们自己都已经丢弃的传统时,他们也会对我的行为表示赞许。在某种意义上,我的田野充满了他们对于道德形塑的言语和行为,而在我的笨拙遵循下,村民们也看到了他们道德延续和传承的可能性和现实性。

一次，我跟着以撒去别的村子参加神召会妇女组织的教会活动。那个村子的神召会位置和户品村一样，不在村子里头，而是在村子的外围。走之前我问以撒，作为新人，到上面那个村子时，我们是不是应该给村里的酋长献祭，但是以撒爽快地告诉我说："我们只是去教会！"于是我们到了那个村子旁边的神召会，没有给村里酋长献祭。后来以撒提议说一起到村里面去逛逛。当我们逛着逛着只要再经过一座桥就快要进到村子里时，我问以撒，好像我们没有献祭，我们是不是不应该从那个桥进去到村子里呢？她才看着我，仿佛想起了还有这么一层约束。但那一秒钟她看我的眼神让我感觉那种习俗离她好远，倒是我，突然感觉自己像是遍地寻找"传统"、恪守"传统"的堂吉诃德。

第四节　小结

本章是讨论斐济村民如何通过内部的认同和对于外部的一种祈望和渴望，来构建内部的秩序。一方面，村民缩小对于自己而言的意义群体，在一个更小的意义群体里来构建秩序；另一方面，村民与外界有了更多的联系，当内部自身道德秩序难以维持时，通过向外寻找，以"陌生人"作为其边界来寻求自身的认同。

最危险和不纯净的物体通常是不适应某个文化范畴的，比如既不是鱼也不是家禽的，含混不清和令人费解的东西（道格拉斯，2008）。这也是户品村村民如此努力地要把外面的人纳为"自己人"的原因。与其说斐济村民的认同是一种边界和隔离，不如说那是一种开放式的邀约。同时，陌生人又像是他们对于自身所属群体属性的监督和看守人，然

第四章 维护与延续:有关"我者"与"他者"的道德

则这个边界并非封闭,而是开放的。这种区分不是分离,而是一种吸引,正如斐济村民很喜欢把户品村的印度裔公交车司机纳入斐济人的行列,因而他们的认同,与其说是一种把"对方"和"我们"分开来的标志,不如说是让对方加入到自己中成为一员的广告和邀请。

道德的界限是重要的,即道德作为话语和实践的形式之一蕴含着群体界限的含义。最初,道德的适用是高度讲求群体界限的,如迪瓦尔(Franz de Waal, 2009)在对灵长类动物的道德论述当中提到,忠诚是群体的重要道德指标。在中国儒家道德论中,道德的适用范围是所谓的"熟人社会",这也是现阶段对部分中国人缺乏"公德心"的讨论的依据。动物保护学家呼吁人类的道德不应该仅仅只限于对人类,还应该延伸到对于动物的关爱和保护中来。生命伦理学家则认为任何有生命的动物、植物、环境都需要人类有道德心地参与,这也是对于道德适用范围的延展。

斐济村民正是通过对陌生人和村民的情境性划分,来定义自身和形塑群体认同。正如埃文斯-普理查德(Evans-Pritchard, 1940)对努尔人政治组织和宗族组织的表述,斐济人的群体认同也如同努尔人的裂变组织一般,在不同的情境下有着弹性和延展性。正是因为他们对村民共同体与外人(陌生人)有不同的分类标准和认同标准,陌生人在使得他们感到羞愧的同时成为了他们自己努力使其摆脱这种状态的动力,这与"陌生人-王"意义相通,陌生人成为村子内部规训的边界和守护者。

第五章　走在共生之道

　　一般专著都会写一个"结论"总结全书的观点，一来要使全书的逻辑推演、阐释论证有一个"最终"的归宿，得到一个"完整"的框架，二来使作者的思想得以凝练，让读者清楚明晰。我的"田野点"并没有因为我博士论文的完成而"终结"，村民们仍然在他们的日常生活之中"尊重""共享""关照""顺从"着，因此，我并不认在民族志写作中提供一个"结论"是必需的，因为现实生活无法被"结论"。但我并不排斥提供总结性的论述，为读者提供一个提纲挈领的回顾。

　　对于道德生活的追寻本身也是人们探寻生活于世界之中意义的一种方式。一个"很好的人"的陈述中蕴含了人们对生活本身应该如何的理解。

　　本书借叙述斐济户品村村民就"共享""关照""尊重""顺从"和"宽恕"等相关道德话语与道德实践之间因为等级、个体化的影响而引起的张力及其相互间的建构，来呈现斐济村落在现代性对个体权利日趋看重的影响下，道德作为群体规范和个体选择之间存在的张力。另外，村民在新的层面和意义上对原有的传统秩序进行重新解读和阐释，延续了原有的道德秩序，而这一道德秩序的灵魂，正是相互依存、互助共荣的共生伦理。另外，斐济村民也在与外来人的交往互动当中，将道德用作了群己边界划分和自我认同的媒介。

具体而言，在田野调查中，我重点关注斐济村庄户品村村民有关"道德"的话语和实践。在本书的写作过程中，我围绕斐济村民有关"共享""关照""尊重""顺从"和"宽恕"等的说法、观念和行为在村庄日常生活中所发挥的功用，来展示斐济村庄传统道德秩序及其变迁。在其中关注个体运用道德话语对道德追求进行表述，同时在道德实践中发挥作为主体的能动性，从而阐释作为文化核心的道德在道德话语和道德实践之间、群体规范和个体选择间的张力与相互建构。食物、土地和居住空间的共享，宴庆的准备和频繁举办，村内闲言碎语的传播，村民自然而然的相互陪伴，以及村民对于仪表、仪式、仪礼的关注和遵循，其实都是村落共同体中，村民之间相互依赖、共生共荣的共生伦理的具象文化表现形式。

本书认为，斐济村民在应对外来文化的冲击和影响时，通过道德维度的实践和构建，表达和维系着斐济村落社会道德秩序的灵魂——"共生伦理"。同时，道德是斐济村民群己边界划分和自我认同的重要媒介，村民借对内外世界的划分、对陌生人和村民的情境性划分，以及对村庄内重要意义世界的划分，来定义自身和形塑群体认同。斐济文化的底色——共生——最终成为连接"传统社会"和"现代社会"的纽带，在文化变迁中更新了并接结构的内涵。

前面诸多章节中，我多次提到自己在户品村被蚊虫叮咬的伤口带来的种种困扰。蚊虫仿佛履行了对外来者的审查，让我在斐济的行走从一开始就陷入崎岖。现在回头来看，我对伤口的态度、村民对带着伤痛的我的看法与照顾，正是我认识、走上户品村共生之道的过程。与其重新梳理每一章的内容，不如从"我"的困扰开始，回顾共生之道沿途的美丽风光。

第五章 走在共生之道

2013年1月我第一次来到斐济，寄居在首都苏瓦郊区的一户斐济人家里。那一家人热爱音乐，虔诚地信仰基督，每晚他们都会聚在一起祈祷、唱赞美诗，共同敬拜神的力量。晚上因为炎热和蚊虫叮咬而无法正常睡眠的我，在音乐声中总是不免昏昏欲睡，完全无法融入这户人家的热情之中。

我在腿脚被斐济蚊虫"攻击"之初就认为自己可能遭遇了"水土不服"，当时我完全无法预料自己最终会因为这些骇人的伤痛而感知到"共生之道"。"水土不服"无疑是一个中国的本土概念，在《三国志》里就可见到。一般的理解是身入异乡，对于该地的气候条件或者饮食习惯不能适应，以至于出现呕吐、泄泻等。在日常生活中对于人到了陌生地方所遭遇的"不适应"往往会用"水土不服"来解释。这样的解释是以"水土不服"者为起点的，是自身的"适应失败"，外部的力量只是依照其固有的逻辑运作，没有对我"行善"也没有对我"作恶"。

在四肢深受蚊虫之害后，我日夜不停地"挠痒痒"，观察伤口，同斐济人诉说自己的肉体伤痛以舒缓自身的恐惧与无助。接受上帝赐福的房东一家在他们表述对魔鬼撒旦的愤恨之时露出的神情，和他们看着伤口久久不消退、反而"变本加厉"的我的时候的神情极为相似，让我觉得自己就是那个被神诅咒的人。他们虽然同情我的遭遇，但我并不能洗去自己可能是因为作恶太多而遭受到神力诅咒的嫌疑。斐济人显然并没有异乡异客会遭遇"水土不服"的解释逻辑，而是置于一个整体性环境之中，与我互动。个人成为整体力量体系的受动者。

我尽力地施展个人的能动性，擦了随身带的药膏，去当地药店买了功效最强的防虫喷雾，遵从当地人的教导，跟着房东的女儿去苏瓦海边用海水洗脚。最终辗转多地，到达户品村，由萨罗米带着我拜访村里深谙按摩之道的老奶奶。那位老奶奶费力地和着椰子油在我流血化脓的腿上来回按摩。最后，伤口因为感染而发炎恶化。

具身化的痛苦，在很长的一段时间（田野调查前半段时间里，甚至是几次田野调查的前半段）里，伴随着我作为陌生外来人的身份。我尝试了所有可能的办法，直到最后我竟然无法完全确定究竟是哪一种方法最终让我暂时摆脱了蚊虫的侵扰，或者说让我和斐济的蚊虫们和谐共生了。

拖着满腿的伤在户品村里"流窜"研究的我，跟我所用的姿态，所"张扬"的行为，所属的性别结合在一起，彰显着我的"不道德"，我的日常成了斐济共生世界的透镜。居住的空间、劳作的分工、闲谈的言语、仪式的操演、服饰的选择等等看似散乱无序的生活细部被我用格格不入的表现和关照我的本土斐济人所串联。与我共享食物，在一起共度时光，对我家务劳动的期待和要求，都是把我纳入整个"共生体系"的表现。村民并没有刻意建立与我单向的友谊关系，我无论是与萨罗米一同进餐，还是在迦勒家寄宿，与我产生关联的是户品村的共生环境，并不仅仅是萨罗米或者迦勒个体。斐济村民有关"共享""关照""尊重""顺从""宽恕""感恩"等表述、观念和行为在村庄日常生活中，虽然由个体施动，但总是由整体发生作用，也同步维系传统道德秩序的持续。户品村的共生道德并非社会精英的素养追求，而是普通人生活中的文化准绳和精神家园。

从世界环境来看，全球化的资本造就了均质化生活，我关注的重点是某个特定地方因其特别的文化底色在现代性影响下呈现出的地方特点，唯有各个地方多样的智慧，才能提供人类面向未来的共同出路。大洋洲地区虽有着历史悠久的拉皮塔（Lapita）文化，但有记载的斐济历史不过短短几百年，而斐济作为一个独立国家仅有50年左右的时间。斐济独立后因为民族矛盾发生过四次政变，但这都没有减弱斐济作为一个"宜居国家"的魅力，依然吸引全球各地的人去旅行和定居，除了当地美轮美奂的自然风光之外，当地人友好、和善、包容的文化也是重要原因。对于斐济村民而言，做一个"好人"是一种对传统的认同和精神的共在，道德的追求成为他们民族认同、自我认同的重要组成部分，甚至是不可分割的部分。"斐济人就是这样，斐济人是世界上最好的人。"这种表述不仅是斐济人对自身的评述，即使到斐济的外国人也常常不吝如此的美言。

从知识生产的角度来看，本书以一个斐济村庄的村民作为研究对象，讲述了一个有关传统，或者说道德如何被发明并延续的故事。尽管道德的衰微甚至崩溃是大家每日都在讨论的，然而，借用普莱斯·摩根（2008：49）对浪漫主义时期对威尔士历史的追寻的描述："衰微和复兴令人惊奇地相互混合了，因为往往那些抱怨衰微的人就是带来复兴的人。旧的生活方式已然衰败和消失，而历史则往往是破碎和匮乏的，因此需要大量的发明。"这样的发明和创造贯穿于斐济历史，也在斐济户品村村民对道德的解读中随处可见。村民认同和践行的传统和道德，就历史而言是前殖民惯习的延续以及殖民遭遇互动的产物，其中不乏殖民政府为了便于管理而推行的一些殖民管理政策的影响。村民在与外界的接触和互动当中把道德和人的善与不善的两分，转换成自身传统与外来影响，乡村与城市、斐济人与印度人的对举。

人类学家对于道德究竟是个体的自由选择还是群体的社会规范一直存有争论，本书并不简单地在两者之间做出选择，而着力讨论两者之间的互动和共同作用，道德作为一种规范的存在是由于村民的集体认同，村民作为有能动性的主体，也在各种社会力量的作用下有其选择、解读和变通的可能性。在结构和过程之间，规范与选择在共同的共生精神中得到了统一。斐济村民对于自我认同的言说，其自豪感，来自对于共生道德的认同，而非来自经济的发达、物质的丰沛或者国家的国际地位。

不可否认，户品村的田野调查是始于我对未知异域的憧憬和我对人类学民族志研究的"刻板印象"，我深知以我的学力、笔力、观察力，无法穷尽斐济村民共生之道的方方面面，只能为读者展现一个斐济乡村生活的片段。我选择了以经典民族志的写法来呈现户品村的本土实践，是因为户品村村民文化认同的感染力。如果失去细部的叙述，恐怕会让他们的生活"失去活力"。

现代化不断地"解体"人们的生活方式和改变人们的观念。在资本鼓吹的消费主义、享乐主义影响下，个体越发趋于利己主义，人与人之间的疏离、不信任日益明显。"宗族""门""房"逐步淡出城市生活，中国人的"家"的概念不断地被收缩，作为当前主要家庭形态的核心家庭甚至也陷入了家庭成员互不信任的危机。现代化进程中，经济、教育甚至制度，中国都有学习西方的影子。而中国的部分年轻人，可能已经失去了作为中国人的自豪之情和"充实感"。希望通过户品村的"共生之道"，能够启示我们在日常的实践中找回自己的精神家园，以充沛的内生认同感，面对均质化的世界。

第六章　出入田野

每个清晨我都会被妇女准备早饭的声音闹醒，刮椰子肉的声音每日都在提醒着我田野工作的开始。勤劳的男人在早饭前已经下地，小孩也被派遣着推着独轮车在村头村尾收集剩饭剩菜用作猪食，路边的芒果树下聚集了三三两两聊天的村民，谈论着今天谁要进城，或是昨晚村里发生的骇人听闻的大事。周一到周五，一般家庭都有要上学的孩子，家里的妇女更是要提前准备早饭，让孩子吃过早饭后去上学。

这样的场景在田野调查期间是再平常不过的了。借用拉比诺田野作业反思的基本思路，在田野调查进行过程中，除了对研究对象的观察和书写，我还记录下了我对于田野调查及其研究过程的反思，把研究过程本身也作为研究对象之一。

一、田野点选择

人类学作为一门在西方现代社会发源和发展起来的学科，最早关注的是与其本土文化有着巨大反差的异文化。我在研究中沿袭了西方人类学经典的研究方法，甚至在研究点的选择上都与其学科发展的地域化特点有相当程度的重合，即西方人类学学科发展初期对海外殖民地的偏好，这可能是一个批判的起点。

西方人类学者到第三世界做田野在当时的文化环境中是"自然的"，有其政治上和文化上的正当性，尤其是在西方发展起来的现代性和前现代社会地方文化之间的对立和差异是鲜明的、可见的，甚至不言自明的。但作为一名来自中国的人类学者，作为一名被全面现代化和发展主导的语境熏陶，有着科学发展观缺省配置的人，来到这样一个西方经典的人类学研究点，我的研究跟过往西方学者的作品有何共通之处，又有哪些不同呢？这也是我的导师景军教授经常问我的问题，我们做海外民族志的学者能为知识生产做什么贡献？

来到田野点，当地人与我肤色不同、语言不同，这些不同都显而易见。然而，在日常的相处当中，我们有很多的共通之处，如喜怒哀乐的情感、穿插在日常叙述中的道德判断，还有我们交流所使用的语言。虽然我们都不是英国人，但我们都能用英语交流。从这一点上来说，比起人类学先辈们，在全球化的影响下，我们之间的差异仿佛被一种无形的力量缩减和平均化了，我们的差别自然是巨大的，但瞬间仿佛又能如此共通。

二、研究对象认识的局限性

从一定意义上，我的田野调查还不够成熟，因为我过于在乎村民对我田野调查的看法，这直接导致我很多问题不敢问，只敢猜和观察，而这样是不够的。我的整个田野调查过程充满了挣扎，作为一个想要践行英雄主义的女孩，孤身一人，独闯村庄，遇到问题只能一个人去面对和处理。作为性别弱势一方，在面对官僚的官员，以及轻浮的男孩时，厌恶感总是马上升起，不可抑制。（摘自田野笔记）

第六章　出入田野

我的研究从根本上来说，是对我在斐济乡村的生活以及村民的生活和思考之理解的描述和阐释。这里的文字是基于我观察的记录和对访谈的阐释，对当地人理解的理解，但与他们自身的文化相比，两者间是存在区别，并有着相当差距的。

约翰·凯里夫妇强调在斐济研究当中应该注意社会生活中的一些微小痕迹，指出有时研究者自以为在接触"整个社会"，其实面对的不过是研究者改变自己以求适应的社会生活的某一部分。民族志田野研究者是通过跟自己关系近的当地人来了解、理解本土社会的。民族志工作者对周围发生的事情的考察也是通过这些特定当地人的眼睛来进行的。民族志工作者看到的绝非全貌，仅仅是站在社会场景中某个位置的观察，我们眼中的"整体"是通过跟其接触最多的当地人的视角来呈现的。除此之外，约翰·凯里夫妇还强调真正的社会生活的复杂性。斐济有两大主要族群，在研究中可能某一族群在叙事中是主角。关于斐济的绝大多数人类学著作都是关乎斐济原住民的，但只有10%左右的著作是关于印度裔斐济人的。另外，约翰·凯里夫妇还强调在研究中，不应关注"哪个族群是对的，哪个族群是错的"，而要关注其后"更大的图景是什么"，否则作为研究者，很可能在鼓励信息报道人告诉自己他对别的族群的看法时，给自己的调查加上一个人为的框架，即对研究者自身研究过程及其研究结果可能带来的影响做了深刻反思（安琪，2010）。这些都值得作为研究者的我们警醒。

本研究只涉及当地人日常生活中很小的一部分，其中一定包含浸淫猎奇和对当地人"原始淳朴"社会的想象。在这个人们热情、好客、喜爱歌唱跳舞的地方，我在田野调查的一开始有离家的淡淡忧伤，但更多时候被当地人的热情好客所包围。他们想要把我包容在他们的社会群体中，想要让我充分感受那种被当地社会接纳为其中一员的感觉。在我一次临别田野的时候，一位可爱的当地男孩对我说："先回中国，回学校完成学业后再回户品村来。"到时，他会在村外建一所房子，然后平日他去地里干活，而我待在家里。现在回想起来，他的描述蕴含着当地所默认的性别分工，同时也表达了当地村落开放与包容的取向。

三、"我"是哪一伙的？

最初我进入田野是通过曾任当地小学校长的萨罗米，她属于大房子亚氏族。但之后接待我住宿的家庭和接待我吃饭的家庭都属于寻他亚氏族，我又渐渐和这个亚氏族亲近了起来。简言之，我的田野调查的开展是以与当地亲属网络的紧密结合作为基础的。

人是编织在社会关系网中的个体。"我们是谁"不完全由我们身上的特质决定，同样由我们在社会关系网或者社会阶梯中所处的位置决定。传统的人类学者恰恰是一堆"奇怪"的人，离开他们原生的社会网络，跋山涉水到一个对他来说完全陌生的地方去生活。这从某种意义上来说是极其"反人类"的。显然，人类学者不仅仅是去陌生的环境去生活，他们并不真的只想跟当地人住在一起，吃在一起，然后就此结束。他们最开始千方百计想要融进去，很大程度上为了有一天出来之后能写一本真实反映当地风土人情和关系结构的书，介绍给从未去过的人们。

真正去做田野调查之前，我一直以为做田野调查就是入乡随俗，学习和接受当地文化，尽可能"成为"当地人。但在我第二次去的时候我才发现，书本上所说的东西在实践中并没有那么顺理成章，甚至根本就"不可能"。从某种意义上来说，那完全是我们人类学者的一厢情愿！

第六章 出入田野

我们自以为，只要自己做得和当地人一样，当地人就会真的把我们当作隐身在他们中的当地人了。这是一厢情愿的想象，而且一味地如此要求自己还会成为一种负担，还可能使得竭尽全力的行动变得不真诚。抛开其他方面的差异，光生理上的不同就决定了在进入田野时根本不可能跟当地人一样。比如，我刚进入田野的时候，发现当地蚊虫很少叮咬当地人。我是想和当地人一样，但连蚊子虫子都不同意，似乎整个斐济生物圈都在对外来者进行警示。斐济村民常常会认为我是中国人因而我可以毫无障碍地跟中国公司老板要求很多事情，而中国公司的员工常常对我的田野调查充满不解。

>今天斯兵塞来找我，请我跟中国公司办公室负责人说她想在公司工作，她之前在那里已经工作了一年零六个月。比加有着一张饱经风霜的脸，他家里有三个儿子、两个女儿，共五个孩子，大女儿已经在镇上结婚了，现在还有四个孩子在读书，因而希望能有一份工作来支持家庭。最后他还强调说，路上的活他都能干。
>……
>然后我的确试图跟中国公司里的人事表达了这个意思，没想到他完全不回应，后来才知道他认为那个村子的人比较"野"，他们不想要。这个忙我没有帮上，后来我看到比加自己直接去找路上干活的中国工人攀谈，没过几天，他成功地去了中国公司工作。（摘自田野笔记）

上面这个小的实例也可以看出我作为中国人夹在中国工人和斐济村民之间的窘境。我在中国公司吃饭的时候，在中国公司的中国人问我，为什么要跟斐济人学习怎么教育小孩,为什么不跟发达国家的人学。在这个以发展话语主导的世界里,我像极了堂吉诃德。当地人其实都已经不再在乎所谓的传统,但我却跑到这么一个落后的地方来"喂蚊子",这在当地中国人看来很可笑,甚至有时斐济人也会表达类似的不解。在我试图理解当地人的同时,当地人也在试图解析我,我也被他们镶嵌在他们的意义体系中,甚至可能被调遣。

四、性别的关照

想到当地的性别问题,我会非常忧心,因为我可以看到女性在生活中的艰难和不自主。尤其是婚后的妇女,需要奔忙着照顾整个家庭的一日三餐和料理育儿的琐事。另外,基于性别,村民对于男性和女性的道德有着不同的要求。里德斯特罗姆(Rydstrøm, 2003)对越南道德的研究非常明确地指出,在越南,基于性别不同,道德要求相异。同样的,在斐济村庄,一般来说,男性有着比较高的地位和决定权。虽然性别不是本研究的重要关注点,但我无法忽视日常生活中,当地女性因为穿着要求、家庭关系中的规范而遭遇到的不平等,甚至家庭暴力。

而我自己,作为一名年轻的女性人类学者,很多时候并不被认为在做一件严肃的事情。当地人爱说笑,也爱跟我开玩笑,虽然大多数时候都没有恶意,而且我们其乐融融,但不得不承认从研究的角度来看我对此常常感到很苦恼。我问当地人问题,他们通常并不会严肃地回答我,有时会开玩笑或者乱讲一气。在他们看来,我这项研究的意义是受到挑战和值得怀疑的:一名中国年轻女性,为什么要跑到那里?另外,村民最不能理解的是我一个人来做调研,没有同学,没有同伴,没有组员。当地人从一遇到我就会问"你父母还在世吗"这个问题,刚开始让我十分气恼。和我再熟悉一些,就也有热情的当地人"张罗"着给我找男朋友。他们对我一个人独来独往感觉不可思议。当然,这也显示出当地文化脉络中"在一起"的重要性。

在田野调查过程中,与其说是我在研究当地人,他们其实也在研究我。他们对我更好奇,比我还要"八卦",而且我的故事传播得很快。有时,田野里的访谈遇到的问题不在于他们不愿意告诉我,而是他们很忙,忙着说他们的"闲话"。作为女性,我的性别弱势有时也让我难以主导谈话的方向。

另外,过于希望被当地人接受和喜爱,必然成为一个弱点,因为那意味着要遵循预设的社会规范和满足特定的社会期待。比如说,在当地,对于一个年轻女孩,可被接受、赞许的行为是沉默和聆听,而不是主动询问。这正是我参与日常生活的"客人"身份和"研究者"身份相冲突的地方。我的解决方法是不停地跟他们解释我是过来做研究的,过来学习他们的语言、文化的,我很希望他们帮助我了解当地的社会生活,所以当他们听到我需要帮助的时候,他们又能够理解了,也会更愿意帮助我,这也可以说是田野中的小技巧。总之,田野调查中需要研究者多学多问,但当这与在田野中的参与角色产生冲突时,如何去化解,又是一门学问。

五、田野中的困难

田野中的困难,可以从生活起居、吃喝住行讲起。要进行人类学的长期田野调研就会感觉到饮食、住宿都成为极重要的问题。参与观察并非一般走访、发问卷,搜集完数据就离开的"田野调查",而是一场长期的自我斗争,马林诺夫斯基的日记与其说是将他拉下了神坛,不如说是将人类学家的工作真实地还原。长期身处异文化之中,遵守陌生的规矩,过别样的生活,对于调研者生理和心理都是极大的挑战。我和斐济村民的生活习惯特别不一样。从作息来说,每晚我已经困得呵欠连天,但他们的生活才刚刚开始;从饮食来说,每天我都快饿晕了他们才开饭。另外,作为女孩,他们对我做家务是有期待的。

访谈的开展也是田野中让人苦恼的事情。村民大多数时间不愿意敞开心扉,因为地方文化的特殊性决定了田野点是相对封闭的社区,也就是熟人社区,在这里每个人都很担心自己的事情被别人知道,而不愿意说自己的事情。共享物质生活的斐济人的内心仍然会忧虑甚至默认跟我说的事情会被其他人知道,热爱八卦的斐济人在一起更愿意去聊其他人的事情,而不是讲他自己的事情,这是一种主体与客体共有感的平衡。

困难之三是当地无所事事的文化底色对我的侵蚀。

> 今天又是东逛西逛的一天,好像也的确是多逛逛会学习到更多的东西,认识更多的人,他们的生活更具有人类学家色彩,到处坐着聊天,有人经过就问那个人去干什么,那个人如果坐下来就继续聊,如果她走了她马上就变成当下的话题。这比人类学家更要人类学家呢!所以,从某种意义上,在斐济生活和做研究,你只要活得更像一个斐济人就好。

这一描述摘自某一天的笔记,田野调查很多时候都是沉闷的,或者说数着日子过,特别地闲散。来"工作"的我,生活变得没有什么目标,

第六章 出入田野

日子就这么一天天地过去。他们随性，很多事情今天做不了就明天做。我想了解他们的风俗，没想到他们都不跟我说他们真实的情况，特别是刚开始。村民会认为我就是过来享受生活的，是过来玩的。他们最喜欢的就是躺下来享受生活。对于我的问题，他们有的时候也会懒得解释，或者是觉得我在做一些多余的事情，尽管我已经解释过我是来学习他们的文化和生活方式的。

一开始我在田野中的焦虑在于感觉每天都在"混日子"，什么也没做，东游西荡着一天马上就过去了。但慢慢地，我了解到，这种"无所事事"，就是他们生活中的一部分，因为他们讲求的不是经济利益驱使下的成效，而更多的是当下对于上天所赐予的一切的享用和满足。我的田野调查的确是在"无所事事"当中完成，并没有太多的章法。我觉得他们都是无所事事，也是因为我的无组织、无纪律、没有系统和他们产生了共振。田野调查后期，原先焦虑的我变得可以和村民一样可以在地板上一躺就开始打盹、聊天、八卦，不会再有丝毫的羞涩和不自然，却开始怀疑自己作为研究者的身份何在。

> 很多重活粗活累活真的是让人受不了，而且什么事情都是坐着做，谁都懒得起来。真的，我感觉晚上突然间负面情绪很多，不知道是怎么了，看着他们就觉得烦。心烦是一种什么感觉，为什么会这样，有的时候真的就是看着他们就觉得烦，做什么事情都是不紧不慢的，一点效率都没有，什么时候都不着急，然后还要顺带着聊天，看着真的要把人烦死。（摘自田野笔记）

回头去看，田野当中的自己，也是有纠结的，很多时候也会不自觉地对他们有情绪，我们都有马林诺夫斯基式的烦恼，或许这才是拉比诺反思自己田野作业的发端。

六、精进和提高

　　田野调查的最佳状态是达成双赢，至少这是理想。但我在田野调查初期操之过急，马上就展开了访谈，也给那些认真回答我问题、提供了"有效"信息的当地人回馈以小礼物或是家里的日常用品。后期我反思，这样的相处模式不够明智，也许更稳妥的策略应该是先用物品和礼物来搭建社会关系，在我们熟悉之后，在我成了"自己人"之后，再去请求帮助，也许得到的信息会更有效，与当地人的关系会更融洽，同时财物的使用也能更有的放矢。在调查中如若缺乏对当地文化的理解很可能造成劳民伤财的结果。这样的策略得因地制宜、因时制宜，斐济的共有世界、共生之道才会通过"共有"来进入田野。

　　如前文所述，我进入田野相对容易，但出于生活习惯的差异、分类体系的差异，以及一种没有个人安全感的顾虑使得我在田野后期一直在构建一个屏障，试图保护自己，包括要求一扇我可以上锁和反锁的门。对于我个人而言，那都是当时我觉得生存所必需的，如同食物和遮体的衣服。当然，在我写下这些文字的时候，我早已回到了我熟悉的环境，我会反思和畅想，也许这样的防备可能过于严苛，对我的田野工作产生了阻碍，今后可以适度改进。可是真的再临户品村，我真的能够做到吗？人类学家并不是可以被设置的机器。

　　关于自己主体性的反思是反复的、贯穿于整个田野调查当中的，甚至从田野调查一直持续到回学校进行论文写作，以致到后期论文的修改，答辩通过，取得学位，到现在修改出版。西方的人类学者到第三世界去做田野调查有着正当性，现代性和传统地方文化的对立和差异鲜明、可见；但作为一个来自中国的人类学者，作为一个由现代化和发展主导的语境下熏陶出来，有着科学发展观缺省配置的人，去到一个西方经典的人类学研究点，我的研究跟既有西方学者的研究有何共通之处，又有哪些不同？到现在，这个问题仍然伴随着我。我想本书的呈现自然是对于以上问题的部分回答，但仍然有太多可能被我忽略的生活细节，有太多值得探寻的场景，只能留待后续查缺补漏，甚至推倒重来。

附录　文中关键人物介绍

鉴于本研究田野点户品村是一个亲属网络编织成的地方社会，进入田野后我也被自然而然地卷入到了当地亲属网络当中，对于文中的人物，我一般都采取我对他们的直接称谓来记录，也有部分用化名来指代。人物的年龄都以进行田野调查的 2013 年、2014 年为标准。

比加：男，40 岁左右，儿童管理委员会委员，每天傍晚都会吹哨赶儿童回家休息。

大卫：男，20 岁出头，约阿施之子，后在村里出现越轨行为，被村民们解读为"子偿父债"。

狄波拉：女，70 岁左右，和我同住家庭的女主人以撒的母亲，撒母耳的老伴，她有一个孙女也以她的名字为名。

何西阿：男，40 岁左右，一位在户品村长大，如今在首都小有成就的村民，他一直心系故土，常常带大量的财富反哺自己所在的氏族。

户品村村长：男，40 岁左右，是村里的行政首脑。

迦得：男，60 岁左右，寻他家族的长者，年轻时候在城里工作，现在在村里待了一长段时间，乐于助人，敢于说话。

迦勒：男，60 岁左右，我田野期间供我住宿的老先生，妻子在前三年过世，女儿们在城里工作、读书，同住的儿子叫亚门，儿媳妇叫约基别。

马大：70岁出头，女，村里一位受人尊重的老太太，生前最后几年与拿俄米同住，在我田野调查初期就多病，后在田野调查中期因病去世。

玛利亚：女，25岁左右，户申村酋长女儿，在中国公司工作。

拿俄米：女，70岁左右，退休女教师，丈夫已逝，未生育，收养了两个女儿，均已婚，常年居住在城里。

内奥米：女，20岁左右，学校幼儿园老师，嫁给了叶忒罗牧师。

撒母耳：女，70岁左右，和我同住女主人以撒的父亲，和婚后以撒住的房子一路相隔，于我田野调查期间因病去世。

萨罗米：女，60岁左右，退休女教师，丈夫已逝。拥有一幢在村口的房子，五个儿女都已长大结婚并在城市生活，她是带我进入田野点的人，也是我的关键田野报道人。

赛特：男，30岁出头，和我同住家庭的女主人以撒的弟弟，以撒的儿子也用了和她兄弟一样的名字。

实玛利：女，刚进入青春期，以撒和亚伯拉罕的二女儿。

所罗门酋长：男，60岁左右，距户品村不远的书品村的酋长，我也常到该村做客。

夏甲：女，40岁左右，以撒的邻居，经营了一家小杂货店。

友尼基：女，35岁左右，一名田村学校指派老师，也是太平洋岛国人，嫁给了斐济人，在村里小学当高年级老师。

雅弗：男，50岁左右，和我同住家庭的女主人以撒的哥哥，他在城里的医院工作，也是村里的护士。

雅各酋长：男，60岁左右，根据现有的文献记载和村里老人的诉说，雅各酋长一家是最早由临岛的大酋长指派到户品村来带领户品村人，他的父辈也是户品村有史料记载的最早的酋长。

亚伯拉罕：40岁左右，和我同住家庭的女主人以撒的丈夫。

叶忒罗牧师：男，30岁左右，我田野调查期间担任户品村卫斯理教会驻村牧师一职。

以利牧师：男，50岁左右，村里万国教会牧师。

以诺酋长：男，60岁左右。以诺酋长的父辈是户品村的酋长，雅各酋长的父辈不在户品村因而托付以诺酋长的父亲来担任酋长。但以诺酋长一家仿佛遭受了诅咒，全家的身体都有不同程度的问题。以诺酋长因为身体不适经常要去医院，因而雅各酋长和他一起管理户品村。

以撒：女，35岁左右，是田野调查期间和我同住家庭的女主人。

以斯拉牧师：男，35岁左右，分派给户品村第一任卫斯理教会牧师，在户品村担任五年驻村牧师之后被指派到了其他村落。

以斯帖：女，区酋长夫人，生活在离户品村几公里外的户申村。她和大酋长育有五个孩子，文中出现的多为他们对于小儿子的教育。

约阿施：男，40岁左右，最初对村里牧师决议提出的"清洁运动"提出反对意见的人。

约基别：女，20岁出头，迦勒的儿媳妇，来自别的村子。

约瑟牧师：男，40岁左右，村里神召会牧师。

约坦校长：男，50岁左右，村里小学学校校长。

参考文献

中文文献

阿古什.费孝通传.董天民,译.郑州:河南人民出版社,2006.

安琪.人类学眼光:从斐济历史看民族国家和新殖民主义——约翰·凯利教授夫妇访谈录.北方民族大学学报,2010(3):108-113.

奥特纳.20世纪60年代以来的人类学理论.1984.//庄孔韶编.人类学经典导读.北京:中国人民大学出版社,2008:621-652.

贝拉 等.心灵的习性:美国人生活中的个人主义和公共责任.翟宏彪 等,译.北京:三联书店,1991.

本尼迪克特.菊与刀.吕万和 等,译.北京:商务印书馆,2012.

波普诺.社会学.北京:中国人民大学出版社,1999.

陈国强.简明文化人类学词典.杭州:浙江人民出版社,1990.

陈妍娇.试论萨林斯理论脉络中"历史"的意义.前沿,2011(22):59-61.

达尔文.人类的由来及性选择.叶笃庄 等,译.北京:科学出版社,1982.

戴维斯.生命的寻路人——古老智慧对现代生命困境的回应.高伟豪,译.北京:北京联合出版公司,2012.

道格拉斯.洁净与危险.黄剑波 等,译.北京:民族出版社,2008.

董建辉.政治人类学研究的几个问题探析.民族研究,2010(3):48-53.

范丽珠.宗教社会学:宗教与中国.北京:时事出版社,2010.

费孝通.反思、对话、文化自觉.北京大学学报(哲学社会科学版),1997(3):

15-22.

费孝通. 美国人的性格. 上海：华东师范大学，2013.

费孝通. 生育制度. 天津：天津人民出版社，1981.

费孝通. 乡土中国. 北京：三联书店，1985.

芬格莱特. 孔子：即凡而圣. 彭国翔 等，译. 南京：江苏人民出版社，2010.

冯友兰. 中国哲学简史. 北京：新世界出版社，2004.

福柯. 知识考古学. 谢强 等，译. 北京：三联书店，2003.

福山. 历史的终结. 本书翻译组. 呼和浩特：远方出版社，1998.

甘阳. 以家庭作为道德重建的中心. 精神文明导刊，2012(1): 23-24.

高丙中. 凝视世界的意志与学术行动——海外民族志对于中国社会科学的意义. 广西民族大学学报（哲学社会科学版），2009(5):2-6.

戈尔登. 改变人类学：15个经典个案研究. 张经纬 等，译. 北京：北京大学出版社，2012.

格尔茨. 地方知识——阐释人类学论文集. 杨德睿，译. 北京：商务印书馆，2014.

格尔茨. 文化的解释. 韩莉，译. 南京：译林出版社，1999.

格雷伯. 债：第一个5000年. 孙碳 等，译. 北京：中信出版社，2012.

龚浩群. 信徒与公民：泰国曲乡的政治民族志. 北京：北京大学出版社，2009.

桂华. 礼与生命价值. 北京：商务印书馆，2014.

何星亮. 文化多样性与文明互补. 中山大学学报（社会科学版），2007(3):125-131.

河合利光. 身体与生命体系——南太平洋斐济群岛的社会文化. 开放时代，2009(7):129-141.

贺雪峰. 村治的逻辑：农民行动单位的视角. 北京：中国社会科学出版社，2009.

胡适. 中国哲学史纲（上卷）. 北京：东方出版社, 1996.

黄剑波. 成为罪人与成为无罪——兼及宗教人类学的新近发展 (N/OL). 基督时报, (2010-11-12)[2016-4-10]. http://www.christiantimes.cn/news/1455/ 黄剑波：成为罪人与成为无罪

黄盈盈. 身体·性·性感：对中国城市年轻女性的日常生活研究. 北京：社会科学文献出版社, 2008.

霍布斯鲍姆. 传统的发明. 顾杭 等, 译. 南京：译林出版社, 2008.

霍尔. 表征：文化表象与意指实践. 徐亮 等, 译. 北京：商务出版社, 2003.

吉登斯. 社会理论与现代社会学. 文军 等, 译. 北京：社会科学文献出版社, 2003.

吉登斯. 现代性的后果. 田禾, 译. 南京：译林出版社, 2000.

吉登斯. 现代性与自我认同. 赵旭东 等, 译. 北京：三联书店, 1998.

金里卡. 当代政治哲学. 刘莘, 译. 上海：上海译文出版社, 2015.

景军. 神堂记忆：一个中国乡村的历史、权力与道德. 吴飞, 译. 福州：福建教育出版社, 2013.

卡夫雷拉. 后社会史初探. 李康中, 译. 北京：北京大学出版社, 2008.

康敏. "习以为常"之蔽——一个马来村庄日常生活的民族志. 北京：北京大学出版社, 2009.

康纳顿. 社会如何记忆. 纳日碧力戈, 译. 上海：上海人民出版社, 2000.

克鲁泡特金. 互助论：进化的一个要素. 李平沤, 译. 北京：商务印书馆. 2009.

库尔特. 斐济现代史. 吴江霖 等, 译. 广州：广东人民出版社, 1976.

拉比诺. 摩洛哥田野反思. 高丙中 等, 译. 北京：商务印书馆, 2008.

拉德克里夫-布朗著. 安达曼岛人. 梁粤, 译. 桂林：广西师范大学出版社, 2005.

李萍. 日本现代社会中的共生伦理. 湘潭师范学院学报（社会科学版),

2002(9):29-35

李启欣,李研,林致平.太平洋群岛的民族主义与民族冲突(下).世界民族,1997 (3):33-39.

李强.社会分层十讲.北京:社会科学文献出版社,2008.

李荣荣.美国人的社会与个人:加州悠然城社会生活的民族志.北京:北京大学出版社,2012.

栗本慎一郎.经济人类学.王名 等,译.北京:商务印书馆,1997.

绫部恒雄.文化人类学的十五种理论.中国社科院日本研究所社会文化室,译.北京:国际文化出版公司,1988.

刘瑜.民主的细节.上海:上海三联书店,2011.

芒福德.城市文化.宋俊岭 等,译.北京:中国建筑工业出版社,2005.

马克思.资本论(第1卷)中共中央马克思恩格斯列宁斯大林著作编译局,译.北京:人民出版社,2010.

麦金太尔.追寻美德:道德理论研究.宋继杰,译.南京:译林出版社,2011.

梅因.古代法.沈景一,译.北京:商务印书馆,2009.

米德.萨摩亚人的成年.周晓虹 等,译.北京:商务印书馆.2010.

摩尔根.古代社会.杨东莼 等,译.北京:商务印书馆,2009.

摩根.从衰微到景致:浪漫主义时期对威尔士历史的追寻//霍布斯鲍姆.传统的发明.顾杭 等,译.南京:译林出版社,2008.

莫斯.礼物.汲喆,译.上海:上海人民出版社,2002.

莫斯.论祈祷.蒙养山人 等,译.北京:北京大学出版社,2013.

莫斯.巫术的一般理论.杨渝东 等,译.桂林:广西师范大学出版社,2007.

穆勒.功利主义.徐大建,译.上海:上海人民出版社,2008.

欧爱玲.饮水思源——一个中国乡村的道德话语.钟晋兰 等,译.北京:社会科学文献出版社,2013.

潘毅.清晰产权后到底能否对老百姓起到保护作用.集体经济村庄.开放时

代 2015(1):41.

普理查德.阿赞德人的巫术、神谕和魔法.覃俐俐,译.北京:商务印书馆,2010.

芮玛丽.同治中兴:中国保守主义的最后抵抗.房德邻 等,译.北京:中国社会科学出版社,2002.

萨林斯.历史之岛.蓝达居 等,译.上海:上海人民出版社.2003a.

萨林斯."土著"如何思考:以库克船长为例.张宏明译.上海人民出版社.2003b.

萨林斯.石器时代经济学.张经纬 等,译.北京:三联书店.2009.

桑塔格.反对阐释.程巍,译.上海:上海译文出版社,2013.

斯密.道德情操论.王秀莉,译.上海:上海三联书店,2011.

泰勒.现代性之隐忧.程炼,译.北京:中央编译局出版社,2001.

谭同学.桥村有道:转型乡村的道德、权力与社会结构.北京:生活·读书·新知三联书店,2010.

特纳.仪式过程.黄剑波 等,译.北京:中国人民大学出版社,2006.

滕尼斯.共同体与社会.林荣远,译.北京:商务印书馆,1999.

涂尔干.莫斯.原始分类.汲喆,译.上海:上海人民出版社,2005.

涂尔干.社会分工论.渠东,译.北京:三联书店,2000.

涂尔干.宗教生活的基本形式.渠东 等,译.北京:商务印书馆,2011.

汪诗明,王艳芬.太平洋英联邦国家:处于现代化的边缘.成都:四川人民出版社,2005.

王铭铭.从费思的遗憾到中国研究的余地.云南民族大学学报,2008,25(3):5-17.

王铭铭.人类学是什么.北京:北京大学出版社,2003.

王铭铭.西方作为他者——论中国"西方学"的谱系与意义.北京:世界图书出版公司,2007.

王铭铭.小地方与大社会.民俗研究.1996(4): 5-20.

韦伯.经济、诸社会领域与权力.李强,译.北京:生活·读书·新知三联书店,1998.

韦伯.社会学的基本概念.胡景北,译.上海:上海人民出版社,2005.

韦伯.新教伦理与资本主义精神.杨豫 等,译.西安:陕西人民出版社,2009.

吴飞.浮生取义.北京:中国人民大学出版社,2009.

吴飞驰.关于共生理念的思考.哲学动态,2000(6):21-24.

吴文藻.现代社区实地研究的意义和功用//吴文藻.人类学社会学研究文集.北京:民族出版社,1990: 144-150.

吴晓黎.社群、组织与大众民主:印度喀拉拉邦社会政治的民族志.北京:北京大学出版社,2009.

西美尔.金钱、性别、现代生活风格.刘小枫编,顾仁明,译.上海:学林出版社,2000.

西敏司.甜与权力:糖在近代历史上的地位.王超 等,译.北京:商务印书馆,2010.

西敏司.饮食人类学:漫话餐桌上的权力和影响力.林为正,译.北京:电子工业出版社,2015.

项飚.全球"猎身":世界信息产业和印度的技术劳工.王迪,译.北京:北京大学出版社,2012.

萧凤霞.廿载华南研究之旅//华南研究会编.学步与超越.香港:文化创造出版社,2004:31-41.

许烺光.家元:日本的精髓.台北:南天书局,2000.

许烺光.宗族、种姓与社团.台北:南天书局,2002.

严海蓉."素质","自我发展"和阶级的幽灵.读书,2001(3):18-26.

阎云翔、徐大慰.社会转型期助人被诬现象的人类学分析.民族学刊,2010(2):1-12.

阎云翔.私人生活的变革.龚小夏,译.上海:上海书店出版社,2009.

伊利亚斯.文明的进程.王佩莉 等,译.上海:上海译文出版社,2013.

詹姆斯.宗教经验种种.尚新建,译.北京:华夏出版社,2012.

张小军.集体经济是一种文化秩序和编码//王景新.集体经济村庄.开放时代,2015a(1):26.

张小军.历史人类学:一个跨学科和去学科的视野.北京:生活·读书·新知三联书店,2007.

张小军.让"经济"有灵魂:文化经济学思想之旅.北京:清华大学出版社,2014.

张小军.谁的村落?谁的集体?——集体化村落发展模式思考//王景新.集体经济村庄.开放时代,2015b(1):54-58.

张小军.文化经济学的视野:"私有化"与"市场化"反思.江苏社会科学,2011(6):1-12.

张小军.象征地权与文化经济——福建阳村的历史地权个案研究.中国社会科学,2004(3):121-135.

张永缜.共生的伦理学考察.新疆社会科学.2009(3):6-9.

赵旭东.在一起:一种文化转型人类学的新视野.云南民族大学学报(哲学社会科学版),2013(3):24-35.

周会超.美拉尼西亚的土地共同体主义研究——以斐济为例.商界论坛,2013(17):382-383.

周歆红.西方人类学产权研究的三种路径.社会学研究,2016(2):217-240.

朱晓兰.文化研究关键词:凝视.南京:南京大学出版社,2013.

庄孔韶.人类学通论(第四版).北京:中国人民大学出版社,2020.

庄孔韶.银翅——中国地方社会和文化的变迁.北京:生活·读书·新知三联书店,2000.

英文文献

Akin, D, Robbins J. Money and Modernity: State and Local Currencies in Melanesia. Pittsburgh: University of Pittsburgh Press, 1999.

Barker, J. The Anthropology of Morality in Melanesia and Beyond. Hampshire: Ashgate Publishing Limited, 2007.

Banivanua-Mar, T. "Cannibalism and colonialism: Charting colonies and frontiers in nineteenth-century Fiji." Comparative Studies in Society and History 52.2 (2010): 255-281.

Barr, K. Beyond the Mundane, Fiji's Religious and Worldviews. Unpublished document in author's possession, 1999.

Becker, A. Body, Self, and Society: The View from Fiji. Philadelphia: University of Pennsylvania Press, 1995.

Boydell, S. Philosophical Perceptions of Pacific Property: Land as a Communal Asset in Fiji. Pacific Rim Real Estate Society Annual Conference, 2001.

Brison, K. Our Wealth Is Loving Each Other: Self and Society in Fiji. Lanham: Lexington books, 2007.

Capell, A. The Fijian Dictionary. Suva: Government of Fiji, 2004.

Carrier, J. History and Tradition in Melanesian Anthropology. Berkeley: University of California Press, 1992.

Carrier, J. Property and Social Relations in Melanesian Anthropology. // Hann C. Property Relations: Renewing the Anthropological Tradition. New York: Cambridge University Press, 1998.

Central Intelligence Agency: The world fact book. [EB/OL]. [2016-4-11] https://www.cia.gov/library/publications/the-world-factbook/geos/fj.html.

Codrington, R. The Melanesians: Studies in Their Anthropology and Folklore. Oxford:

Clarendon Press, 1891.

Colchester, C. Objects of Conversion: Concerning the Transfer of Sulu to Fiji. // Küchler S, Were G. The Art of Clothing: A Pacific Experience. London: Routledge Press, 2005.

Cook, J. Morality and Cultural Differences. New York: Oxford University Press, 1999.

Crocombe, R. Anthropology, Anthropologists, and Pacific Islanders. Oceania, 1976, 47(1): 66-73.

De Waal, F. Primates and Philosophers: How Morality Evolved. Princeton: Princeton University Press, 2009.

Deane, W. Fijian Society: Or The Sociology and Psychology of the Fijians. London: Macmillan and Company, 1921.

Evans-Pritchard.E.E. The Nuer: A Description of the Modes of Livelihood and Political Institutions of a Nilotic People. London: Oxford at the Clarendon Press,1940.

Fiji Bureau of Statistic. Population by Religion- 2007 Census of Population [EB/OL]. [2016-4-11]. http://www.statsfiji.gov.fj/statistics/social-statistics/religion.

Fiji Islands Bureau of Statistic. Population by Religion. [EB/OL]. [2016-4-11]. http://www.statsfiji.gov.fj/statistics/social-statistics/religion.

Fiji Islands Bureau of Statistics. 2007 Census of Population. [EB/OL]. [2016-4-11]. http://www.statsfiji.gov.fj/statistics/2007-census-of-population-and-housing

Fiji Islands Bureau of Statistics. Census of Population-2007. [EB/OL]. [2016-4-11]. http://www.statsfiji.gov.fj/statistics/2007-census-of-population-and-housing

Fison L. Land Tenure in Fiji. The Journal of the Anthropological Institute of Great Britain and Ireland, 1881, 10:332-352.

Gates, C. The Polynesians: Caucasians of Pacific. The Scientific Monthly, 08 Oct 2017.

Gilmour, I. The Body Politic. London: Hutchinson Radius, 1969.

Granet, M. Chinese Civilization. London: Routledge Press, 2013.

Hau'ofa, E. Anthropology and Pacific Islanders, Oceania, 1975, (45)4:283-289.

Hays, J. Measles in Fiji, 1875 // Epidemics and Pandemics: Their Impacts on Human History. California: ABC-Clio, 2005:297-302.

Hume, D. A Treatise of Human Nature. New York: Courier Dover Publications, 2012.

Ignatieff M. Human Rights as Politics and Human Rights as Idolatry // Grethe P. Tanner Lectures on Human Values 22. Salt Lake City: University of Utah Press, 2001:285-350.

Katz, R. The Straight Path of the Spirit: Ancestral Wisdom and Healing Traditions in Fiji. Rochester: Park Street Press, 1999.

Kleinman, A. Experience and Its Moral Modes: Culture, Human Conditions, and Disorder // Grethe P. Tanner lectures on human values 20. Salt Lake City: University of Utah Press, 1999:355-420.

Kluckhohn, C. Values and Value-orientations in the Theory of Action: An Exploration in Definition and Classification. //Parsons T, Edward A S, Neil J S. Toward a General Theory of Action: Theoretical Foundations for The Social Sciences. Cambridge, Mass: Harvard University Press, 1951.

Laidlaw, J. Riches and Renunciation: Religion, Economy, and Society among the Jains. Oxford: Oxford University Press, 1995.

Lal, B V. Broken Waves: A History of the Fiji Islands. Hawaii: University of Hawai'i Press, 1992.

Lambek, M. The Anthropology of Religion and the Quarrel between Poetry and Philosophy. Current Anthropology, 2000, (41)3:309-320.

Leach, E. Social Anthropology. London: Fantana Paperbacks, 1982.

Lee, R B. The Dobe Ju /'Hoansi (Case Studies in Cultural Anthropology). New York: Wadsworth Publishing, 1984.

Lefebvre, H. The Production of Space. Blackwell: Oxford, 1991.

Li, An-Che. Zuni: Some Observations and Queries. American Anthropologist, 1937, (39)1:62-76.

Li, G. Fate Calculation Experts: Diviners Seeking Legitimation in Contemporary China [D]. Canberra: Australian National Universtiy, 2014.

Marshall, L. Sharing, Talking and Giving: Relief of Social Tensions among !Kung Bushmen.Africa: Journal of the International African Institute, vol. 31, no. 3, 1961, (31)3:231-249.

Meebelo, H S. Reaction to Colonialism: a Prelude to the Politics of Independence in Northern Zambia 1893-1939. Manchester: Manchester University Press, 1971.

Miyazaki, H. The Method of Hope: Anthropology, Philosophy and Fijian Knowledge. Stanford: Stanford University Press, 2006.

Naleba, M. Abuse in the Home. Fiji times [N/OL]. (2015-01-20)[2016-4-5]. http://www.fijitimes.com/story.aspx?id=314493.

Niukula, P. The Three Pillars: The Triple Aspect of Fijian Society. Suva: Christian Wrting Project. 1994.

Obeyesekere, G. Cannibal Talk: The Man-eating Myth and Human Sacrifice in the South Seas. University of California Press, 2005.

Wilde, O., Bristow J., Picture of Dorian Gray. New York: Oxford University Press, 2006.

Otto, R. The Idea of the Holy. New York: Oxford University Press, 1958.

Pals, D L. Seven Theories of Religion. New York: Oxford University Press, 1996.

Park, E . R. Symbiosis and Socialization: A Frame of Reference for the Study of Society. American Journal of Sociology, vol. 45, no. 1, 1939:1–25.

Parry, J, Bloch, M, Money and the Morality of Exchange. New York: Cambridge University Press, 1989.

Parsons, T. Essays in Sociological Theory. Glencoe Illinois: The Free Press, 1954.

Price, J A. Sharing: The Integration of Intimate Economies. Anthropological, 1975:3-27.

Radcliffe-Brown, A R, Reginald A, Evans-Pritchard E E, et al. Structure and Function in Primitive Society: Essays and Addresses. Glencoe Illinois: The Free Press, 1952.

Robbins, J. Becoming Sinners: Christianity and Moral Torment in a Papua New Guinea Society. Berkeley: University of California Press, 2004.

Robbins, J. Between Reproduction and Freedom: Morality, Value, and Radical Cultural Change. Ethnos, 2007. 72(3):293–314.

Robbins, J. Equality as a Value: Ideology in Dumont, Melanesia and the West. Social Analysis, 1994, (36):2–70.

Rogers, D J. An Ethics of Transformation: Work, Prayer and Moral Practice in the Russian Urals, 1861-2001[D]. Michigan: University of Michigan, 2004.

Ronni, A. Political Violence in the South Pacific: Women after the Coups in Fiji. Journal of International Cooperation Studies,2006, (14)1.

Rydstrøm, H. Embodying morality: Growing up in rural northern Vietnam. Honolulu: University of Hawaii Press, 2003.

Ryle, J. My God, My land. Farnham: Ashgate Publishing Limited, 2010.

Sahlins, M. Artificially maintained controversies: Global warming and Fijian cannibalism. Anthropology Today, 19.3, 2003: 3-5.

Sahlins, M. The Economics of Develop-man in the Pacific. //Joel Robbins and Holly Wardlow. The Making of Global and Local Modernities in Melanesia. Hampshire: Ashgate Publishing Limited, 2005.

Sahlins, M. The Stranger-king or, Elementary of Forms of the Politics of Life. Indonesia and the Malay World, 2008, (36)177-199.

Service, E. Origins of the State and Civilization: The Process of Cultural Evolution. New York: Norton, 1975.

Tavola, H. Secondary Education in Fiji: A Key to the Future. Suva: Government of Fiji, 1992.

Tien, Ru'Kang. The Chinese of Sarawak. London: London School of Economics and Political Science, 1953.

Tippett, A R. Anthropological Research and the Fijian People. Fijian Current Affairs 1941-1965. Unpublished manuscript, Tippett Collection, Canberra: St. Mark's National Theological Centre Library, 1955:67-80.

Tomlinson, M. In God's Image: The Metaculture of Fijian Christianity. Barkeley: Univercity of California Press, 2009.

Tomlinson, M. Perpetual Lament: Kava-Drinking, Christianity and Sensations of Historical Decline in Fiji. Journal of the Royal Anthropological Institute 2004, (10) 3: 653-673.

Tomlinson, M. Ritual Textuality: Pattern and Motion in Performance. Oxford: Oxford University Press. 2014.

Toren, C. Making Sense of Hierarchy: Cognition as Social Process in Fiji. London: Athlone Press, 1990.

Toren, C. Making the Present, Revealing the Past: The Mutability and Continuity of Tradition as Process. Man, 1988, (23) 4:696-717.

Tuwere, I S. Vanua: Towards a Fijian Theology of Place. Suva: Institute of Pacific Studies, University of the South Pacific, 2002.

United Nations Statistics Division : Fiji .[EB/OL]. [2016-4-11]. http://unstats.un.org/.

Van Gennep, A. The Rites of Passage. Chicago: University of Chicago Press, 2011.

Wallace, D. Fijian Society: Or The Sociology and Psychology of the Fijians. London: Macmillan and Company, 1921.

Weber, M. The Sociology of Religion. Boston: Beacon Press, 1993.

Westermark, E. The Origin and Development of the Moral Ideas. New York: Books for Libraries Press Freeport, 1906.

White, C M. Between Academic Theory and Folk Wisdom: Local Discourse on Differential Educational Attainment in Fiji. Comparative education review, 2001, 45(3): 303-333.

White, C M. Fijian Males at the Crossroads of Gender and Ethnicity in a Fiji Secondary School. Ethnology, 2005, (44) 4:313-336.

Widlok, T. Sharing by Default? Outline of Anthropology of Virtue. Anthropological Theory, 2004 (4) 1: 53-70.

Wiesel, E. A Tribute of Human Rights // Daneil Y, Elsa S, Clarence J, The Universal Declaration of Human Rights: Fifty Years and Beyond. New York: Baywood Press, 1999.

Wooten, S R. Colonial Administration and the Ethnography of the Family in the French Soudan. Cahiers D'études Africaines, 1993, (133) 3:419-446.

World Health Organizaiton. Global Health Observatory (GHO) data. [EB/OL]. [2016-4-11]. http://www.who.int/gho/countries/fji/country_profiles/en/.

World Health Organizaiton. Global Health Observatory (GHO) data.[EB/OL]. [2016-4-11]. http://www.who.int/gho/countries/fji/country_profiles/en/.

Xu, J. Becoming a Moral Child Amidst China's Moral Crisis: Preschool discourse and practices of sharing in Shanghai. Ethos, 2014, (42) 2:222-242.

Yan, Yunxiang. How Far Away Can We Move from Durkheim? Reflections on the New Anthropology of Morality. Anthropology of the Century, 2011 (2):1-12.

Yao, Xinzhong. An Introduction to Confucianism. New York: Cambridge University Press, 2000.

Zigon, J. Moral Breakdown and The Ethical Demand: A theoretical Framework for

Anthropology of Moralities. Anthropological Theory, 2007, (7) 2:131-150.

Zigon, J. Multiple Moralities: Discourses, Practices, and Breakdowns in Post-Soviet Russia. // Zigon J. Multiple moralities and religions in post-Soviet Russia. New York: Berghahn Books, 2011:3-15.

Zigon, J. Within a Range of Possibilities: Morality and Ethics in Social Life. Ethnos. 2009, (74)2:251-276

后记

还没完成本书主体部分的摛辞铺陈，我就已经开始写后记，但我认为这是重要的——我坚信有一天，这十几万文字终会定稿付梓。我相信有这样一天，也迎接着这一天的到来。在这期间，我不断与自己和解，不断地尝试着去爱，去宽恕。窗外济南的阳光掩映了冬的临终，带来春的期许。现在，这一天终于来到，我重新阅读以下文字，温馨恬淡。

在户品村里无数个没有电的夜晚，我打开手电，蜷缩着身体在床上躺下，一边挠着腿上已经被蚊虫叮咬后长成脓包的伤口，一边从垫子下拿出我的笔记本电脑，凝视着还剩下10%的电量，计划着哪一天可以去附近的中国营地洗澡和充电，顺带和远方的家人和朋友哭诉我田野中的不凡。正是家人朋友的关心，在我咬唇说自己一切都好、试图看起来坚强的时候，酝酿了自己在暗夜里盖上被子刹那间夺眶而出的泪水。

我把这当作对自己的磨砺，让自己更快、更茁壮、更美好地成长的机会。在田野调查艰难之时，我总是坚定地相信，自己在做都市女性时可以精致和优雅，在原生态甚至艰苦的环境中也可以乐观和积极，像野花一样倔强、自然、而又美丽地盛放。正如我一直相信的：不能打倒我们的，必使我们更坚强。

归国后，听着在斐济田野时的录音，特别是听到那里的音乐，突然有一种身在天堂的感觉。虽然在回到我的日常生活后，我和身边的人讲述起斐济的故事时，会不自觉地重复强调在南半球时身体上所受的苦，以至于可能渐渐忘了他们的欢声笑语和美妙音乐当时如何感动了我的心。一旦音乐声响起，眼前仿佛又浮现出男子们边弹吉他（尤克里里）边用心地唱着情歌的场景，那时的美好马上又涌了回来，想起在远离家乡的那些五颜六色的房子里，和村民一起祈祷、吃饭、聊天、休息时让人感动与沉醉的自由时光，以及沉浸于宗教氛围中的空灵和圣洁。那里的美让我不得不感叹其无与伦比。偶尔出行去邻岛时，才到海边码头就被海水颜色的美征服——海水如此清澈，只因深浅不一而色彩斑斓。

本书是基于我的博士论文重新改订而成的，但内容改动不多。对于斐济乡村社区的田野调查由于地域的陌生、语言的障碍和自身研究能力的有限，还是相对青涩和肤浅，在理论的提升上也还有较大空间。走向工作岗位，也还未认真磨砺自己这部耗时耗力的作品，但继续雪藏让我觉得更对不起那些曾经无私地与我分享爱与希望的人们。2020年新冠肺炎疫情肆虐全球，虽然身处美国这一高风险国家，但我更担忧斐济的报道人们。我深知以户品村的医疗水平，完全无法应对这样的疫病。在诸多远程的回访中，我从由户品村移居到城镇里的报道人的口中了解到了更多户品村的消息。时过境迁的修改，让我感受到了自己的成长和坚持。

本书写作材料的准备和写作过程，不仅是我远赴南太平洋去了解和呈现斐济生活场景的过程，也是我自己在点滴的积累和思考中重新塑造自己、发现自己的过程。在对户品村的研究过程中，我经受了不少恶作剧和挫折，但这段田野调查的时光和写作的过程延展了我个人对于美德可能的想象以及自我修养参照的模板。这世界若存在普适价值，我相信善良、勤劳、美丽、清洁、为人友善、关爱他人和尊重他人等应是全人类都追求的。

也许，我的研究表明：翻山越岭，穿洋过海，跑到地球另一端，试图寻找、了解和理解的文化，未必完全符合我们内心深处所希冀的乌托邦与桃花源。地球那端的他们，和我们在外貌、形体、衣着打扮上有很大差异，在对视的那一秒钟我们马上就能分辨出彼此的不同。然而，正如区大酋长跟我谈起中国人和斐济人、中国文化和斐济文化的差别时所说的，斐济人里有好的，也有坏的；中国人一样有好人，也有坏人。区分我们的，也许是外貌、地域和语言；但连接起我们的、我们总是试图接近的，恰恰是对"好"和"善"的追求和渴望。在不同的文化情境下，人们对"好""善""道德"的定义有些许差异，但同为人类，甚至说同为生活于这一地球上的物种，我们都向往好的、道德的生活。有关道德规范的话语和想象可能源自群体互动的发酵，但更多可能来自作为社会动物的我们对他人的恻隐之心。我们都不完美，只希望我们能同心共道。